Samenkorn e. V.

Vorwort des Verfassers

Einige kurze Worte über die Entstehung folgender Sammlung von Bibelversen: Verheißungen, Belehrungen, Ermahnungen, Tröstungen, Aufmunterungen, Zurechtweisungen und dergleichen mehr.

Das kam so. Vom Jahre 1971 waren nur noch einige Tage geblieben. Da bedauerte ich, dass ich für das neue Jahr ohne Kalender geblieben sei. Wenn er mir auch keinen Nutzen bringt, so liebe ich es doch, wenn so ein Ding an meiner Wand hängt, von dem ich jeden Tag ein Blättchen abreiße und dabei an die rasch dahineilenden Tage denke. Ja, wie leichtes Wellenspiel eilen sie davon und keiner von ihnen kehrt je wieder zurück.

Als ich so in Bedauerungsgedanken in meinem Sessel saß, war mir als vernehme ich eine Stimme: „Mache dir selber einen Kalender! Wie wäre es, wenn du jeden Tag eine Seite beschreibst. Du hättest dann nicht nur ein Jahr, was dich so gut an das Schwinden der Zeit erinnert, sondern für dein Leben etwas." Und weiter eilten meine Gedanken: „Auch deinen Nachkommen könnte zur Erinnerung etwas zurückbleiben."

So schloss ich mich dem Apostel Paulus an, der sich nicht mit Fleisch und Blut besprach, sondern nach Arabien ging. Mein Arabien war das Kämmerlein. Dass mir das fast gänzlich fehlende Augenlicht große Beschwerden bereiten würde, sah ich ein, es hielt mich aber nicht zurück.

Wenn es auch Zeiten gegeben hat, zu denen ich mein Schreiben zusammenlegen musste, weil sich vor meinem Auge alles verdunkelte, so ist es mir bis heute, dem 6. September 1972, da ich diese Worte schreibe, sehr gut gegangen. Das Losungswort für den heutigen Tag hat sich auch in dieser Hinsicht herrlich an mir erfüllt.

Man fragt mich, wo ich die Texte für die Betrachtung hernehme. Dazu gibt es für mich nur eine Quelle: die Bibel. Eine andere Frage ist, wo ich sie bekomme?

Sehr viel geben mir die Ansprachen der Brüder. Aus dem Vorlesen aus der Bibel von meiner Gehilfin. Mein Gedächtnis, das mehr hätte sammeln sollen, gibt mir ebenfalls Material. Kurz – ich sammle, wo etwas liegt, damit nichts umkomme, weshalb ich diesen Blättern den Namen: „Gesammelte Brocken vom Lebensbrot" mitgeben möchte.

Gottes Segen begleite euch! Verbreitet Licht und Freude in einer dunklen armen Welt!

Das wünscht einer, der nahe am Ziel steht und dann ewig ruhen darf.

Johannes Jakob Fast

Vorwort des Herausgebers

Der Prediger Johannes J. Fast hat mit seinen Predigten Tausenden von Zuhörern und Briefempfängern in den Jahren der Bedrängnisse, Verfolgung und Zerstreuung in der Sowjetunion geholfen. Einige seiner Predigten leben heute noch im Gedächtnis seiner erweckten Zuhörer.

Als er schon erblindet war, verfasst er viele Predigten und einige Andachtsbücher, die durch Abschriften verbreitet wurden. In Deutschland sind bisher drei dieser Predigtbücher publiziert worden:

„Tröpflein aus dem Lebensstrom" (Friedensstimme 1985)

„Ströme des Segens" (Lichtzeichen 1998)

„Er gibt dem Müden Kraft" (Samenkorn 2004)

Der Kalender „Brocken vom Lebensbrot" ist wahrscheinlich sein erstes Andachtsbuch und wurde 1972 verfasst. Wir danken Elsa Wall, die ihre Abschrift mit dem Titel „Gesammelte Brocken vom Lebensbrot" dem Verlag Samenkorn übersandte. Wir freuen uns, es jetzt auch vielen neuen Lesern zum erneuten gesegneten Gebrauch vorlegen zu können.

Johannes Fast hatte damals meistens die Luther Übersetzung 1912 verwendet, stellenweise auch die Menge Übersetzung. Wir haben in der vorliegenden Fassung die Bibelstellen, sofern nicht anders angegeben, durch die Luther Übersetzung 2009 ersetzt. Auch im Text der Andachten haben wir vorsichtig Änderungen vorgenommen, sofern es uns für das heutige Verständnis notwendig erschien.

Steinhagen, Oktober 2016

Einige biografische Anmerkungen!

FAST, JOHANNES, 1886-1981

Johannes Fast wurde am 28. April 1886 in einer kinderreichen mennonitischen Bauernfamilie geboren. Seine Eltern Jakob und Barbara Fast waren beide zuvor verwitwet und hatten insgesamt dreizehn Kinder in die Ehe mitgebracht. Johannes und seine Zwillingsschwester waren die ersten gemeinsamen Kinder, auf die noch sieben weitere folgten, so dass es schließlich 22 Kinder waren. Die Kinder wurden in der Furcht Gottes und Achtung der Eltern in Strenge und zugleich Liebe erzogen.

Als Johannes zwanzig Jahre alt war, starb sein Vater. Sein Tod betraf vor allem die Mutter sehr stark. Sie kam dadurch näher zu Gott und betete nun viel öfter für ihre Kinder.

Nach seiner Tischlerausbildung wurde Johannes 1908 wie die meisten mennonitischen jungen Männer, die den Wehrdienst verweigerten, für drei Jahre in den Ersatzdienst in der Forstei Groß-Anadol einberufen. Gebet und sonntägliche Gottesdienste waren ein Teil des Lebens der jungen Männer.

Eines Abends veranstalteten zwei Reiseprediger, Jakob Löwen und Jakob Thiessen, in der Forstei eine Bibelstunde. Johannes Fast wollte diese Veranstaltung zunächst meiden, folgte aber der Einladung seines Kameraden und kam doch dazu. Während die anderen Gott lobten, brach Johannes innerlich zusammen. So erlebte er am 4. Mai 1908 seine Bekehrung. Nun wurde er zum ständigen Teilnehmer der Bibelstunden.

Zunächst sang er im Chor und wurde im letzten Dienstjahr damit beauftragt, einen Sonntagsgottesdienst zu leiten. Seiner Predigt lauschte das ganze Forsteikommando aufmerksam. Darauf folgten Besuche des Sängerchores in benachbarten Ortschaften, wo er nun predigte. Zusammen mit vier weiteren Brüdern empfing Johannes Fast in der Gemeinde in Memrik im letzten Jahr seines Forsteidienstes die Untertauchungstaufe auf seinen Glauben.

Nun wurde in Johannes der Wunsch nach einer Ausbildung in einer Bibelschule wach. Er wurde 1911 in die Bibelschule der Pilgermission St. Chrischona in der Schweiz aufgenommen. Ein Bruder (sein späterer Schwiegervater) aus der Heimatgemeinde in Alexandertal (Alt-Samara) übernahm sämtliche Kosten für die Ausbildung. Die segensreiche Zeit in der Bibelschule dauerte von August 1911 bis Anfang 1913. Über diese Zeit erzählte er noch im hohen Alter sehr gern.

Nach seiner Rückkehr in die Heimat heiratete Johannes Fast am 16. März 1913 Agathe Driedger. Sie bekamen sieben Kinder, von denen aber nur die Tochter Elsa am Leben blieb.

Johannes Fast widmete sich ganz dem Dienst für den Herrn und wurde Prediger in seiner Heimatgemeinde, der MBG in Alexandertal. Hinzu kam die Leitung des

Gemeindechores. Er gründete 1920 einen christlichen Jugendverein und wurde aktiv in der Reisepredigt.

Seine Ehefrau Agathe begleitete seine Arbeit und Reisen mit Gebet. Nach dreizehn Jahren gesegneter Ehe ging sie am 30. April 1926 heim. Nach dem Tode seiner geliebten Ehefrau machte Johannes Fast zunächst eine Reise in die mennonitische Kolonie Molotschna und von dort weiter in die Krim und nach Arkadak. Schließlich kam er zurück nach Alt-Samara, um hier seinen Dienst in der Gemeinde und als Reiseprediger fortzusetzen. Am 16. März 1927 heiratete er Wilhelmine Enß. Der Herr schenkte ihnen eine Tochter Lili.

Johannes Fast wurde bereits von der ersten Welle der kommunistischen Verfolgungen erfasst und wurde an einem Sonntag im März 1931 nach einer Morgenversammlung in den Fernen Osten verbannt. Die nächsten Wellen der Verfolgung von 1934 und besonders von 1937-38 waren viel brutaler und forderten viel mehr Todesopfer. Durch die frühe Verbannung wurde Johannes Fast dieser Ausrottung der Gemeinde Jesu entzogen, um später beim Wiederaufbau der Gemeinde an anderen Orten und unter anderen Umständen zu helfen.

Von seinem Verbannungsort aus ermutigte Johannes Fast viele Glaubensgeschwister durch Briefe, für die seine Zuschriften mitunter die einzige geistliche Nahrung waren. Die ersten dieser Briefe wurden wahrscheinlich 1948 geschrieben.

Mit Johann Friesen rief er unter vielen Gläubigen den 15. Juni 1950 als Gebets- und Fasttag aus. Selbst in schwieriger Lage beteten die zerstreuten Kinder Gottes um geistliche Erweckung unter den Gläubigen und unter denen, die den Glauben verloren hatten.

Im Jahre 1954 wurde seine Verbannung aufgehoben und er zog im Alter von 69 Jahren nach Kasachstan, wohin es seit dem 2. Weltkrieg viele Deutsche verschlagen hatte. Als Wohnort wählte er die Stadt Temir-Tau.

Als Gott in den Jahren 1954-55 im riesengroßen asiatischen Teil der Sowjetunion die Tür für das Evangelium öffnete und Gottes Wort wieder gepredigt wurde, bekehrten sich viele oder fanden zum Weg der Nachfolge zurück. Ab 1955 entstanden an vielen Orten deutsche Gemeinden, vor allem in Kasachstan, Sibirien, Ural und Mittelasien, wo es viele Neubekehrte gab, aber nur wenige Brüder, die vor 1929 eingesegnet worden waren und die schrecklichen Verfolgungen überlebt hatten.

In Temir-Tau gab es bereits eine Gemeinde, die Johannes Fast gerne als Ältesten haben wollte, doch er verstand sich als Reiseprediger und lehnte diesen Dienst ab. Unermüdlich reiste er durchs weite Land, predigte, half Gemeinden zu gründen und sie durch das Einsetzen von Ältesten und Predigern zu ordnen. Er musste oft predigen, manchmal mehrere Male am Tag. Auch wenn es manchmal unerwartet war, war er doch immer bereit dazu.

1966 folge der achtzigjährige Johannes Fast zusammen mit seiner Frau Wilhelmine seinem Schwiegersohn Abram Derksen und seiner Tochter Lili nach Staniza Tbilisskaja im Nordkaukasus. Im Dezember 1967 ging es dann zusammen mit der Familie von Abram Derksen weiter nach Dshetysaj in Südkasachstan.

Nachdem er bereits 1956 sein rechtes Auge verloren hatte, sank nun auch das Sehvermögen auf dem linken Auge. Es kam so weit, dass er nicht mehr in der Bibel lesen, geschweige denn Predigtkonzepte anfertigen und nutzen konnte. Alles musste aus dem Gedächtnis geschöpft werden. Trotzdem setzte er seinen Predigtdienst fort, verbreitete seine Predigten auf Tonband, und machte (mit Begleitern) weite Reisen, die letzte 1978 nach Karaganda. Seine Predigten hatten eine nachhaltige Wirkung, und viele können sich heute noch an sie erinnern. Hinzu kam – äußerst ungewöhnlich für sein mangelndes Augenlicht – eine beachtliche schriftliche Tätigkeit. Die meisten bekannten Schriften von Johannes Fast sind in diesem Zustand entstanden.

Im Jahr 1970 brachte er seine erste geschriebene Predigt zu Papier. Zwischen Juli 1970 und 1975 entstanden 57 Predigten von jeweils 10 Seiten. Sie wurden handschriftlich vervielfältigt und in alle Himmelsrichtungen per Post versendet. Im Jahre 1972, als er bereits 86 Jahre alt war, schrieb er jeden Tag eine kurze Tagespredigt, die unter dem Titel „Gesammelte Brocken vom Lebensbrot" gesammelt, abgeschrieben und handschriftlich verbreitet wurden. Vom 4. Februar 1973 bis 2. April 1978 schrieb er 63 Gelegenheitspredigten auf. Diese Sammlung wurde 2004 unter dem Titel „Er gibt dem Müden Kraft" herausgegeben. Vom 13. März bis zum 20. Dezember 1974 schrieb Johannes Fast einen Kalender mit doppelt so langen Tagespredigten, der als das Andachtsbuch „Tröpflein aus dem Lebensstrom" 1985 in Deutschland herausgegeben wurde. Damit lieferte Fast wohl die bedeutendste Schriftensammlung aus der Feder eines Mennoniten in der Nachkriegszeit in der UdSSR.

Am 28. April 1981 nahm der Herr seinen treuen Diener nach 95 Jahren Pilgerschaft und 73 Jahren Arbeit in die himmlische Heimat auf.

Johannes Dyck und Viktor Fast

1. Januar

Gott verlässt die Seinen nicht

Hebräer 13,5 (Menge)

Denn Gott selber hat gesagt: „Ich will dir nimmermehr meine Hilfe versagen, und dich nie verlassen."

Gestützt auf solche felsenfesten und erprobten Verheißungen Gottes kann man ruhig und getrost seinen Fuß ins neue Jahr setzen. Wie beruhigend, wenn man beim Betreten eines unbekannten Ortes jemanden hat, der Rat und Hilfe leisten kann. Am Anfang des neuen Jahres soll diese große Verheißung es tun.

Wir sehen, wer sie gegeben hat. Unser Wort sagt: „Gott selber hat gesagt …" Es ist groß, wenn Gott einen Seiner Boten mit einem Wort zu einem Menschen sendet, zum Beispiel Ananias zu Saulus, Petrus zu Kornelius, Nathan zu David. Zu Jona redete Gott selber. Seinem Wort kann man völlig vertrauen, denn „was Er zusagt, das hält Er gewiss."

Wir sehen, was die Verheißung enthält. Sie beinhaltet zuerst eine große Aufmunterung. Wir werden nie ohne Hilfe und Gesellschaft sein. Wie wird das den Josua aufgemuntert haben, sich mutig mit an die Spitze zu stellen. Dieses Wort hat ihn bestimmt auch mit Freude erfüllt. Die Aussicht war überaus erfreulich: nie ohne Hilfe und nie allein. Unsere Aussicht ist nicht geringer. Deshalb mutig voran!

2. Januar

Ein Diener des Herrn

Johannes 12,26 (Luther 1912)

„Wer mir dienen will, der folge mir nach; und wo Ich bin, da soll mein Diener auch sein. Und wer mir dienen wird, den wird mein Vater ehren."

Das neue Jahr hat uns der Herr als eine neue Gelegenheit gegeben, Ihm zu dienen. Unser Text enthält eine praktische Lehre unseres Herrn für Seine Diener. Es ist eine zweifache, die durch zwei kleine Wörtlein – „will" und „wird" – zwei große Wahrheiten enthält.

1. „Wer Mir dienen will", hat eine Bedingung zu erfüllen. Der Herr Jesus stellt sie selber und sagt: „Der soll Mir folgen." Ehe Jesus die Jünger zum Dienst aussandte, rief Er sie in Seine Nachfolge. Wenn diese auch mit völliger Hingabe und Selbstverleugnung verbunden ist, so weicht Jesu Lehre auch nicht einen Haarbreit ab.

2. „Wer Mir dienen wird", hat eine doppelte Verheißung zu erwarten. Der Herr verspricht ihm zuerst die Ehre Seines Vaters. Es ist schwer zu erklären, wie das sein wird, wenn die Allmacht den Staub, die Majestät den Bettler, der Heilige den Sünder ehren wird.

3. Außerdem heißt es: „Wo Ich bin, da soll Mein Diener auch sein." Das ist ebenso schwer zu erklären. Das Geschöpf, das sich durch Sünde von seinem Schöpfer getrennt hat, die Menschheit, die den Herrn verwarf und kreuzigte, soll da sein, wo Er ist! Das dürfen wir glauben.

3. Januar

Ein Licht auf dem Weg

Psalm 119,105

Dein Wort ist eine Leuchte für meinen Fuß und ein Licht auf meinem Weg.

Auf dem Weg, den wir seit einigen Tagen betreten, wird es, wie auch im alten Jahr, manche Dunkelheit geben. Unser Weg wird uns durch Tunnels führen, in denen es stockfinster sein wird. Das soll uns aber nicht bange machen. Die Männer Gottes im Alten und Neuen Testament, ja, alle Kinder Gottes bis heute gingen solche Wege. Unter diesen war auch der Psalmist. Er ging denselben Weg, den wir gehen und wir haben dasselbe Licht, das er hatte. Was hatte er denn für ein Licht? Er zeigt es uns in unserm Text: „Dein Wort", und sagt darüber zweierlei:

1. „Dein Wort ist eine Leuchte für meinen Fuß." Wir haben auf dunklen, unsicheren Wegen gern eine Taschenlampe bei uns, die uns die nächstliegenden Plätzchen beleuchtet, die unser Fuß betritt. Viele sind gestrauchelt und gefallen, weil sie weit voraus schauten, und die kleinen Steinchen (die kleinen Füchse, siehe Hohelied 2,15) nicht bemerkten.

2. „Dein Wort ist ein Licht auf meinem Weg." Es ist manch einer auch deshalb in große Bedrängnis gekommen, weil er es unterließ, in die Ferne zu schauen. Sie sahen die verborgenen Fallen nicht (siehe Psalm 141,9; 142,4) und liefen hinein.

Gottes Wort soll eine Leuchte für unseren Fuß sein und ein Licht auf unserem Weg.

4. Januar

Bei dem Herrn

1. Thessalonicher 4,17

„… und so werden wir für immer bei dem Herrn sein."

Fragt doch nicht, was mir fehlt! Forscht nicht nach meinem Schmerz! Der Durst nach Gott quält meine Seele. Ein Drang zu Ihm erfüllt mein Herz. Durch List und Betrug hat Satan die Menschheit beraubt, ausgeplündert und halbtot am Wege liegen gelassen. Eins aber ist geblieben: Sehnsucht nach Gott.

1. Einige Aussprüche von Gottesmännern sollen uns das bestätigen. „Wie lange?", ruft der Psalmist im 13. Psalm aus, um seine Sehnsucht nach Gott kund zu tun. Diesem schließt sich der Prophet Jesaja an (siehe 21,11) und ruft: „Wächter, wie weit ist die Nacht?" Auch Paulus sagt: „Ich habe Lust abzuscheiden und bei Christus zu sein" (Philipper 1,23). Dies ist der Stoßseufzer aller Heiligen bis heute, der bald verstummt.

2. Es liegt ein Segen in solcher Stellung, das heißt, in der Sehnsucht bei dem Herrn zu sein. Der erste Segen ist ohne Zweifel der, dass wir durch das Gebet in Gottes Nähe bleiben. Diese Sehnsucht zwingt uns, Trost zu suchen bei dem Gott alles Trostes, und bei Gläubigen in gleicher Lage, weil wir uns gegenseitig gut verstehen. Des Weiteren trennt sie uns von der Welt, weil diese uns nicht versteht. Der größte Segen aber ist der, dass wir dadurch bereit gemacht werden, an der Entrückung teil zu nehmen, und bei dem Herrn zu sein allezeit.

5. Januar

Ich bin bei euch

Matthäus 28,20

„Und seht, Ich bin bei euch alle Tage bis an das Ende der Welt."

Ein schwerkranker Mann wurde gefragt, ob er den Wunsch habe, noch einmal gesund zu werden, oder ob er schon lieber heimgehen würde. „Mir ist es gleich", sagte er, „sterbe ich, so gehe ich zum Herrn, werde ich aber gesund, dann ist Er bei mir, zusammen sind wir immer." Welch ein Los, mit dem Herrn nicht nur dort zusammen zu sein, sondern schon hier. Was gibt uns die Garantie dafür?

1. Die Garantie von Seiten des Herrn liegt in Seinem großen Werk, das Er am Kreuz für alle vollbracht hat, in Seinen tausenden Verheißungen, die Er gegeben und in der Gabe des Heiligen Geistes, den Er als Unterpfand Seiner Gemeinde gegeben hat. Das ist eine gute feste Zusage, auf die man sich verlassen kann. Das ist die eine Seite des Bundes, den Er von Seiner Seite nie bricht.

2. Unser Versprechen zu dieser ewigen Verbindung gaben wir bei unserer völligen Übergabe an den Herrn, indem wir im Glauben an Ihn in Seinen Dienst traten. Ist es dabei geblieben? Dann wohl uns, Er wird das angefangene Werk vollenden!

6. Januar

Freude oder Erschrecken?

Matthäus 2,3

Als das der König Herodes hörte, erschrak er und mit ihm ganz Jerusalem.

Erschrak? Ja, Herodes erschrak. Worüber erschrak er denn? Über die Geburt eines neuen Königs der Juden. Aber hatte nicht ein Engel den Hirten bei Bethlehem dieselbe Geburt gemeldet, die er als eine große Freude verkündete, die allen Völkern widerfahren soll? Ja, es war dieselbe.

Wie es damals war, so ist es heute noch. Die Hirten wurden mit Freude, Lob und Dank erfüllt, als sie das Kind in Windeln gewickelt und in einer Krippe liegend gesehen hatten. Herodes und ganz Jerusalem dagegen erschraken und wurden mit Gedanken des Mordes erfüllt.

Das Wort, welches die Apostel predigten, ging allen durchs Herz. Einige kamen dadurch zur Buße und Bekehrung, andere zu bitterem Grimm, Zähneknirschen und Mordgedanken, so dass sie den Stephanus steinigten. So war es allezeit.

So wird es auch sein, wenn der Herr kommt. Während einige Ihm mit unaussprechlicher Freude entgegeneilen, werden andere voll Furcht und Entsetzen vor Dem, Der in Kraft und Herrlichkeit erscheinen wird, Berge und Hügel anrufen, um dort Hilfe zu suchen.

7. Januar

Er und Seine Jünger

Lukas 8,22

Und es geschah an einem der Tage, dass Er mit seinen Jüngern in ein Boot stieg; und Er sagte zu ihnen: „Lasst uns ans andere Ufer des Sees hinüberfahren."

Sie gehören zusammen, Er und Seine Jünger. Das war Gottes Absicht bei der Erschaffung des Menschen und ist das hohe Ziel aller Seiner Werke am Menschen (siehe 1. Johannes 3,1-3). Er und Seine Jünger, das ist eine Geschichte, die einen herrlichen Anfang, einen traurigen Fortgang und ein herrliches Ende hat.

1. Der wunderbare Anfang war der, dass aus einem Erdkloß ein Wesen entstand, das Gott gleich wurde. Auch darin wurde es Ihm gleich, dass es von Ihm die Möglichkeit zum Nichtsündigen erhielt. Und so lebten sie zusammen, Er und die Seinen.

2. Der Fortgang konnte nicht trauriger sein. Die Sünde trennte sie, die zusammen gehörten, von einander. Ein Engel mit flammendem Schwert stellte sich an die Paradiesespforte. Durch diese Entfernung aus Gottes Nähe, kam der Mensch in die Unmöglichkeit zum Nichtsündigen. Und so lebten sie getrennt, Er und die Seinen.

3. Das Ende wird herrlich sein. Das Kreuz Christi inmitten der Menschheitsgeschichte bringt alles zurück zu Gott (1. Petrus 3,18). Dort ist der Anfang, der die Menschen in die Möglichkeit zum Nichtsündigen bringt. Dann sind sie wieder beisammen, Er und Seine Jünger, auf ewig.

8. Januar

Er sagte

Lukas 8,22

Und Er sagte zu ihnen: „Lasst uns ans andere Ufer des Sees hinüberfahren." Dann stießen sie vom Land ab.

Nun hatten die Jünger des Herrn Wort, aus dem sie für die bevorstehende Fahrt viel lernen konnten. Auch wir sind vom Lande gestoßen und brauchen dieselben Lehren für die Fahrt durchs neue Jahr.

„Er sagte zu ihnen …" Was sagte Er?

Er sagte, dass sie über den See fahren würden. Was war daran denn besonderes? Damit hatte Er das Ziel ihrer Reise angegeben: Das jenseitige Ufer. Das ist auch unser Reiseziel. Ob es das Ende des angefangenen Jahres sein mag? Sicher ist aber, dass es das Ende unseres Lebens ist. Ob wir es durch den Tod erreichen, oder durch die Entrückung – wir erreichen es. Er hat's gesagt.

Wir kommen hinüber, selbst wenn es auch durch Stürme gehen wird. Die Jünger hätten ganz ruhig sein können, wenn sie sich an Jesu Wort gehalten hätten. Nun aber meinten sie untergehen zu müssen. Glaube dem Worte Jesu: „Lasst uns ans andere Ufer fahren."

Wir wollen hinüber, auch wenn Jesus sich zurückzieht und Seine Jünger scheinbar sich selbst überlässt. Das scheint aber nur so, in Wirklichkeit ist Er alle Tage bei uns, bis wir am anderen Ufer aussteigen.

9. Januar

Jesus spricht

Lukas 8,22
Und Er sagte zu ihnen …

„Er sagte“ oder „Er sprach“. Wie oft wohl dieses kurze Wörtchen in der Bibel stehen mag? Sehr beachtenswert ist es, in welchem Zusammenhang, zu wem und von wem Er sprach. Schon in der Schöpfungsgeschichte im ersten Kapitel der Bibel finden wir es sieben Mal. Es zieht sich durch die ganze Bibel. Bald spricht Er zum Menschen, bald vom Menschen. Bald spricht Er freudig, bald in Traurigkeit. Alle Seine Worte sprach Er zum Heil der Menschheit, bald in großer Liebe, bald in gerechtem Zorn.

Wenn Seine Worte auch schreckliche Androhungen enthalten, so findet sich doch andererseits eine Menge von seligen Verheißungen. Die Wirkungen Seines Wortes waren allezeit verschieden. Während es denen, die darauf achteten und Ihn annahmen Seligkeit brachte, bewirkte es bei denen, die es verwarfen und von sich stießen, Tod und ewiges Verderben. Es bleibt den einen ein Geruch des Lebens zum Leben, den anderen ein Geruch des Todes zum Tode. Derselbe Mund, der so liebevoll alle, die etwas für Ihn getan haben, aufforderte einzusteigen in Gottes Reich, das Er ihnen bereitet hat, wird alle, die nichts getan haben, von sich weisen in das höllische Feuer, das bereitet ist dem Teufel und seinen Engeln.

Zu welchen gehörst du?

10. Januar

Auf dem Meer

Lukas 8,22

Dann stießen sie vom Land ab.

Und nun begann die Reise. Jede Reise hat einen Anfang, einen Fortgang und einen Abschluss. Auch diese Reise. Wir unterscheiden eine dreifache Art der Reisen.

1. Die Lebensreise. Bei seiner Geburt stößt jeder Mensch vom Lande ab. Es beginnt für ihn die Reise auf dem Meer seines Lebens. Für die Fahrt liegt für jeden Reisenden ein Reiseplan vor, den die Hand eines weisen und wunderbaren Herrn gezeichnet hat (Psalm 139,1-3, 13-17). Diese Hand ist es auch, welche die Leitung derer übernimmt, die sie Ihm völlig und vertrauensvoll übergeben. Die Dauer dieser Reise ist verschieden. Der Schreiber dieses Kalenders reist schon 86 Jahre, 9 Monate und 13 Tage.

2. Jeder Tag der Wiedergeburt kann mit einem Abstoßen verglichen werden. Das Land, von dem man abgestoßen ist, heißt Verderben, das Reiseziel heißt Seligkeit. Das Meer, auf dem man segelt, ist das Glaubensleben. Das Schiff, in dem man reist, ist die Gemeinde. Der Steuermann ist der Herr Jesus. An Stürmen fehlt es nicht, aber ein Liedervers sagt: „Mein Vater sitzt am Steuer, drum hat es keine Not." Bist du auch von diesem Lande abgestoßen?

3. Jeder Anfang eines neuen Jahres ist für die ganze Menschheit ein Abstoßen vom Lande. Das Land, das wir verließen, war das alte Jahr. Möge der Herr uns geleiten!

11. Januar

Sturm auf dem Meer

Lukas 8,23

Da sie aber schifften, schlief Er ein, und es entstand ein Sturm auf dem Meere.

Ob die Jünger als Seeleute mit Sturm gerechnet haben? Vielleicht. Vielleicht auch nicht. Aber auch damit hatten sie womöglich nicht gerechnet, dass Jesus einschlafen und nach ihrer Not nicht fragen würde (siehe Markus 4,38). Und nun kam es so unerwartet. Ein großer Windwirbel um das Schiff und ein schlafender Jesus im Schiff: Das war Ursache genug zum Schreien. Das taten sie denn auch. Dass sie es taten, war ihre Rettung aus großer Not, die sie betroffen hatte.

Ja, Sturm auf dem Meer, das ist das Erleben der Jünger Jesu allezeit. Schon der Psalmist schreibt in Psalm 93,3 von Sturm und Wellen, die sich erheben und brausen. In demselben Psalm rühmt er aber auch den Herrn, Der noch größer ist in der Höhe.

Solche Stürme wirbelten um das Schiff der Gemeinde Gottes in den großen furchtbaren Christenverfolgungen. Windwirbel mancher Art und Weise drehen sich auch um unser Schifflein, in dem wir segeln, und wir stehen in Gefahr unterzugehen. „Fragst Du gar nicht danach?", so rufen auch wir mit den Jüngern. Wir erfahren aber mit ihnen auch Seine wunderbare und mächtige Hilfe. Nie ist Er zu spät erwacht.

12. Januar

Gefahr im Leben der Jünger Jesu

Lukas 8,23

Und sie waren in großer Gefahr.

Auch wenn es uns einen Schrecken einflößt, wenn wir auf Gefahren im Leben der Jünger sehen, so müssen wir es doch manchmal tun. Auch heute bleiben wir bei diesem Gedanken stehen. „Mitten im Leben sind wir von Gefahr umgeben", heißt es auch in einem Liedvers. Viele Gefahren sind für uns verborgen, plötzlich aber brechen sie hervor. So mag es den Jüngern ergangen sein. Ihr Glück war es, dass Jesus im Schiff war.

Joseph, der im Hause Potiphars seine Arbeit tat, die der Herr segnete, ahnte nichts von der Gefahr, in welcher er schwebte. Eines Tages aber, als alles ruhig und still war, brach es los. Zu seinem großen Glück hatte dieser Jüngling den Herrn bei sich (siehe Apg. 7,9-10). Wenn Er auch auf all sein Schreien in seiner Trübsal durch seine Brüder schwieg – nun aber, als die Gefahr zum Sündigen so plötzlich hervorbrach, war auch ebenso plötzlich Seine Hilfe da, die ihn der Gefahr entriss und errettete.

Warum endete diese Gefahr bei David ganz anders? Vielleicht deshalb, weil er nicht auf seinem Platz war. Er hätte mit seinem Heer im Krieg sein sollen. Dort war sein Platz. Wer aber nicht auf seinem Platz ist, wie auch Jona es nicht war, hat keine Ruhe, sondern wie Jona, Sturm.

13. Januar

Wir verderben

Lukas 8,24

Da traten sie zu Ihm und weckten Ihn auf und sagten: „Meister, Meister, wir kommen um!"

Die Gefahr, in der sich die Jünger befanden, war so groß, dass sie meinten darin umzukommen, oder verderben zu müssen. Was taten sie nun?

1. Sie entflohen dem Verderben, das ihnen drohte. Nicht alle tun das. Einige sehen nichts Besonderes in der Gefahr und merken nicht, wie sie von ihr ins Verderben gezogen werden. Die Jünger durchschauten ihre gefährliche Lage und schauten sich nach Rettung um. Aber wohin? Hast du dein Verderben erkannt? Was wirst du tun?

2. Die Jünger traten zu Jesus. Der schlief zwar, aber Er musste geweckt werden. Und mitten im Geheul des Sturms kommt es aus ihren zaghaften Herzen: „Meister, Meister, wir kommen um!" Mit diesem Ruf erfüllten sie, wenn auch unbewusst, das Wort: „Rufe Mich an in der Not" (Psalm 50,15). Und der Herr erfüllte, und zwar bewusst, die Verheißung: „Dann werde Ich dich erretten."

Sie weckten Ihn, weil sie sich nicht selbst helfen konnten. Für sie gab es nur eine Hoffnung auf Hilfe. Dieselbe Hoffnung haben auch wir nur in Jesus, von Dem der Prophet in Jesaja 63,1 sagt: „Ein Meister ist zu helfen." Er kam mit Seiner Hilfe noch nie zu spät.

14. Januar

Der aufgestandene Jesus

Lukas 8,24

Da stand Er auf, schalt den Wind und die Wogen des Wassers, und sie legten sich, und es entstand eine Meeresstille.

Wie lange die Jünger gerufen haben, um ihren Meister zu wecken, wird uns nicht gesagt. Dass Er aber aufstand und den Jüngern half, ist uns hier berichtet. „Da stand Er auf." Und nun stand Er da, die göttliche Gestalt. Sein Aufstehen hatte eine dreifache Folge:

1. Die Jünger wurden still. Warum sollten sie auch weiter schreien? Vor ihnen stand Jesus. Er stand auf, um den Sturm zu stillen, und stillte dabei auch die schreienden Jünger.

„Und schweigt Er dir, und schläft Er noch, halt an und ruf mit Macht. Zur rechten Zeit hört Er doch, ist nie zu spät erwacht." Ist Er aber auf, dann sei du still!

2. Die Bedrohung des Windes und der Wellen ist eine zweite Folge Seines Aufstehens. Hier stand der Schöpfer des Meeres, auf dem Wogen und Wellen wüteten. Drohend erhob Er den Finger und alles schwieg. So ist es auch heute.

3. Die dritte Folge war eine völlige Stille. Wer hat es erfahren?

Wie oft gebrauchen wir im täglichen Leben den Ausdruck: „Stille nach dem Sturm". Viel herrlicher und seliger ist die Stille, wenn sich der geistliche Sturm gelegt hat. Ist es stille auf deinem Lebensmeer?

15. Januar

Ohne Glauben

Lukas 8,25

Er sagte aber zu ihnen: „Wo ist euer Glaube?"

Dies war das zweite Wort, das Jesus an die Jünger richtete. Das erste war ein aufmunterndes: „Lasst uns über den See fahren." Hier ist es ein tadelndes: „Euch fehlt der Glaube!" So erhebend, aufrichtend und tröstend das erste für sie gewesen sein mag, so niederschmetternd mag dies ihnen erschienen sein: „Wo ist euer Glaube?"

Hatten sie denn wirklich keinen? Der Meister sah keinen. So drückten es wenigstens Seine Worte aus. Wo Glaube fehlt, fehlt alles. Kann ein Jünger ohne Glauben sein? Einen Christ ohne Glauben könnte man mit einem Schiff ohne Steuer vergleichen. Es ist eine traurige Lage.

1. Ohne Glauben ist es unmöglich, Gott zu gefallen (siehe Hebräer 11,6). Sein Auge sieht den Glauben.

2. „Wer zu Gott kommen will, der muss glauben, dass Er ist und denen die Ihn suchen, ein Belohner sein wird" (Hebräer 11,6). Ob hier nicht oft die Ursache eines armen, gottentfremdeten Lebens liegt?

3. In Markus 11,24 macht der Herr Jesus den Empfang alles Erbetenen vom Glauben abhängig. Was würde Jesus sagen, wenn Er nach Glauben bei dir schauen würde?

16. Januar

Die noch vorhandene Ruhe

Hebräer 4,9

Also ist noch eine Sabbatruhe vorhanden für das Volk Gottes.

Ruhe! Welch ein süßes Wort. Ruhestand. In den hat sich manch ein müder Arbeiter gesetzt, der sein ganzes Leben schwer gearbeitet hat. Hier ist die Rede von einer noch vorhandenen Ruhe. O diese Ruhe! Sie ist eine Zweifache:

1. Es ist eine noch vorhandene Ruhe. Angefangen aber hat sie schon. Sie begann im Garten Eden. Als Gott Sein großes und prächtiges Sechstagewerk vollbracht hatte, hieß es von Ihm: Und Gott ruhte am siebenten Tage. Es war die Grundlage zur noch vorhandenen Ruhe.

Auch Josua konnte das Volk nicht zur Ruhe führen, um ihres Unglaubens willen. So ist also immer noch eine Ruhe vorhanden. Den Vorgeschmack dieser Ruhe genießen wir hier schon in Jesus: „Ich will euch Ruhe geben" (siehe Matthäus 11,28-30).

2. Sie ist für das Volk Gottes vorhanden. Viel Unruhe hat dasselbe auf Erden durchzumachen. Wenn wir unsrer Seele auch zurufen: „Warum bist du so unruhig?", so bleibt sie auf Erden in Sturm und Unruhe. Dort oben winkt dem Volke Gottes die selige Ruhe. Gehörst du zum Volk Gottes, dann winkt sie auch dir. Und sie endet nie. Noch ein wenig Mühe und Last, dann folgt die selige Ruhe!

17. Januar

Ruhe von den Werken

Offenbarung 14,13

Glückselig sind die Toten, die im Herrn sterben von nun an. Ja, sagt der Geist, sie sollen ruhen von ihrer Arbeit; denn ihre Werke folgen ihnen nach.

Ruhe von der Arbeit. Das klingt so lieblich und so süß. Feierabend! Der Arbeiter legt sein Handwerkzeug zusammen und begibt sich zur Ruhe. Auf Ruhe wartet auch die Kreatur, die durch sich selbst abgehetzt irgendwo niederkauert. Der Geist des Menschen, das inwendige Leben, steht ebenfalls in Arbeit, und sehnt sich nach Ruhe. Dieser Ruhe geht in unsrem Text etwas voran und das andere folgt ihr nach.

1. Ein seliges Sterben im Herrn muss der Ruhe vorangehen. Und das ist so herrlich! Jakob legte die Füße zusammen und verschied. Wen nichts verdammt, stirbt im Herrn.

2. Ruhe von der Arbeit. Immer näher rückt der Augenblick, wo der Kämpfer seine Waffenrüstung ablegt, der Seemann das Ruder niederlegt, der Fischer sein Netz – es ist Ruhe.

3. Nachfolgende Werke. Werke. Nun folgen sie. Nicht eigene, die finden dort keinen Eingang. Liebeswerke sind es, Glaubenswerke, alles durch Gottes Geist gewirkt. Es ist die himmlische Pension, die so ausfallen wird, wie die Arbeit war.

18. Januar

Furcht vor dem Versäumnis

Hebräer 4,1

So wollen wir uns nun fürchten, damit nicht etwa jemand von euch zurückbleibt, solange die Verheißung besteht, in Seine Ruhe einzugehen.

Noch einmal reden wir einige Worte über Ruhe. Es handelt sich hier um das Eingehen zu derselben und um Furcht sie zu versäumen.

1. Eingehen zur Ruhe. Das ist unser Wunsch und Sehnen. Der Apostel nennt sie „Seine Ruhe". So ist es denn also eine Gottesruhe. Wie vermag aber der Mensch in die Ruhe Gottes einzugehen? Genauso, wie Er dahin einging. Seine Ruhe bestand im Genießen des Werkes Seiner Hände. Alle durch Gottes Geist in und durch uns gewirkten Werke bringen uns zum Genuss dieser Ruhe. Die Bedingung dazu ist Gehorsam. Auf diesem Weg gelangen wir zur Ruhe Gottes.

2. Versäumte Ruhe. „Versäumt" – wie entsetzlich ist das. Woher kommt es, dass manche die Ruhe versäumen? Sehr nahe verbunden damit steht hier das Wort: „zurückbleiben". An den zehn Jungfrauen haben wir ein ernstes Beispiel: Die fünf Törichten blieben hinten und versäumten die Hochzeit. Diese Gefahr droht auch dir. O, lasst uns nicht dahinten bleiben, um nicht die Ruhe zu versäumen!

19. Januar

Dahinten bleiben

1. Korinther 10,5

Aber an den meisten von ihnen hatte Gott kein Wohlgefallen; denn sie wurden in der Wüste niedergestreckt.

In den ersten vier Versen unseres Kapitels steht fünf Mal das kleine Wörtchen „alle". Gemeint sind damit die Israeliten, die zu 600.000 Mann aus Ägypten ausgezogen waren. O, wie ging die Wanderung so gut! Der Herr zog Seinem Volk in einer Feuer- und Wolkensäule voran und stritt für sie mit erhobenem Arm.

Er gab ihnen Brot vom Himmel und tränkte sie aus dem Felsen. Er gab ihnen durch das Gesetz bestimmte Anweisungen, wie sie in einzelnen Fragen zu handeln hätten. Glückliches Volk, von Gott geleitet und versorgt! Es hätte vorwärts schreiten können, um das Land in kurzer Zeit einzunehmen.

Aber wie anders kam alles! An den meisten hatte Gott kein Wohlgefallen. Warum nicht? Sie wurden in der Wüste niedergestreckt. Warum? Sie wollten nicht mit Gott wandeln, wie Henoch, der dafür entrückt wurde, sondern blieben dahinten, wie Lots Frau, die zur Salzsäule wurde. O, lasst uns nicht ihnen gleichen, sondern uns fürchten nichts zu versäumen!

20. Januar

Zwei Mittel

Hebräer 4,3.6 (Luther 1984)

Denn wir, die wir glauben, gehen in die Ruhe ein. […] Und die, denen es zuerst verkündigt ist, sind nicht dazu gekommen um des Unglaubens willen.

Glaube und Unglaube sind die zwei Mittel, die entweder zur Ruhe führen, oder von derselben zurückhalten.

1. Das einzige Mittel, um zur Ruhe zu kommen, ist der Glaube. Wir glauben an Gott, so sagen viele mit ernster Miene das apostolische Glaubensbekenntnis her. Wir aber brauchen mehr. Hätte es zur Zeit der 600.000 ein solches Glaubensbekenntnis gegeben, alle hätten es aufgesagt. Wirklichen Glauben hatten nur zwei von ihnen: Josua und Kaleb, die durch denselben zur Ruhe eingingen.

Hast du diesen Glauben? Wo ist er? Johannes zeigt ihn uns als den Weltüberwinder (1. Johannes 5,4). Jesus redet von einem alles erlangenden (Markus 11,24) und überfließenden Glauben (Johannes 7,38). Das 11. Kapitel im Hebräerbrief schildert ihn in den schönsten Farben. Nur dieser Glaube führt zur Ruhe schon hier und einst dort.

2. Es gibt nur ein Mittel, das uns von der Ruhe zurückhält: der Unglaube. Er zeigt sich im Volk Israel in Murren, Klagen, Unzufriedenheit, Unzucht usw. Solche konnte der Herr durch Josua nicht zur Ruhe bringen. In seiner Vaterstadt konnte Jesus nichts tun um des Unglaubens willen. Hast du Ruhe, dann hast du Glauben. Wenn nicht, dann fehlt der Glaube.

21. Januar

Ich komme wieder

Johannes 14,3

Und wenn Ich hingehe und euch einen Platz vorbereitet habe, dann will Ich wiederkommen und euch zu mir nehmen, damit auch ihr seid, wo Ich bin.

Das Leben der Menschen auf Erden war immer ein Kommen und Gehen. Das war auch bei Jesus der Fall. Er kam und ging. Wir sehen:

1. Er kam. Lange hatte man gewartet. Ungefähr vier Jahrtausende waren vergangen. Ein Menschengeschlecht nach dem anderen sank ins Grab. Man wartete scheinbar vergebens. Doch nein, Er kam. Das musste geschehen, um wieder kommen zu können. Das Volk war schlimm dran. Die Prophetie war verstummt, die Hoffnung fast erloschen. Da sah das Volk das große Licht. Doch nicht lange.

2. Er ging. Auch das musste zuvor geschehen. Hätte Er Seine Jünger nicht gleich mitnehmen können? Nein! Denn wer sollte das den Leuten sagen, was Er vollbracht hat? Es muss auf dem ganzen Erdboden ein Denkmal der großen Liebe Gottes gebaut werden. Und nachdem Er diese große Arbeit Seinen Jüngern bis zu Seiner Wiederkunft übergeben hatte, ging Er allein, um die Wohnungen für uns fertig zu machen.

Als letztes sagte Er: „Ich komme wieder".

22. Januar

Er kommt wieder

Apostelgeschichte 1,11b

„Was steht ihr da und seht zum Himmel? Dieser Jesus, der von euch weg in den Himmel aufgenommen wurde, wird so wiederkommen, wie ihr Ihn zum Himmel habt auffahren sehen."

Zwei Männer waren es in weißen Kleidern, die den Jüngern diese Worte sagten, die dem zum Himmel fahrenden Jesus nachschauten. Diese Worte enthalten zweierlei:

1. „Was steht ihr da und seht zum Himmel?" Das könnte man eine Aufmunterung nennen. Vielleicht enthält es auch eine Zurechtweisung. Es wundert uns ja nicht, dass die Jünger ihrem Meister nachschauten. Es war sehr notwendig, sie daran zu erinnern, dass der Blick zum Himmel gut sei, ihre Aufgabe aber noch auf Erden ist. Beides lasst uns tun!

2. Diese Worte enthalten auch eine Lehre und zwar eine dreifache:

„Dieser Jesus", das ist die erste Lehre. Kein andrer wird es sein. Derselbe, der Mensch war, hier gelebt, gelitten, gestorben, auferstanden und zum Himmel gefahren ist. Derselbe wird wiederkommen. Wenn es lange dauern sollte, so wartet nur.

„Er kommt wieder." Seid nur bereit! Er kommt so, wie Er zum Himmel gefahren ist. „Und es geschah, als Er sie segnete, schied Er von ihnen und fuhr auf in den Himmel" (Lukas 24,51).

Er fuhr auf einer Wolke, so kommt Er wieder. Segnend wird Er wiederkommen.

Auf dieser Wolke schweben wir empor.

23. Januar

Der kommende Sohn Gottes

1. Thessalonicher 1,10

Und seinen Sohn vom Himmel zu erwarten, […] der uns aus dem zukünftigen Zorn errettet.

Paulus ist es, der diese Worte schreibt. Auch sie enthalten zwei Wahrheiten. Beachten wir sie:

1. Das erste ist eine Ermunterung oder Aufforderung, die wir zu erfüllen haben: Auf den Sohn Gottes zu warten. Warten!

Wer sind die Wartenden? Alle, die zu Seinem Kommen bereit sind (Matthäus 25,10). Für sie allein kommt auch der Herr (Hebräer 9,28). Wie das ernste Warten uns dazu zwingt, in Bereitschaft zu stehen, so wird das Bereitsein alles überschauen und nur auf den Herrn warten. Die kurze Wartezeit läuft ab. Alles um uns herum sagt es uns mit lauter Stimme. Der Bräutigam ist da, steht auf, um Ihm zu begegnen! Hörst du Ihn?

2. Das andere ist etwas, das der Herr schon für uns getan hat: „Der uns aus dem zukünftigen Zorn errettet!" Heute waltet noch Gottes großes Erbarmen. Heute ist noch der Tag des Heils. Dieser Tag geht aber zur Neige. Dann beginnt ein neuer Tag. In der Bibel wird er „Tag des Herrn" genannt. Dann werden die Zornschalen Gottes ausgegossen. Schwere Gerichte treffen die Erde. Die Heiligen aber sind davon erlöst. Wir warten auf unseren Erlöser vor dem Zorn. Halleluja!

24. Januar

Nicht allein

1. Mose 28,15

„Ich bin mit dir!"

Das waren wahrscheinlich köstliche Trostworte für das wunde Herz des einsam und allein schlummernden Wanderers. Alles hatte Jakob zurückgelassen, als er am Tag sein Elternhaus verließ. Die Sonne war ihm untergegangen und hatte eine finstere Nacht zurückgelassen. Gut, dass er noch einen Stein als Kopfkissen fand. So schlief er ein.

Die Aufmunterung durch die Stimme Gottes im Traum hatte ihn aufgerichtet, so zog er seine Straße am Morgen getrost weiter. Er war nicht allein. Gottes Kinder sind nie allein. „Ich bin bei euch!", sagte der Herr Jesus (Matthäus 28,20). Und dann die Verheißung: „Ich will euch einen andern Tröster senden!" (Johannes 14,16). Du bist nicht allein, teures Gotteskind! Diese Verheißung: „Ich bin mit dir", gilt dir genausoviel, wie Jakob.

Jakob hatte nicht nur gute, sondern die allerbeste Gesellschaft. Sein Gesellschafter sagte es ihm selber, wer Er sei. Wie mag Jakob gestaunt haben, als er die Vorstellungsworte hörte: „Ich bin der Gott deines Vaters Isaak und Großvaters Abraham!" (Vers 13). O, von Ihm hatte Jakob viel gehört. Mit diesem Gott konnte er es wagen.

Betrachte das Leben Jakobs mit Gott und erwarte dasselbe.

25. Januar

Sicherer Schutz

1. Mose 28,15a

„Ich will dich behüten, wo du hinziehst."

Unerwartete Segnungen bekam Jakob auf seiner Wanderung mit. Auch wir dürfen Gebrauch davon machen. Drei schöne Gedanken betrachten wir anhand dieser Verheißung.

1. Dies Wort sollte Jakob daran erinnern, dass auf dem Weg Gefahr droht. Die lauert auch auf unserem Weg. Wir sehen sie ja nicht immer, aber der Herr kennt sie und verspricht uns sicheren Schutz. „Ich will dich behüten." Überall schützt dich Sein Arm, wo du hingehst.

2. Durch diese Verheißung wollte Gott Jakobs Vertrauen zu Ihm erwecken. Bei der letzten Erfahrung im Vaterhaus hatte es an Gottvertrauen gefehlt. Die Folgen davon waren Traurigkeit, Herzeleid, Gram und Zorn im ganzen Hause. Endlich kam es zur Flucht. Das sind böse Folgen. Kindliches Gottvertrauen fehlte.

3. „Ich will dich behüten", das sollte Jakobs Freude sein. Wie freudeleer mag er am Abend seinen Kopf auf den harten Stein gelegt haben. Ob ihm hier auf dem Feld auch ein Unglück zustoßen könnte? So schläft er ein. O, welch ein Vorrecht: Der Herr nimmt ihn in Seine Hut! O Gotteskind, auch du befindest dich in derselben!

26. Januar

Es geht nach Hause

1. Mose 28,15a

„Und will dich wieder in dieses Land zurückbringen."

„Es geht nach Haus, zum Vaterhaus, wer weiß, vielleicht schon morgen." So mag es im Herzen Jakobs gejubelt haben. Dort hatte er seine Lage so verdorben, dass er damit vielleicht auch schon nicht mehr rechnete, er hatte sich das Vaterhaus womöglich für immer verschlossen.

Ist das nicht das traurige Los der ganzen Menschheit? Ja, durch die Sünde mussten die ersten Eltern ihre Heimat, das Paradies, verlassen. Aber lange davor hatte Gott schon den Plan gefasst: „Und Ich will dich wieder herbringen in dies Land." Jesus hatte alles wieder gut gemacht. Die Feindschaft ist ausgesöhnt und jedem steht der Weg offen.

Dem Jakob wurde nur nicht gesagt, wann und wie er in die Heimat zurückkehren würde. Das wissen auch wir nicht. Wie wird er jederzeit daran gedacht haben, aber besonders wenn es ihm nicht gut ging! Wie viel Missgeschicke und Enttäuschungen erlebte er in der Fremde! Dann wurde die Sehnsucht besonders groß.

So geht es auch dir. Sei nur getrost, bald darfst du nach Hause. Als die Zeit abgelaufen war, sagte der Herr zu Jakob: „Mache dich auf und zieh in deine Heimat!" Warte auch du darauf!

27. Januar

Zukunftsaussichten

1. Mose 28,15b

„Ich will dich nicht verlassen."

So lautete die vierte Verheißung, die der Herr dem Jakob mit auf den Weg gab. Sie hat etwas Ähnlichkeit mit der ersten. Jene galt der Gegenwart: „Ich bin mit dir", hier ist ein Wort für die Zukunft: „Ich will dich nicht verlassen", das heißt: „Ich habe vor, dich nicht zu lassen." Nun war Jakob gut versorgt, für alle Zeit.

So versorgt der Herr Sein Volk zu allen Zeiten. Und auch mit uns verfährt Er so, und zwar aus folgenden Gründen:

1. Das tut Er, um uns zu beweisen, dass Sein allmächtiger Arm über Gegenwart und Zukunft waltet und herrscht. Es ist Ihm gleich, Seinen Kindern zu sagen: „Ich bin mit dir", oder zu sagen: „Ich werde mit dir sein."

Er gab einst Seinen Jüngern die Verheißung, dass Er bei ihnen sein würde, bis an der Welt Ende. O, welch einen großen Gott haben wir! Er ist der Unveränderliche, so war Er mit den Seinen auch in der Vergangenheit und waltet auch weiter über uns.

2. So tritt der Herr Seinem Volk entgegen, weil Er weiß, dass es ohne Ihn nicht fertig wird. Wie wird es noch werden? – das ist eine sehr bekannte Sorge. Sie aber hat weichen müssen, wenn sich der Glaube an diese Verheißung des allezeit gegenwärtigen Gottes klammerte: „Ich werde dich nicht verlassen".

Bis wann?

1. Mose 28,15c

„Bis Ich alles erfülle, was Ich dir gesagt habe."

Obige Frage bezieht sich auf die Verheißung: „Ich will dich nicht verlassen." Die Antwort auf diese Frage war die fünfte Verheißung und wird den Jakob recht beruhigt haben, wenn er den Worten des Herrn vertraute.

„Bis Ich alles erfülle, was Ich dir gesagt habe." In Vers 13,14 haben wir den Inhalt, die Rede Gottes an Jakob. Wenn Er auch im Traum mit ihm redete, so war es doch verständlich genug, um sich das Gesagte anzueignen. Hauptsächlich war es dreierlei, was der Herr zu Jakob geredet hatte.

1. Du sollst der Besitzer des Landes werden, auf dem du liegst (Vers 13).

2. Wie der Staub den Erdboden bedeckt, so soll es auch deine Nachkommenschaft tun (Vers 14).

3. Du sollst der Träger eines Segens sein, der allen Völkern zuteil werden soll (Vers 14).

„Bis Ich alles erfülle, was Ich dir gesagt habe, verlasse Ich dich nicht." Petrus schreibt im 2. Brief, Kapitel 1 Vers 4, dass uns alle die teuren Verheißungen geschenkt sind. Und ihrer sind Tausende. Und sie sind gewaltig groß. Und all die teuren Verheißungen will der Herr an uns erfüllen. Ehe Er uns nicht tut, was Er geredet hat, lässt Er nicht von uns, wenn wir Seine Reden genau erfüllen.

29. Januar

Wo soll ich hin?

Psalm 50,15

„Rufe mich an in der Not."

Matthäus 11,28

„Kommt her zu mir alle, die ihr mühselig und beladen seid."

Sehr herrlich und glücklich war der Zustand der Menschen im Paradies. Er blieb es auch so lange, bis die Sünde in die Welt kam, und Not, Elend und Jammer mit sich brachte. War für den armen Sünder nun alles verloren? Musste er in seiner Not nun umkommen? War niemand da, der sich seiner annahm? – O ja, aus der Höhe des Himmels rief dem in leiblicher und geistlicher Not umkommenden Menschen die Stimme seines Schöpfers zu: „Rufe Mich an in der Not!"

Das tat Er durch seine Propheten und Psalmisten einige Jahrtausende lang. Dann sandte Er Jesus, Seinen eingeborenen Sohn, um die Verlorenen zu erretten. Auch wenn sie durch die Sünde beladen weit von Ihm abgekommen waren und sich mühselig durchschlagen mussten. Eines Tages hörten diese Armen die einladende Stimme Jesu: „Kommet her zu Mir, die ihr mühselig und beladen seid!"

Weißt du nun, wohin du in deiner Not, Mühseligkeit und Beladenheit hin sollst? Zu keinem Menschen! Gottes Wort sagt: „Rufe Mich an!" „Kommet her zu Mir!"

30. Januar

Der Ort der Rettung und der Erquickung

Psalm 50,15b

„Dann werde Ich dich erretten."

Matthäus 11,28b

„Ich will euch erquicken."

Das kann nur ein großer Erretter sagen. Sahen wir im vorigen Teil dieser Betrachtung eine Aufforderung an Notleidende und Beladene, so haben wir hier eine herrliche Verheißung für sie. Wir betrachten diese Verheißung etwas näher.

Vor allem sehen wir, dass sie auf einem zuverlässigen Fundament ruht. Hier ist es: „Ich werde dich erretten". „Ich will euch erquicken". Das Fundament ist also ein festes und entschiedenes: „Ich will" und „Ich werde". Rufe Ihn an und komme zu Ihm – das ist deine Sache! Kein anderer kann das für dich tun. Aber auch den herrlichen Segen dieser Errettung wirst du genießen.

Die Errettung ist eine große und zwar deshalb, weil erstens der Erretter selbst groß ist. Es ist der zweite Adam, der Gottesmensch, Jesus Christus, hochgelobt in Ewigkeit.

Sie ist weiter deshalb groß, weil das Mittel groß ist. Was das Blut unzähliger Opfertiere nicht vermochte, vollbrachte das Blut eines Lammes.

Zuletzt ist die Errettung auch deshalb groß, weil der Gegenstand der Errettung groß ist, nicht nur die Menschheit, sondern auch die ganze Kreatur.

31. Januar

Das tat Ich für dich, was tust du für Mich?

Psalm 50,15 (Luther 1912)

„… so sollst du mich preisen."

Hier steht eine Aufforderung, Gott zu preisen. Wir werden hier etwas näher treten und folgende Punkte betrachten. Wir sehen zuerst, wer dazu auffordert. Der Retter ist es. Es heißt hier so bestimmt: „Rufe Mich an. Ich werde dich erretten. Du sollst Mich preisen." Und Er ist es nun auch, der dazu auffordert. Es ist eigentlich ein Gebot, denn es heißt: „Du sollst Mich preisen." Tue es und damit preist du Ihn schon! Jedes weitere Zeugnis von Ihm, jede Wohltat an Seinen Kindern, ein aufrichtiger, heiliger Wandel – alles ist ein Preisen. Er ist es wert, dass man Ihn preist und ehrt.

Wir sehen weiter, wer diejenigen sind, die dazu aufgefordert werden. Es sind die, welche in der Not gerufen haben, die errettet wurden. Ja, alle Erretteten sollen Ihn preisen. Darunter bist auch du. Wie würden wir einen Mann loben, der uns aus einem brennenden Haus gerettet hätte! Überall würden wir von ihm erzählen.

Unsere Not und Gefahr, aus welcher unser großer Erretter, Jesus Christus, alle Menschen gerettet hat, war größer, als ein brennendes Haus, es ist die ewige Feuerglut. O, ihr Erretteten alle, preist euren Erretter. Unterlasst es nicht, sonst gehört ihr zu denen, nach welchen Jesus traurig fragte: „Wo sind die neun?"

1. Februar

Lobet den Herrn!

Psalm 147,1

Lobt den Herrn! Denn unsern Gott loben, das ist köstlich; solches Lob ist lieblich und schön.

Viele, sehr viele Aufforderungen enthält die Bibel an uns, den Herrn zu loben. Dazu gibt es auch viele Gründe, die wir selber erlebt und erfahren haben.

1. Wir fragen zuerst, was es heißt, den Herrn zu loben. Wir loben einen Menschen, wenn wir von ihm Gutes erzählen.

2. Daraus ergibt sich die weitere Frage: Wer kann den Herrn aufrichtig loben? Nicht alle können es, sondern nur die, die von Ihm etwas erfahren haben. David sagt: „Lobe den Herrn, meine Seele, und vergiss nicht, was Er dir Gutes getan hat!" Und dann zählt er alles auf und dadurch lobt er Gott.

3. „Das ist köstlich", sagt unser Wort. Der Ausdruck „köstlich" deutet an, dass man an etwas Besonderem Freude und Wohlgefallen hat. Wenn dem so ist, dann hatte der Psalmist am Lob Gottes Wohlgefallen. Laut Psalm 139,17 hatte er dann Wohlgefallen an den Gedanken Gottes. Woran hast du Wohlgefallen?

4. Ein solches Lob ist lieblich und fein. Das erinnert an „lieblich und fein" beim Zusammenwohnen von Brüdern (Psalm 133,1). All dieses ist lieblich vor Gott. Ist auch dein Lob lieblich vor Gott?

2. Februar

Zwei Bilder

Psalm 147,2

Der Herr baut Jerusalem und bringt die Zerstreuten Israels zusammen.

Wir schauen uns diese beiden Bilder in der großen Galerie der Bilder etwas näher an und betrachten:

1. Das traurige Bild: zerfallene Mauern Jerusalems und die Zerstreuten Israels. Gott hatte für Sein Volk etwas Besonderes vorgesehen. Weil sie aber gegen Gott sündigten, ließ Er es zu, dass sie zerstreut und die Mauern ihrer Stadt zertrümmert wurden. Ja, was hat Satan durch die Sünde, die er in die Welt einführte, für großen Schaden angerichtet! Nicht nur das alttestamentliche Gottesvolk ist zerstreut. Ist nicht das neutestamentliche ebenfalls zerschlagen, zersplittert und entzweit? Wo ist das „ein Herz und eine Seele“ geblieben? Ein trauriges Bild.

2. Das aufmunternde und sehr trostreiche Bild ist der Herr, der am Werk ist, die zerfallenen Mauern zu bauen und die Zerstreuten zusammen zu bringen. Das tat Er damals durch Kyrus, der den Juden die Erlaubnis zur Heimkehr gab, durch Esra und Nehemia, die das Volk zum Bau anhielten, und durch die Propheten, die sie durch ihre Reden dazu aufmunterten. Dann erwählte Er die Apostel, Evangelisten, Hirten und Lehrer, durch die Er immer noch baut.

Baust du auch? Lasst uns helfen Zion bauen! Bald ist es fertig und dann kommt Er!

3. Februar

Wie baust du?

1. Korinther 3,12-13a

Wenn aber jemand auf diesen Grund Gold, Silber, edle Steine, Holz, Heu, Stoppeln baut, so wird das Werk eines jeden offenbar werden,

Um uns wird auf wirtschaftlichem Gebiet heute mehr gebaut, als in früheren Zeiten, im geistlichen haben die Bauleute immer gebaut. Wenn einige durch den Tod abgerufen wurden, traten andere in ihre Arbeit, aber die Sache ging weiter und kam nun auch bis zu uns. Wir sind heute die Bauleute. Bauet euch, sagt Petrus im ersten Brief (2,5). Dabei kommt es nicht darauf an, wie viel man baut, sondern was oder wie wir bauen.

Vor allen Dingen kommt es darauf an, was für Baumaterial wir gebrauchen. Es gibt zwei Arten. Die eine ist feuersicher, die andere verbrennt.

In 1. Korinther 3,11-19 zeigt uns die Heilige Schrift das Material, das an jenem Tage die Feuerprobe nicht bestehen wird. In den ersten drei Versen des 13. Kapitels werden uns die schönsten und höchsten Gaben gezeigt, die der Herr Seinen Kindern zum Bauen gegeben hat, die aber ohne Liebe nicht mehr wert sind als Heu, Stroh und Stoppeln und verbrennen müssen.

In den Versen 4-8 sind die Eigenschaften der Liebe aufgezählt. Jeder Bau, an dem diese fehlen, wird verbrennen. Was baust du?

4. Februar

1. Was heißt Glauben?

Hebräer 11,1

Der Glaube ist eine Wirklichkeit dessen, was man hofft, und ein Nichtzweifeln an dem, was man nicht sieht.

Glauben heißt, an Gott sich halten, gleich als könnte man Ihn sehen.

Das tat Mose, von dem wir lesen: „Durch den Glauben verließ er Ägypten und fürchtete nicht den Grimm des Königs, denn er hielt fest an dem, den er nicht sah, als sehe er Ihn" (Hebräer 11,27).

Vier wichtige Dinge werden hier von Mose erzählt: Zwei von ihnen hat er getan und zwei hat er nicht getan. Alles kam aus dem Glauben. Wir fragen: „Was heißt Glauben?"

1. Glauben heißt, Ägypten verlassen. Das kann nur durch den Glauben geschehen. Der Glaube wählte zwischen den Schätzen Ägyptens und der Schmach Christi.

2. Er, das heißt sein Glaube, fürchtete nicht den Grimm des Königs. Wahrer Glaube treibt die Furcht aus. Was kann eines Menschen Grimm einem Gläubigen antun, den der Glaube schützt?

3. Sein Glaube hielt sich an etwas. Es besteht große Gefahr, gestürzt zu werden. Paulus hatte Glauben gehalten, weil er gehalten wurde. Gott und Glauben halten sich.

4. Moses Glaube hielt sich an etwas, das er nicht sah. Töricht, sagt die Welt. Der Glaube triumphiert und hält sich am Unsichtbaren und nichts vermag ihn zu stürzen.

5. Februar

2. Was heißt Glauben?

Hebräer 11,1

Der Glaube ist eine Wirklichkeit dessen, was man hofft, und ein Nichtzweifeln an dem, was man nicht sieht.

Glauben heißt, Ihn lassen walten, wenn wir Ihn auch nicht verstehen.

Gottes Walten. Es gibt ein zweifaches Walten Gottes: ein äußeres und ein inneres. Wer Augen hat, sieht beides. Unter diesen war auch Abraham. Er war auch unter denen, die Sein Walten nicht immer verstehen konnten, Ihn aber trotzdem walten ließen. Der Höhepunkt dieses göttlichen Waltens war auf dem Berge Morija. Darüber lesen wir in Hebräer 11,17-18. Es ist sehr wichtig, diese Verse in diesem Zusammenhang kurz zu betrachten.

Gottes Walten. Fünfundzwanzig Jahre waren vergangen, seit Abraham auf seinen verheißenen Sohn gewartet hatte. Nun war er da. Da forderte der Herr ihn als Opfer. Abraham ließ Ihn walten, nahm den Sohn, Holz und Feuer und Messer und ging. Dabei dachte er über Gottes Walten nach. Dass er das tat, steht in Hebräer 11,19. Dort steht auch, wie er sich durchfand. An Seinen Verheißungen konnte Gott nichts ändern.

Soll ich Isaak opfern, dann muss Er ihn aus den Toten wiedergeben. Und das kann Er. So ließ er Ihn denn walten. Hast du solchen Glauben?

6. Februar

3. Was heißt Glauben?

Hebräer 11,1

Der Glaube ist eine Wirklichkeit dessen, was man hofft, und ein Nichtzweifeln an dem, was man nicht sieht.

Glauben heißt, Ihm fest vertrauen, führt ins Dunkel Seine Hand.

„Wer im Finstern wandelt und scheint ihm kein Licht, der hoffe auf den Namen des Herrn, und verlasse sich auf seinen Gott" (Jesaja 50,10). Von zweierlei redet der Prophet in diesem Wort: Finsternis und Licht. Bis zur Scheidung, die Gott in der Schöpfung zwischen Licht und Finsternis vornahm, war alles ein Gemisch. Schon damals herrschte die Finsternis und bedeckte das Erdreich (siehe 1. Mose 1,2-5).

Seit Licht und Finsternis voneinander geschieden sind, ist die Finsternis zwar in der Welt, aber Paulus fragt in 2. Korinther 6,14: „Was hat das Licht für Gemeinschaft mit der Finsternis?" Unser Wort redet aber von einem Wandel in Finsternis. Von welchem Wandel ist hier die Rede? Die erste Hälfte unseres Textes nennt sie uns:

1. Es ist der, der den Herrn fürchtet.

2. Seines Knechtes Stimme gehorchen. Sie kommen freilich noch in Dunkelheit und zwar in solche, dass ihnen kein Licht glänzt. Aber sie bleiben nicht darin. Er hat zweierlei, womit sich der Glaube verbindet: Er hofft auf den Namen des Herrn und lehnt sich auf seinen Gott. Du auch?

7. Februar

4. Was heißt Glauben?

Glauben heißt auf Jesum schauen, wenn der Weg uns unbekannt.

Psalm 32,8

Ich will dich unterweisen und dir den Weg zeigen, den du gehen sollst; Ich will dich mit meinen Augen leiten.

Hebräer 12,1-2

Lasst auch uns [...] aufsehen auf Jesus.

Das ist ein seliges, herrliches und notweniges Auf- und Niederschauen. Selig und herrlich ist es, weil unser Glaubensauge hier schon etwas von der Seligkeit und Herrlichkeit wahrnimmt, die Jesus für uns bereitet hat und zu derselben Er uns jetzt führt.

Notwendig ist es, auf Jesus zu schauen, weil uns der Weg dorthin unbekannt ist. Es würde uns wenig nützen, sollten wir unsere Augen auf den Weg richten, um ihn zu suchen, wir fänden ihn doch nicht. Das weiß auch der Herr, Dem es sehr darum zu tun ist, dass wir keinen verkehrten Weg einschlagen. Er verspricht uns: „Ich will dir den Weg zeigen, den du gehen sollst." Das ist eine doppelte Sicherstellung.

Erstens bringt Er uns auf den Weg und dann will Er mit Seinen auf uns gerichteten Augen uns auf dem Weg erhalten. Das ist eine sichere Garantie für Wanderer auf unbekannten Wegen, wenn sie auf Ihn schauen.

8. Februar

5. Was heißt Glauben?

Glauben heißt sich willig schicken in die Leiden dieser Zeit.

2. Korinther 4,17-18a

Denn die vorübergehende Leichtigkeit unserer Bedrängnis bewirkt in überreichem Maß eine ewige Fülle von Herrlichkeit für uns, die wir nicht auf das Sichtbare schauen, sondern auf das Unsichtbare.

Leiden und Herrlichkeit stehen an vielen Stellen in der Bibel nebeneinander. Sie sind von Gott zusammengestellt. Die Trübsal hat die Aufgabe, uns für die Herrlichkeit vorzubereiten. Hat sie diese erfüllt, muss sie auf ewig entfliehen (Jesaja 35,10).

Herrlichkeiten standen dem Apostel in all seiner Trübsal vor Augen. Jeder Steinwurf vergrößerte seine Herrlichkeit, jeder Geißel- und Stockhieb vergrößerte die Freude seines Herzens auf die Seligkeit beim Herrn. Seine Augen richtete er aufs Unsichtbare, wie Mose sich an Den hielt, Den er nicht sah.

Das kann nur der Glaube. Nicht mehr lange, dann verwandelt er sich in Schauen. Mose sieht nun Den, an Den er sich hielt. Paulus hielt sich an das, was er nicht sah. Und bis dann sehen auch wir mit ihnen auf das Unsichtbare.

9. Februar

6. Was heißt Glauben?

Glauben heißt mit frohen Blicken vorwärts schauen zur Ewigkeit.

Hebräer 12,1-2

Lasst auch uns [...] aufsehen auf Jesus, den Urheber und Vollender des Glaubens.

Man könnte es fast als ein Naturgesetz hinstellen, dass der Körper sich von selbst dorthin wendet, wohin der Blick sich richtet. Im Geistlichen ist es so. Alle Heiligen, die himmelwärts gingen, waren solche, die ihre Blicke dorthin gerichtet hatten.

Glauben heißt, auf Jesus schauen. Um auf Jesus schauen zu können, müssen wir reine Augen haben. Bei kranken Augen kommt es oft vor, dass sie zukleben. Macht man sie dann auf, so bleibt an den Augen leider oft noch etwas kleben, das am klaren Sehen hindert. Das muss ausgewaschen werden.

Ist das im Allgemeinen so, wie viel notweniger ist es dann erst beim Aufschauen auf Jesus. Waschen wir das Auge, damit unser Glaube mit einem freien, reinen und frohen Blick hinüber in die Ewigkeit schauen kann. Vorwärts wollen wir schauen und aufwärts!

10. Februar

7. Was heißt Glauben?

Glauben heißt aufs Wort sich gründen, ob auch alles wankt und fällt.

Lukas 21,33

Himmel und Erde werden vergehen; aber meine Worte werden nicht vergehen.

Es gehört in die Rubrik der Selbsttäuschung, wenn der Mensch meint, dass sein Werk auf Erden, wie zum Beispiel Wissenschaft, Kultur, Technik, Kunst usw. steigt. Das scheint zwar so, aber in Wirklichkeit ist alles auf dem Wege des Verfalls.

Der große Moment rückt immer näher, der alle Voraussagen des Herrn erfüllen wird. Himmel und Erde werden vergehen. Sie werden nicht mehr da sein. Ist dann alles aus? Nicht für alle, wenn auch für viele. Wer glauben hat, das heißt, wer etwas besitzt, wodurch er sich auf das ewige, unvergängliche Wort Gottes gründen kann, wird nicht zu Schanden.

O, ergreifen und halten wir es fest, die Kraft des Glaubens, der auch dann standhalten wird, wenn alles vergeht.

„Meine Worte vergehen nicht", sagt der Herr Jesus. Damit meint Er alle Worte Seiner Verheißungen. So werden auch alle Drohungen bleiben.

Auf dieses bleibende Wort gründet sich unser Glaube.

11. Februar

8. Was heißt Glauben?

Glauben heißt in Jesus Ruhe finden in der Angst der Welt.

Epheser 2,14a

Denn Er ist unser Friede.

Irgendjemand hat gesagt und eine Reihenfolge aufgestellt: kämpfe, siege und du wirst Ruhe haben. In Ihm allein hat die Seele alles. Er ist unser Kämpfer, Er ist unser Friede, und wer in Ihm Ruhe gefunden hat und zu Gottes Ruhe eingegangen ist, führt ein Siegesleben und singt mit Freuden vom Sieg in den Hütten der Gerechten.

Es ist zwecklos über fehlenden Frieden, fehlende Freude und Ruhe zu klagen. Wer darüber nicht hinwegkommt, bleibt arm. Wir brauchen solche Gaben und können ohne dieselben nicht leben und wachsen. Mehr aber als sie brauchen wir Den, in Dem sie enthalten sind. Fehlt es an Friede?

Er ist unser Friede. Wer Jesus nicht hat, bleibt ohne Frieden. Sein Los ist viel trauriger, als ein Boot auf wogender See ohne Steuer.

Es gibt der Gaben auf Erden viel,
nur Jesus haben, bringt uns zum Ziel.

Besitze Du mein Herz – und ich habe alles.

12. Februar

Christus gewinnen

Philipper 3,8

Ja, ich halte in der Tat alles für Schaden wegen der überragenden Erkenntnis Christi Jesu, meines Herrn, für den ich alles verloren habe, und halte es für Dreck, damit ich Christus gewinne.

Da ist wohl jeder am Platze, wenn es etwas zu gewinnen gibt. Man wagt dabei sogar große Kosten.

Wir reden vom Gewinn – Christus.

1. Dabei muss man auch was drangeben. Paulus, der darauf ausgegangen war, sagt uns auch was. In unserm Wort heißt es ganz kurz, aber ebenso bestimmt: alles. Nicht nur 99%, sondern alles. Das 3. Kapitel zeigt uns auch, dass er das für den Gewinn gegeben hat, was ihm am wertvollsten war.

2. Der Gewinn überragt dafür auch alle Schätze der Welt. Wer ihn erlangt hat und seinen großen Wert erkannt hat, ist wie der Kaufmann im Evangelium, der eine Perle fand und dann hinging und alles verkaufte, was er hatte, und sie kaufte.

3. Der Gewinn ist ein himmlischer und deshalb auch ein ewiger. Er enthält die Gerechtigkeit, die Gott dem Glaubenden zurechnet. Er bringt Christuserkenntnis, Auferstehungskraft für den Wandel, Leidensgemeinschaft, Todesähnlichkeit und Auferstehungsvorrecht (siehe Vers 9-10).

13. Februar

Christus verlieren

Galater 5,4

Ihr habt Christus verloren, die ihr durch das Gesetz gerechtfertigt werden wollt; ihr seid aus der Gnade gefallen.

Große Verluste hat es auf dieser Erde gegeben. Man hat Hab und Gut, Ehre und Ansehen, Gesellschaft und Familienglück usw. verloren. Alles, was vergänglich ist, kann man verlieren. Darunter gibt es auch schwere und große Verluste. Hier redet Paulus vom größten, bedeutungsvollsten und entsetzlichsten oder furchtbarsten Verlust.

Paulus rühmte vom großen Gewinn, ebenso und noch ernstlicher ermahnt er vor Verlust. Er weist sie direkt auf ihre ernste Lage hin: „Ihr habt Christus verloren."

Verlieren kann man nur etwas, was man besitzt. Sie hatten auch einst Christus und Paulus schreibt ihnen: Wie wart ihr so selig dazumal.

Da kam etwas dazwischen. Sie blickten nicht in die Gnade, die allein uns selig macht. Sie suchten durch Werke des Gesetzes selig zu werden und verloren dadurch Christus.

Wer aus der Gnade fällt, die nicht nur rettet, sondern auch bewahrt, verliert Christus. Dieser Verlust ist unberechenbar und für alle, die mit ihm in die Ewigkeit gehen, unwiederbringlich.

14. Februar

Wie Jesus Seine Jünger vom Vater bekam

Lukas 6,13

Und als es Tag wurde, rief Er seine Jünger und erwählte aus ihnen zwölf, die Er auch Apostel nannte.

Dies war nicht die einzige Nacht, die der Herr Jesus in Seinem Erdenleben mit Seinem Vater zubrachte, aber die einzige, in welcher Er Seine Jünger von Vater erhält. Was Er Ihm mit den Worten: „Die Du Mir gegeben hast" siebenmal vorhält (Johannes 6,39; 17,2.6.9.11.12.24).

Dass der Herr mit diesem Ausdruck nicht nur die Jünger meinte, sagte Er doch wohl mit den Worten: „Ich bitte nicht allein für sie, sondern auch für die, die durch ihr Wort an Mich glauben werden" (Johannes 17,20). Dann gehören wir auch dazu.

Viel, ja alles, hat der Herr Jesus mit Gott im Gebet besprochen. In dieser Nacht wurde mehr getan, es wurde eine Übergabe vollzogen. „Sie waren Dein", sagt Jesus, „aber Du hast sie mir gegeben" (Johannes 17,6).

Nach der Übergabe in jener Nacht rief Jesus Seine Jünger und erwählte ihrer zwölf. Erwählt und berufen sind auch wir (Römer 8,28-30). Den Akt der Übergabe hat Jesus mit Seinem Blut unterschrieben und ihm dadurch eine ewige Göttlichkeit beigelegt.

15. Februar

„Die Du mir gegeben hast"

Johannes 17,9

„Ich bitte für sie; nicht für die Welt bitte Ich, sondern für die, die Du mir gegeben hast, denn sie gehören dir."

Ehe wir uns alle die bevorzugten Jünger, die der Vater Seinem Sohn gab, etwas näher ansehen, halten wir ein wenig Umschau, wo sie herkommen. „Von der Landstraße des Lebens." So nannte sich ein Buch, das General von Viebahn seinerzeit schrieb. Von dieser Straße kamen alle her.

Schauen wir nur, wo sie herkamen. Nathanael kam von unter dem Feigenbaum her. Zachäus von auf dem Maulbeerbaum. Die Söhne des Zebedäus, Petrus und noch einige Jünger kamen aus den Fischerkähnen. Matthäus, eigentlich Levi, kam vom Zollamt. Maria Magdalena kam aus dem Bereich der sieben Teufel.

Aus verschiedenen Ländereien kamen an einem Tage 3.000 Seelen. Saulus von Tarsus kam aus dem blutigen Streit gegen die Heiligen. Der Schächer an Jesus Seite kam vom Kreuz, an dem sein räuberisches Leben endete. Der große Kirchenvater Augustinus kam aus einem lasterhaften Leben. Martin Luther kam aus einer Klosterzelle. Alle wurden vom Vater dem Sohn übergeben. Bist auch du ein solcher? Und wo kommst du her?

16. Februar

„Sie waren dein“

Johannes 17,6b

„Sie waren dein, und Du hast sie mir gegeben.“

Ja, welch große Wahrheit hören wir aus dem Munde Dessen, Der von sich sagte: „Ich bin die Wahrheit“. „Sie waren Dein.“ Daraus ergeben sich drei weitere Wahrheiten, die wir in Fragen kurz betrachten.

1. Wann wurden sie Sein? Die Antwort steht in 1. Mose 1,27; 2,7.27. Zwei Personen waren die ganze damalige Menschheit, und sie gehörten Gott an, Der sie geschaffen und gemacht hatte. Er hatte das alleinige Recht auf sie. Und Jesus, der Sohn Gottes sagt mit Recht: Sie waren Dein. Und mit ihnen sind auch alle anderen Sein, die Ihm folgen.

2. Bleiben sie Sein? Wenn wir in 1. Mose 3 auch die traurige Geschichte lesen, wie durch Satans List und Betrug Gott dem Herrn Sein Eigentum entführt wurde, so bleiben sie doch Sein. Als die Seinigen hat Gott alle Menschen angesehen, die Jesus zu suchen und selig zu machen auf die Erde kam.

3. Wie wurden sie wieder Sein? Sie mussten Ihm, dem sie entführt worden waren, zurückgeführt werden. Dass Jesus das getan hat,. sagt einer von denen, die der Vater Ihm gegeben hatte, in 1. Petrus 3,18. Nun waren sie wieder Sein und Jesus hatte ein doppeltes Recht zu sagen: „Sie waren Dein“.

17. Februar

Volle Garantie

Johannes 6,39

„Das ist aber der Wille des Vaters, der Mich gesandt hat, dass Ich nichts verliere von allem, was Er mir gegeben hat, sondern dass Ich es auferwecke am letzten Tag."

Die Erlösung der Menschheit auf Golgatha war ein Teil des großen Werkes, welches zu tun der Sohn vom Vater gekommen war.

Der zweite Teil begann mit der Übernahme der Erlösten vom Verlorengehen. Solange sie auf Erden leben, stehen sie immer noch in Gefahr.

Dreimal übergibt Er, zur Ausführung des ersten Teils, Seinen Willen in den Willen des Vaters. Das tut Er auch bei der Garantieleistung für die vom Vater Übernommenen.

Wie ernst und treu Er dieses übernommene Amt ausführt, sehen wir unter vielen anderen Stellen in Hebräer 7,25, wo es heißt, das Er immerdar lebt und für uns bittet.

Wie in Seinem Leben, so tritt auch in Seiner Fürbitte keine Unterbrechung mehr ein. Tag und Nacht werden die Heiligen von Satan verklagt, aber immerdar auch von ihrem Bürgen vor Gott vertreten. Er hat es auch übernommen, die Ihm der Vater übergeben hat, an jenem Tage aufzuwecken. Wie sollten sie auch allein aufwachen?

18. Februar

Er gab das ewige Leben

Johannes 17,2

„Gleichwie Du ihm Macht hast gegeben über alles Fleisch, auf dass Er das ewige Leben gebe allen, die Du ihm gegeben hast."

Macht über alles Fleisch, das sich Ihm unterordnen muss, ewiges Leben allen, die der Vater dem Sohne gegeben hat, dass sie in demselben die Ewigkeit mit Ihm zubringen dürfen. Ewiges Leben. Das sollte der Mensch sich im Paradiese schon einessen, dazu wies der Herr ihm den Platz in der unmittelbaren Nähe des Lebensbaumes an. Leider griff er nach der entgegengesetzten Richtung und aß durch die Sünde des Ungehorsams und Übertretung den Tod.

Den ersten Schritt, der den Menschen vom Leben entfernte, tat er selber, den zweiten tat Gott. Er führte ihn aus dem Bereich des Lebensbaumes, schloss die Pforte zu und stellte einen Seiner heiligen Wächter davor. Der Mensch aber starb.

Ein dreifacher Tod streckte seine grausame Hand nach ihm aus: der leibliche, der geistliche und der ewige. Da erschien das Leben (Johannes 14,6) und riss ihn dem Tode aus der Hand, gab allen, die daran glauben, dass der Vater sie Seinem Sohne gegeben habe, ewiges Leben, das Er durch Seinen Tod errang (Johannes 3,16).

Hast du es?

19. Februar

Der Name Gottes

Johannes 17,6

Ich habe deinen Namen den Menschen offenbart, die Du mir aus der Welt gegeben hast.

Offenbar werden muss und kann nur das, was verborgen ist. So war es mit dem Namen Gottes. Er war den Jüngern verborgen. Wie sollte Er ihnen auch offenbar werden; waren sie doch in der Welt und dort war Er unbekannt. Durch das Treiben nach Lust und Eitelkeit kam der Name des Schöpfers, Erhalters und Regierers in Vergessenheit und wurde etwas Verborgenes.

Da kam Jesus, das Licht der Welt, um zu offenbaren, was im Finstern verborgen war. Dazu gab der Vater dem Sohn einige aus der Welt. Durch gewaltiges Predigen, durch Krankenheilungen und Totenauferweckungen und viele andere Zeichen und Wunder offenbarte Er den Jüngern Gottes Namen.

Unter den Namen Gottes ist der, den Er sich selber beilegte, als Er Moses nach Ägypten schickte. Er sagte: „Sage dem Volke Israel: ‚Ich bin' hat mich zu euch gesandt." Jesus offenbarte diesen und führte ihn weiter aus, indem Er fortfuhr: „Ich bin das Licht der Welt. Ich bin das Brot des Lebens. Ich bin der gute Hirte. Ich bin die Auferstehung und das Leben", usw.

Herrliche Offenbarungen!

20. Februar

Jesus ist groß!

Johannes 17,9

„Ich bitte […] für die, die Du mir gegeben hast, denn sie gehören dir."

Wieder ein Unterschied. Der Herr Jesus macht ihn selber und zwar zwischen der Welt und denen, die Ihm der Vater gegeben hatte. Für diese bittet Er, für jene nicht.

Hier kommen wir auf die Fürbitte unseres großen, ewigen Hohenpriesters (Hebräer 4,14,16). Welch ein Hohepriester und Fürsprecher! Folgendes macht Ihn groß:

1. Er ist durch die Himmel geschritten (Menge Übersetzung). Das ist unser Fürbitter: Überwinder, Herr, Herold. Ein solcher wurde Er, als Er in Gethsemane auf Seinem Angesicht im Staub lag und am Kreuz hängend rief: „Warum hast Du mich verlassen?"

2. Er hat sich zur Rechten der Majestät gesetzt. Einen höheren Platz gibt es nicht. Und der ihn einnimmt, ist ein Fürsprecher. Von dort übt Er seine Macht aus über alle.

3. Er hat Mitleid mit unsern Schwachheiten. Nicht nur mit unseren Sünden, die Er verdammt hat (Römer 8,3) und die wir im Glauben weit überwinden können (Vers 37). Sein Mitleid erregt auch, dass wir Staub sind (Psalm 103,14).

4. Er hat alle Versuchungen auch durchgemacht, freilich ohne Sünde. So weiß Er aus Erfahrung, worum Er für uns bitten muss. Petrus wusste nicht, das Satan ihn sieben wollte (Lukas 22,31), aber Jesus wusste es und betete für ihn.

21. Februar

Der Name des Vaters

Johannes 17,11b

Heiliger Vater, erhalte die, die Du mir gegeben hast, in deinem Namen.

Es ist zweierlei, den Jüngern den Namen Gottes zu offenbaren, oder, sie in demselben zu erhalten. Das erste hatte der Herr Jesus getan, um das zweite bittet Er den Vater in unserem heutigen Text.

Um selig zu werden, ist es notwendig, den Namen des Herrn zu kennen, weil nur in diesem Namen Heil und Vergebung der Sünden ist. Aber nicht weniger notwendig ist es, in diesem Namen zu bleiben. Jesus. Jenes ist der Anfang, dieses das Ende, das erst den Glaubenspfad des Christen krönt.

Sehen wir:

1. Die Bedingung dazu, die wir zu erfüllen haben, um vom Herrn in Seinem Namen erhalten zu werden. Jesaja 41,10 zeigt sie uns. „Weiche nicht", das heißt, lass dich halten. Die Welt zieht – folge nicht, sondern blicke auf Jesus.

2. Der große Gewinn, wer sich von Ihm in Seinem Namen erhalten lässt:

a) Volle Sicherheit, denn Sein Name ist ein festes Schloss (Sprüche 18,10).

b) Völlige Hilfe (Psalm 124,8).

c) Arznei: Sein Name ist eine ausgeschüttete Salbe (Hohelied 1,3).

d) Ewige, einzige Seligkeit: Es ist kein anderer Name unter dem Himmel den Menschen gegeben, darin sie sollen selig werden (Apostelgeschichte 4,12).

O süßer Name!

In Gottes Namen

Johannes 17,12a

„Solange Ich bei ihnen in der Welt war, erhielt Ich sie in deinem Namen. Die Du mir gegeben hast, die habe Ich bewahrt …"

In diesen Worten wollen wir keine Wiederholung der Worte Jesu sehen. Sie drücken vielmehr eine dringende Notwendigkeit aus. Es geht um die Werke, die Er auf Erden zu tun hatte. Es war eine Fortsetzung von dem: „Ich habe Deinen Namen offenbart" (Vers 6) und eine Vorarbeit für die Bitte „Erhalte sie in Deinem Namen" (Vers 11).

Die Offenbarung des Namens Gottes war geschehen. Die Jünger aber befanden sich ohne Kraft des Heiligen Geistes, durch welche Gott sie in Seinem Namen erhält, immer noch in einer Lage, dass sie denselben wieder verloren hätten, wenn sie in diesem Namen nicht jemand bis zur Ausgießung der Kraft bewahrt hätte.

In unserem Vers sagt Jesus: „Solange Ich bei ihnen in der Welt war." Die Zeit Seines Weilens in der Welt geht ab, und Er übergab Seine Erhaltung und Bewahrung der Jünger dem heiligen Vater, kehrte dann nach vollbrachtem Werk der Erlösung aller Menschen durch die Himmelfahrt zum Vater zurück. Von dort sandte Er den verheißenen Heiligen Geist, durch welchen Gott die Seinen nun in Seinem Namen erhält. Halleluja!

23. Februar

Die Du mir gegeben hast

Johannes 17,24

„Vater, Ich will, dass, wo Ich bin, auch die bei mir sind, die Du mir gegeben hast, damit sie meine Herrlichkeit sehen, die Du mir gegeben hast; denn Du hast mich geliebt vor Grundlegung der Welt."

Wenn der Herr Jesus Seinen Willen hier zum Ausdruck bringt, so verstehen wir, dass es nicht im Sinne von Befehl, sondern mehr als Wunsch war. Zum siebenten Mal hören wir hier Seine Worte: „Die Du Mir gegeben hast."

Das erste Mal knüpfte Er sie an eine große Aufgabe, die Er vom Vater übernommen hat (Johannes 6,39).

Fünf Mal verbindet Er sie mit Bitten, die Er an den Vater richtet, verbunden mit Aufträgen, die Er an den Jüngern ausgeführt hat (Johannes 17,2.6.9.11.12). Zuletzt bringt Er dem Vater einen Wunsch, den Er auf diese Worte gründet: „Wo ich bin, da sollen auch die bei mir sein, die Du mir gegeben hast."

Erstens enthält es den Wunsch ewig bei Jesus zu sein. Hier ist der Herr bei Seinen Jüngern bis an das Ende der Welt, dort sind sie bei Ihm ohne Unterbrechung.

Zweitens ist es Jesu Wunsch auch bezüglich des Ortes: „Wo Ich bin, da sollen auch sie sein" (Johannes 17,24; Offenbarung 3,21).

Drittens sehen wir den Zweck Seines Wunsches. Seine Herrlichkeit, die Er durch Leiden erworben hat, will Er ihnen zeigen.

24. Februar

Die reichen Armen

Matthäus 5,3

„Glückselig sind, die geistlich arm sind; denn ihnen gehört das Himmelreich."

Mit diesen Worten eröffnet der König des Reiches Seine neuen Gesetze. Der König aller Könige, der an Macht, Herrlichkeit, Ehre und Reichtum alle anderen überragt, richtete Seine ersten Worte an die Armen. Das ist sehr aufmunternd. Gibt es denn im Reich eines solchen Königs Arme? Ist Er nicht gekommen, damit sie Leben und volle Genüge haben sollen? (Johannes 10,10). Verheißt Er denen, die an Ihn glauben, nicht Ströme lebendigen Wassers, die von ihren Leibern fließen werden? (Johannes 7,38).

Ja, gerade die Armen hat Er dazu bestimmt. Er nennt die geistlich Armen. Sie sind es im Gegensatz zu solchen, die mit dem Engel in Laodizea sagen: „Ich bin reich und bin reich geworden und brauche nichts!" (Offenbarung 3,17). Das sind arme Reiche. Die aber der Herr hier seligpreist, könnte man im Gegensatz dazu reiche Arme nennen.

Ja, sie sind wirklich reich, denn sie sind nicht nur Untertanen, sondern Teilhaber eines Königreiches und zwar des Reiches der Himmel. Diese geistlich Armen, die aus Seiner Fülle genommen haben Gnade um Gnade (Johannes 1,16), setzen sich nach vollbrachtem Lauf als Mitregenten auf Seinen Thron. Herrlich!

25. Februar

Trost im Leid

Matthäus 5,4

„Glückselig sind, die Leid tragen; denn sie sollen getröstet werden."

Wie werden leidtragende Menschen oft von den Leuten bedauert und bemitleidet! Nicht so der Herr. Er preist sie selig. Der Grund zum Leidtragen kann ein äußerer, aber auch ein innerer sein. Unsere eigene Lage kann uns dazu veranlassen, aber auch die Lage unserer Nächsten. Es kommt hauptsächlich darauf an, wie man das Leid trägt.

Da ist uns Hiob ein Beispiel. Wie unnennbar groß war sein irdisches Leid, das er trug, aber noch einmal so groß war der Trost, mit dem er getröstet wurde. Paulus trug Trübsal und Leid um Jesu Willen, so groß war das Leiden, dass er beinahe am Leben verzagt wäre (2. Korinther 1,8), blieb aber nicht ohne Trost (Vers 9).

Die Verse 3-9 in diesem Kapitel handeln von dem „Gott alles Trostes" (2. Korinther 1,3) und zeigen so wunderbar schön, wie der Menschen Leid und Gottes Trost so nahe beisammen sind.

Da gibt es auch ein Leid zu tragen für andere. Leid tragen heißt, nicht über irgendein Leid klagen. Das bringt keinen Trost. „Wir machen unser Kreuz und Leid nur größer durch die Traurigkeit." Es heißt, sein Leid still auf sich zu nehmen. Das bringt Trost!

26. Februar

Macht der Sanftmut

Matthäus 5,5

„Glückselig sind die Sanftmütigen; denn sie werden die Erde besitzen."

Sanftmütige sind nicht Feiglinge, die überall weichen und zurücktreten. Sanftmütige sind vielmehr Männer und Frauen, die Mut haben und deshalb Helden sind. Sie treten sehr entschieden auf, wie David dem Riesen entgegentrat, der in Frechheit den Gott Israels höhnte. Sehr entschieden und mutig, aber in Bescheidenheit und Niedrigkeit, wobei er ruhig und sanft blieb, stand er ihm gegenüber, und das machte ihn zu einem Sanftmütigen.

Gäbe es mehr Sanftmütige in den Reihen der Streiter Jesu Christi, würde es auch mehr Siege geben, denn die Verheißung für sie ist sehr groß: „Sie werden die Erde besitzen."

Sanftmütige Streiter können vor allem bei Dem ihre Ausbildung zum Dienst erlangen, Der von sich selber sagen konnte: „Ich bin sanftmütig." Dann ist es aber auch eine Frucht des Geistes, die nur auf dem Boden von Golgatha wächst.

Die Sanftmut ist eine mächtige Waffe, denn durch sie kommt man in den Besitz des ganzen Erdreiches, das heißt gegen sie wird nichts auf dem ganzen Erdreich stehen können. Ja, wer solche Macht besitzt, ist wahrlich selig zu preisen.

27. Februar

Durst nach Gerechtigkeit

Matthäus 5,6

„Glückselig sind, die hungern und dürsten nach der Gerechtigkeit; denn sie sollen satt werden."

Hungern und dürsten. Das sind Lebenslagen, in denen sich in den Jahren der Teuerung viele Menschen befanden und die deshalb nicht erklärt werden müssen. Sie sind, um es kurz zu sagen, das natürliche Bedürfnis des Leibes nach Speise und Trank. Von einem Bedürfnis redet auch unser Text. Es ist das Bedürfnis der Seele, von welcher auch der Psalmist im 42. Psalm erwähnt, wenn er sagt: „Meine Seele dürstet nach Gott." Dieses Verlangen preist der Herr Jesus selig.

Er nennt auch den Gegenstand des Bedürfnisses: Gerechtigkeit.

Das Gegenteil davon ist Schuld. In diese Schuld ist die ganze Menschheit gefallen. Die hat ihr alles geraubt und sie in diesen ungeheuren Abgrund gestürzt. Eines aber ist jedem Menschen geblieben: Hunger und Durst. Das hauchte Gott Adam ein, und auch der Satan hat es nicht völlig rauben können.

Aus der Tiefe ruft er jetzt zu Gott und tut damit seinen Hunger und Durst kund nach Gerechtigkeit. Und dazu gerade ist Christus von Gott gemacht (1. Korinther 1,30), so dass nun jeder Hungernde und Dürstende satt werden kann. Das ist selig und bringt Befriedigung (Römer 5,1).

28. Februar

Die Barmherzigen

Matthäus 5,7

„Glückselig sind die Barmherzigen; denn sie werden Barmherzigkeit erlangen."

Hier geht es nach dem Gesetz: „Was der Mensch sät, das wird er auch ernten!" (Galater 6,7). Fleischessaat bringt Fleischesernte, das heißt Verderben. Geistessaat bringt Geistesernte, oder ewiges Leben. Aussaat der Barmherzigkeit bringt eine herrliche Ernte der Barmherzigkeit. Wir sehen:

1. Die Barmherzigen. Wer sind sie? Wenn wir das Gleichnis vom barmherzigen Samariter heranziehen, sagen wir zunächst, dass es die sind, die von einem Wohltätigkeitstrieb regiert werden, wozu die Liebe die Feder ist. Dann schauen sie im Tun der Barmherzigkeit auch davon ab, wen sie vor sich haben, ob es ihresgleichen sind, oder nicht, an denen sie ihre Liebeswerke tun, ob es Samariter oder Juden sind. Die Barmherzigen rechnen weder mit Zeit noch mit Mittel, sie helfen – wenn auch andere geschäftig vorübergehen.

2. Die Barmherzigen werden Barmherzigkeit erlangen. Ihre Barmherzigkeit bringt ihnen als Belohnung Gottes Barmherzigkeit. Diese ist eine zweifache: eine hiesige und eine jenseitige. Es ist Gottes Barmherzigkeit, die hier beginnt, mit den Barmherzigen hinübergeht und in Ewigkeit nicht endet. O, welche Seligkeit, zu den Barmherzigen zu gehören!

29. Februar

Ein reines Herz

Matthäus 5,8

„Glückselig sind, die reinen Herzens sind; denn sie werden Gott schauen."

Ein reines Herz! Wovon? Wodurch? Wozu? Das ist ein großes Thema, und drei tief greifende Fragen, die es wert sind, kurz ein wenig betrachtet zu werden.

1. Ein reines Herz, oder auch ein gereinigtes – wovon? In einem so genannten Herzbüchlein wird ein schmutziges Herz gezeigt. Schauderhaft ist das, aber nicht übertrieben. Die Sünde, von der es gereinigt werden muss, teilt sich in Begehungssünden, in denen man durch Tun (Tatsünden), Reden (Wortsünden) und Denken (Gedankensünden) die Sünde vollbringt, und in Unterlassungssünden, in denen man zu tun unterlässt, was man tun sollte.

2. Wodurch die Reinigung geschieht? Nicht durch Opfer, das heißt Ochsen- und Kälberblut, nicht durch gute Werke, nicht durch Erfüllung gewisser Wahrheiten: Taufe, Abendmahl usw. Das Herz wird gereinigt durch Christi Blut und durch den Glauben an dieses Mittel, das alle Herzen reinigt.

3. Wozu die Reinigung? Unser Text sagt: „Sie werden Gott schauen." Ein russisches Sprichwort sagt: „Ins Paradies einzugehen hindert die Sünde", aber diesen Weg hat Jesus freigemacht. Wer jedoch sein Herz reinigen lässt, wird Gott schauen. Hier sehen wir Ihn im Glauben, dort sehen wir Ihn, wie Er ist.

1. März

Friede

Matthäus 5,9

„Glückselig sind die Friedensstifter; denn sie werden Gottes Kinder heißen."

Diese Seligpreisung des Herrn enthält zwei große Dinge: Sie ist ein seliger Stand und bringt eine selige Folge und seligen Lohn.

1. Die Friedfertigkeit – ein seliger Stand. Vor allen Dingen schauen wir uns ein wenig die Friedfertigen an und fragen, wer sie sind. Friedfertige sind solche, die immer fertig sind zum Frieden. Ein schönes Vorbild darin gibt uns Abraham. Er handelte nicht so, wie es oft vorkommt, dass man für ein Streitwort ein anderes entgegnet, oder vielleicht sogar zwei: „Lass doch nicht Streit sein zwischen uns", waren die Worte die da zeigten, dass er friedfertig war.

Um friedfertig zu sein, muss man zuerst Römer 5,1 als Fundament haben: Friede mit Gott; dann muss Hebräer 12,14 die Losung sein: Friede mit jedermann. Und dann muss es ein Ziel sein, dem man beständig nachjagt (Hebräer 12,14).

2. Die Seligkeit solchen Standes liegt darin, dass sie Gottes Kinder werden (nicht sollen) heißen. Die Gotteskindschaft ist die unausbleibliche Folge der Friedfertigen. Welche Seligkeit schon in der Zeit und einst in Ewigkeit!

2. März

Gerechtigkeit

Matthäus 5,10

„Glückselig sind, die um Gerechtigkeit willen verfolgt werden; denn ihnen gehört das Himmelreich."

Die Bibel zeigt uns verschiedene Ursachen der Verfolgung. Verfolgung um des Zeugnisses Jesu willen, um des Wortes Gottes willen, dafür, dass sie weder das Tier angebetet haben, noch ein Malzeichen an ihre Stirn und rechte Hand angenommen haben, und viele andere Ursachen mehr.

Als Grund der Verfolgung nennt der Herr die Gerechtigkeit. Die Seligkeit aller besteht im Himmelreich, das Jesus ihnen als Preis in Aussicht stellt um der Gerechtigkeit willen.

1. Die Gerechtigkeit, die Christus für uns geworden ist (siehe 1. Korinther 1,30), ist Weisheit, Gerechtigkeit, Heiligung und Erlösung.

2. Die Gerechtigkeit, in die wir uns hinein glauben, die Frieden mit Gott bringt.

3. Die Gerechtigkeit, die das Brautkleid der Braut des Lammes sein wird (Offenbarung 19,7-8). Der Glaube an diese Gerechtigkeit bringt dem Glaubenden hier Verfolgung und dort das Himmelreich.

Und das ist Seligkeit!

3. März

Verfolgung um SEINES Namens willen

Matthäus 5,11

„Glückselig seid ihr, wenn sie euch um meinetwillen verleumden und verfolgen und allerlei Übles über euch behaupten, indem sie lügen."

Diese Seligpreisung bezieht der Herr Jesus auf dreierlei: Schmähen, Verfolgen, Übelreden.

1. „Selig seid ihr, so euch die Menschen schmähen." Schmähen, das heißt verachten, für nichts rechnen, verabscheuen, verspotten, verwerfen und dergleichen mehr. Die Evangelisten zeigen uns ein klares Bild davon, dass man so mit Jesus getan hat, und in der Apostelgeschichte ebenso mit seinen Jüngern.

2. „Glückselig seid ihr, wenn sie euch um meinetwillen verleumden und verfolgen." „Haben sie Mich verfolgt, sie werden auch euch verfolgen", sagte Jesus zu Seinen Jüngern. Hier sagt Er ihnen mehr. Er sagt ihnen, was die Verfolgung für sie enthält: eine diesseitige Seligkeit. Zur Seligkeit wird die Verfolgung dadurch, dass die Verfolgten das Los mit Jesu teilen.

3. „Glückselig seid ihr, wenn die Menschen um Meinetwillen allerlei Übles von euch behaupten." An und für sich ist es nicht gut, wenn Gläubige Veranlassung zu üblen Reden geben. Wenn sie aber erlogen sind, liegt eine Seligkeit darin. „Um Meinetwillen", sagt der Herr. Alles Ergehen in unserem Leben um Jesu willen ist ein Vorgeschmack der Seligkeit im Himmel.

4. März

Sterben im HERRN

Offenbarung 14,13b

Glückselig sind die Toten, die im Herrn sterben von nun an. Ja, sagt der Geist, sie sollen ruhen von ihrer Arbeit; denn ihre Werke folgen ihnen nach.

Dies ist die zehnte Seligpreisung auf diesen Kalenderblättern und sie gilt den Toten. Nicht allen, sondern nur denen, die im Herrn sterben. Um diese große Seligkeit zu genießen, nämlich in dem Herrn zu sterben, muss man zuerst in Ihm gelebt haben.

Die Seligpreisung besteht:

1. Darin, dass sie ruhen von ihrer Arbeit. Sie haben Feierabend gemacht. Der Herr hat seine Knechte vom Arbeitsfeld abgerufen. Die Schnitter durften das Erntefeld verlassen und mit Garben beladen heimkehren. Die Streiter Zions legten ihre Waffen nieder und folgten ihrem Heerführer zum ewigen Friedensort. Sie erhielten mit den Worten: „Du darfst nun ruhen" (Daniel 12,13, Menge) die Erlaubnis zu ruhen.

2. Seligkeit ist es, wer Werke getan hat, die ihm folgen: „Ihre Werke folgen ihnen nach." Es sind die Werke in ihrem Glaubensleben, von denen in der Arbeit oft so wenig zu sehen war, die aber trotzdem vorhanden waren. Nun werden sie offenbar, sie folgen ihnen nach, das heißt, sie kommen ihnen zunutze. Es ist ihre Pension, zu der sie übergegangen sind.

5. März

Glückselig und heilig

Offenbarung 20,6

Glückselig und heilig ist, wer an der ersten Auferstehung teilhat. Über diese hat der zweite Tod keine Macht; sondern sie werden Priester Gottes und Christi sein und mit Ihm tausend Jahre regieren.

Noch eine Seligpreisung, verbunden mit einem überschwänglichen Zusatz: „und heilig". Oft fordert die Bibel zur Heiligung auf. Hier ist jedoch keine Aufforderung, sondern die Feststellung einer bestimmten Tatsache: „Selig ist der und heilig." Wir können auch sagen: Heilig ist, der Teil hat an der ersten Auferstehung. Die Seligpreisung ist hier eine dreifache, und zwar:

1. Über sie hat der zweite Tod keine Macht. Wenn der Herr in Gethsemane auch dem Tod die Gewalt genommen hat, so betrifft das doch nur die, die das Malzeichen des Tieres nicht angenommen haben, oder aus dem Tod zum Leben gekommen sind. Alle Übrigen bleiben in der Macht des zweiten Todes. Für ewig.

2. Sie werden Priester Gottes und Christi sein. Das war im alten Bund schon ein heiliger Dienst, aber ein vergänglicher. Der Dienst dieser Priester ist ewig.

3. Sie werden mit Christus regieren tausend Jahre. Welche Wendung! Hier Unterdrückung und Beherrschung, dort Herrscher. Hier werden sie regiert, dort regieren sie.

Das ist Seligkeit!

6. März

Hochzeitsmahl des Lammes

Offenbarung 19,9b

Glückselig sind alle, die zum Hochzeitsmahl des Lammes eingeladen sind.

Die Benennung „Hochzeitsmahl des Lammes“ steht hier im Zusammenhang mit der Hochzeit des Lammes und mag vielleicht auch dasselbe sein. Der Ausdruck „Hochzeit“ deutet die endgültige Vermählung zwischen Christus und Seiner Gemeinde als Bräutigam und Braut an, während Abendmahl die Festlichkeit bedeutet.

Wir haben einen Plan, den Gott schon vor Grundlegung der Welt fasste und der jetzt zur Ausführung kommt. Auf ihn warten beide: sowohl der Bräutigam, als auch die Braut. Beinahe 2000 Jahre dauert die Wartezeit schon. Die Verbindung, sagen wir die Verlobung, geschah am Pfingstfest zu Jerusalem. Durch den Heiligen Geist gründete der Herr Seine Gemeinde, die Er mit Seinem Blut erkauft hat. Ihr hinterließ Er das Versprechen sie zu holen, und Er ermahnte sie, sich darauf vorzubereiten und zu warten.

Die Wartezeit läuft immer mehr ab. Die Gemeinde wartet auf die Wiederkunft ihres Bräutigams. Aber mit noch größerer Sehnsucht wartet der Herr auf die Bereitschaft Seiner Braut. Unser Text zeigt uns das Ende dieser Wartezeit, an welchem vielleicht der ganze Himmel teilnehmen wird und in sein „Halleluja“ und „Lobet Gott“ einstimmt.

7. März

Sehen und Hören

Lukas 10,23-24

„Glückselig sind die Augen, die sehen, was ihr seht. Denn Ich sage euch: Viele Propheten und Könige wollten sehen, was ihr seht, und haben es nicht gesehen, und hören, was ihr hört, und haben es nicht gehört."

Der Herr erinnert Seine Jünger an ein großes Vorrecht, das ihnen widerfahren war: zu sehen, was viele gerne gesehen hätten. Nicht nur als Vorrecht stellt Er es ihnen hin, sondern als eine große und weit um sich fassende Seligkeit. Seligkeit der sehenden Augen und hörenden Ohren.

1. Wir sehen zunächst, was sie uns hier schon einbringt. Abraham brachte sie Freude ein. Das sagt Jesus selbst: „Abraham sah Meinen Tag und freute sich" (siehe Johannes 8,56). O selige Freude! Jesaja sah den Herrn auf einem hohen und erhabenen Thron sitzen und erkannte seine eigene Unreinigkeit, worauf er Reinigung erfuhr (Jesaja 6,1-7). Der alte Simeon sah das Jesuskind und erhielt Freudigkeit in Frieden dahinzufahren (Lukas 2,29.30). Die drei Jünger sahen Jesus in Seiner Verklärung und das gab ihnen Freudigkeit von derselben zu zeugen.

2. Unser weiterer Gedanke ist, kurz zu erwägen, wohin solche Seligkeit mündet. Die erwähnte Freude mündet nach Jesaja 35,10 in ewige Freude. Jeder hier angefangene Segen ist ein Vorgeschmack, oder der Anfang einer nie endenden, ewigen Seligkeit. Was viele sehen wollten, sehen unsre Augen!

8. März

Ein großer Wunsch

Johannes 12,21 (Luther 1912)
„Herr, wir wollten Jesus gerne sehen."

Das war das große Verlangen und der heiße Wunsch einiger Griechen, die nach Jerusalem gekommen waren, um dort im Tempel anzubeten. Wir sehen dreierlei:

1. Zuerst achten wir auf ihre Enttäuschung. Sie bestand sicher darin, dass sie an dem Ort der Anbetung nicht sein durften, weil sie nicht Juden waren. Die Heiden hatten aber einen Vorhof für sich. Sicher werden sie in der Stille angebetet haben; aber Jesus, Den sie sehen wollten, fanden sie dort nicht. Das brachte eine weitere Enttäuschung. Das Herz blieb leer, die Hoffnung unerfüllt.

2. Wir sehen weiter ihren großen Ernst. Der lässt sich niemals zurückschrecken. Wie kam es wohl, dass sie mit ihrem Anliegen zu Philippus kamen? Ohne Zweifel hat man sie auf ihr Suchen und Fragen auf ihn gewiesen. Ein weiterer Beweis ihres Suchens liegt in dem Wörtchen „gerne". Wir möchten Jesus gerne sehen. Wer so ernst sucht – der findet.

3. So ging es auch den Griechen. In den folgenden Versen enthüllt Er ihnen große Geheimnisse, die sie auch hörten. Sie hörten auch eine Stimme vom Himmel mit Ihm reden. Alles war über ihr Erwarten. So erging es auch der Königin aus dem Reich Arabien bei Salomo. Vielleicht auch uns, als wir zu Jesus kamen?

9. März

Festhalten am Wort Gottes

Offenbarung 22,7

„Sieh, Ich komme bald. Glückselig ist, wer die Worte der Weissagung in diesem Buch festhält."

Noch eine Seligpreisung aus Seinem Munde, aber zu einer anderen Zeit ausgesprochen (Lukas 11,28). Die erste sprach Jesus in Seiner Erniedrigung, die letzte aus Seiner Erhöhung.

1. Selig ist, der das Wort Gottes hört. Dazu haben wir heute reichlich Gelegenheit. An fast allen Orten sind größere und kleinere Versammlungen, wo man es hören kann. Dazu kommen die Radio-Geräte und Tonbänder und Platten. Ja, zum Hören gibt es viel Gelegenheit. Selig, wer sie benutzt!

2. Selig ist, wer Gottes Wort bewahrt. Das tat Maria, welche die Worte der Hirten in ihrem Herzen bewegte (Lukas 2,19). Andere Männer dachten Tag und Nacht darüber nach, das heißt, sie betrachteten es von allen Seiten.

3. Selig sind, die mein Wort halten – oder auch ausführen, tun. Jakobus schreibt: „Seid aber Täter des Wortes und nicht Hörer allein" und nennt dies Selbstbetrug (Jakobus 1,22). Das Wort zu hören ist gut. Es zu bewahren ist besser. Es zu tun ist am besten. Unser Bestreben soll auch hier sein: „Strebt aber nach den besten Gaben" (1. Korinther 12,31).

10. März

Nüchternheit, Wachsamkeit und Widerstand

1. Petrus 5,8-9

Seid nüchtern und wacht; denn euer Widersacher, der Teufel, geht umher wie ein brüllender Löwe und sucht, wen er verschlingen kann. Dem widersteht, fest im Glauben, und wisst, dass dieselben Leiden sich an euren Brüdern in der ganzen Welt vollziehen.

„Blicke nur auf Jesus, wenn der Himmel hell, oft wenn alles ruhig, kommt Versuchung schnell."

Petrus schreibt in obigen Worten nicht nur vom Kampf, den wir nach Epheser 6,10ff gegen die listige Anläufe des Teufels zu führen haben, er zeigt auf etwas viel furchtbareres hin. Verschlingen und auszurotten ist seine teuflische Absicht. Unsere Stellung:

1. Seid nüchtern. Das Gegenteil ist trunken. In solchem Zustand hat manch einer große äußere Verluste erlitten. Andere haben sogar ihr Leben verloren. Mittel zur Berauschung: Selbstgefälligkeit, Selbstgerechtigkeit, alles was aus uns selber kommt, macht trunken. Das meide!

2. Wachet. Die Morgendämmerung ist nahe, und die Gefahr zum Einschlummern ist in dieser Zeit besonders groß. Die Dinge, die uns einschläfern, sind Müdigkeit, die von Überanstrengung kommt, Trost der Gleichgültigkeit, Hitze der Trübsal und anderes. In Jesu Nähe gibt's so etwas nicht.

3. Widerstand. „Dem widerstehet fest im Glauben." Es ist das einzige Mittel, in jeder Lage durchzukommen.

11. März

Schauen auf Jesus

Hebräer 12,1b-2

Lasset uns … aufsehen auf Jesus, den Urheber und Vollender des Glaubens.

„Blicke nur aus Jesus, mitten in dem Streit, wird der Kampf auch heißer, Hilfe ist bereit.“

Die Rede ist hier von einem uns verordneten Kampf, wobei wir aufgefordert werden, auf Jesus zu schauen.

1. Was heißt es, auf Jesus zu schauen? Die Antwort ist sehr einfach und kurz. Vor allen Dingen heißt es mit Jesus zu rechnen. Unsere Entscheidungen im Leben, unsere Arbeit für Ihn auf dem großen Erntefeld, unsere Kämpfe, die uns verordnet sind – alle Entscheidungen leiblicher und geistlicher Art, großes und kleines entscheidet Er.

2. Warum ist es notwendig, auf Jesus zu schauen? Vor allem deshalb, weil wir nach Seinem Wort ohne Ihn nichts tun können (Johannes 15,5). Deshalb geht es nicht anders, als in allen Dingen auf Jesus aufzuschauen. Ein weiterer Grund wäre der, wenn wir nicht auf Ihn sehen, sehen wir entweder auf uns, oder auf andere und dabei wird oft wenig gut oder viel verkehrt.

Es ist deshalb notwendig, auf Jesus zu sehen, weil unser Fuß sich dahin lenkt, wohin das Auge gerichtet ist.

12. März

Lasst uns ablegen!

Hebräer 12,1

Darum lasst auch uns, weil wir eine solche Wolke von Zeugen um uns haben, alle Last und die Sünde ablegen, die uns immer umringt, und lasst uns mit Geduld in dem Kampf laufen, der uns verordnet ist.

Noch ein wenig über den Kampf, der uns verordnet ist. Dabei kommen wir auf einen zweifachen, sehr tief eingreifenden Gedanken.

1. Unser Wort zeigt uns das größte Hindernis im Kampf: die Sünde. Von derselben heißt es zuerst, dass sie uns anklebt. Wenn ein Schmutzfleck an einem Kleidungsstück oder Geschirr haftet, kostet es oft sehr viel, es zu reinigen. Wenn die Sünde anklebt, so ist die Reinigung nicht nur eine größere, sondern auch eine viel notwendigere Sache.

2. Notwendig ist das Ablegen der Sünde deshalb, weil sie uns träge macht. Das heißt: sie hält auf, sie hindert. „Kein Soldat verstrickt sich in die Geschäfte des täglichen Lebens", sagt uns das Wort in 2. Timotheus 2,4, „um dem zu gefallen, der ihn angeworben hat." Woher kommen die vielen Niederlagen im beständigen Kampf mit der Sünde? Kommt es nicht daher, dass man die uns immer anklebende Sünde nicht nur nicht ablegt, sondern ihr in Gedanken allerlei Nahrung gibt? Lasst uns alles ablegen!

13. März

Schau auf!

Hebräer 12,2

Und aufsehen auf Jesus, den Urheber und Vollender des Glaubens, der um der Freude willen, die vor Ihm lag, das Kreuz erduldete und die Schande nicht achtete und sich zur Rechten des Thrones Gottes gesetzt hat.

Noch einmal heben wir unsre Augen aus dem Kampf und sehen auf Jesus, der uns in dreifacher Weise gezeigt wird.

1. Jesus – der Anfänger und Vollender des Glaubens. Ja, auf solchen aufsehen zu dürfen, von Dem nicht nur der Anfang unseres Glaubens ausgeht, sondern Der auch das Ende desselben in Seiner Hand hat, muss uns recht mutig machen. Haben wir zum Anfang nichts tun können, außer gehorsam zu folgen, so brauchen wir zur Vollendung nichts zu tun. Der Anfang war wunderbar, die Vollendung wird herrlich.

2. Jesus, Der den Weg der Erniedrigung ging, erduldete das Kreuz, das war der erste Schritt.

Und der andere: „und die Schande nicht achtete." Wie tief Er sich erniedrigte, sehen wir erst, wenn wir auf die Höhe achten, von welcher Er in die Tiefe stieg. Unser Text nennt sie mit einem Wort: Freude. Himmelsfreude. Das ist auch der Anfang unseres Glaubens. Er ging diesen Weg. Und für dich Kind Gottes, gibt es auch keinen anderen Weg!

14. März

Hilfe vom HERRN

Psalm 121,1-2

Ich hebe meine Augen auf zu den Bergen; woher wird mir Hilfe kommen? Meine Hilfe kommt vom Herrn, der Himmel und Erde gemacht hat.

Der Psalmist bringt hier eine zweifache Erfahrung zum Ausdruck. Eine davon ist die Erfahrung aller Menschen auf Erden. Die andere nur die Erfahrung eines Teils der Menschen, die über diese Erde gehen.

1. „Ich hebe meine Augen auf zu den Bergen, woher wird mir Hilfe kommen?" Die Veranlassung zu solchem Tun war jedenfalls das Bewusstsein der Hilfsbedürftigkeit. Ob es wohl einen Menschen auf Erden gibt, der mehr oder weniger geistlich oder leiblich, solches nicht erfahren hat? Seliges Bewusstsein! Der Psalmist empfand es. Kennst du es auch? In solche Lage kommt jeder, der mit sich selbst ans Ende gekommen und aufgehört hat, sich selbst zu helfen. Der erfährt dann:

2. „Meine Hilfe kommt vom Herrn, der Himmel und Erde gemacht hat." Die Hilfe des Schöpfers von Himmel und Erde – das erfahren nicht alle Menschen. Nicht, weil Gott nicht allen helfen will. Gott will, dass allen Menschen geholfen werde (1. Timotheus 2,4). Aber die Menschen brauchen Ihn nicht!

3. Wir schließen unsere Betrachtung, indem wir darauf hinweisen, dass der Psalmist seine Hilfe von dem mächtigen und größten Herrn erwartete, der Himmel und Erde gemacht hat.

15. März

Gottes mächtige Hilfe

Psalm 68,21a

Wir haben einen Gott, der hilft.

Diese Worte sagte einmal einer, der nicht nur seine Hilflosigkeit kannte, sondern auch Gottes Hilfe im Leben erfahren hatte. Wir betrachten das Wort näher.

1. Wer war die Gruppe, der auch der Psalmist angehörte, die er hier nennt? Der Verfasser dieses Psalms war David und der Psalm selber war ein Siegeslied. Wo aber ein Siegeslied gesungen wird, da muss ein Kampf vorangegangen sein. David war ein Kriegsmann und hatte mit seinem Heer nicht nur viel gekämpft, sondern auch herrlich gesiegt.

2. „Wir haben einen Gott, der hilft", so könnte man einen Triumph nennen. Im Laufe der Jahre hat die Schar der Triumphierenden bedeutend zugenommen. Viele sind hinüber gegangen. Sie gehören nun zu den vollendeten Gerechten. Ihre natürlichen Lippen erkalteten zwar im Tode und schwiegen still, aber ihre geistlichen Siege machen Fortsetzung. Bald kommt der Herr und bringt ihnen neue Zungen, mit denen sie dann ewig den Herrn preisen werden.

Wie selig, wenn man zu dieser Schar gehört, die da bekennt: „Wir haben einen Gott, der da hilft!"

Könnt ihr, die ihr dieses lest und die ihr das hört, dies alles aus Erfahrung mitsagen?

16. März

Gottes mächtige Hilfe

Psalm 68,21

Wir haben einen Gott, der hilft.

Wie leicht lebt es sich, wenn man hat, was man zum Leben braucht. Wie viel Zeit und Mühe wendet der Mensch oft an, um zu haben, was das Leben fördert. In unserem Text ist auch die Rede von „haben". David spricht es als eine Freude aus, wenn er sagt: „Wir haben."

Nicht alle können es sagen. Es gibt solche, die sagen mit Trauer: „Wir hatten einen Gott, der hilft." Dabei denken sie mit Schmerzen an jene selige Zeit der wunderbaren Hilfe Gottes. Sie denken an den großen Verlust, den sie erlitten haben und singen mit dem Liederdichter: „Wo seid ihr, ihr verlornen Tage, ihr macht, das ich mit Tränen frage: Was soll ich tun?"

Andere schauen mit Sehnsucht und Verlangen der Seele aus nach der Hilfe und Stille. Aber klar und vernehmbar ringt sich der Herzensruf durch: „Hätten doch auch wir einen Gott, der hilft." Ihre Seele ruft klagend mit einem Gottesmann: „Ach, dass doch die Hilfe aus Zion käme!" (Psalm 14,7).

Wir haben, hatten, oder hätten Ihn doch! Das sind drei Kategorien. Zu welcher gehörst du? Ist Er heute dein Gott, der hilft? Dann danke Ihm dafür.

War Er es, dann bitte Ihn, dass Er es wieder wird! War Er es noch nicht, dann suche Ihn, und Er wird dein Helfer!

17. März

Gottes mächtige Hilfe

Psalm 68,21

Wir haben einen Gott, der hilft.

Gibt es denn auch Götter, die nicht helfen? O ja! Über Israel musste Gott einst klagen: „So manchen Gott hast du, Israel." Und von diesen Göttern heißt es auf einer anderen Stelle: „Sie haben Augen und sehen nicht, sie haben Ohren und hören nicht" (Psalm 115,5-6) und dergleichen mehr. Wie könnten solche auch helfen? Heute hat man nicht Götter aus Holz und Stein, aber Götter sind es doch, zu denen man um Hilfe eilt. Viele suchen sich selber zu helfen, durch eigene Gerechtigkeit, Moral, Wissenschaft und vieles andere. Das sind hilflose Götter.

Wir haben einen Gott, der hilft. Dazu sandte Er Jesus auf diese Erde, um der Menschheit zu helfen. Er kam und half:

1. Er half allen, die zu Ihm kamen, wobei Er keinen Unterschied machte.
2. Er half in jeder Lage, leiblich und geistlich.
3. Er half, indem Er manche dabei auf harte Glaubensproben stellte.
4. Er half, wo nichts mehr zu erwarten war.
5. Er half, indem Er sich über Dankbarkeit freute und betrübt über Undankbarkeit war.
6. Er half anders, als man es erwartete.
7. Er half zur Verherrlichung des Vaters.

Wir haben einen Gott, der immer noch hilft!

18. März

Wo soll ich sein?

Lukas 9,33b

„Hier ist gut sein."

Nicht überall ist gut sein, deshalb darf auch ein Gotteskind nicht überall sein. Ein Gläubiger darf laut Psalm 1 nicht da sein, wo die Spötter sitzen, noch treten auf den Weg der Sünder. Hier aber, sagt Petrus, „ist gut sein." Wo befand er sich denn, und was machte den Ort so gut, dass er da sein wollte?

An diesem Ort war Jesus und das macht ihn gut und schön. Aber waren die Jünger nicht überall und allezeit da, wo Jesus weilte? Ja, und deshalb war es überall, wo sie zusammen weilten, so schön, dass Petrus auf die Frage Jesu, ob sie weggehen wollten, entschieden antwortete: „Wohin?" (Johannes 6,68).

Hier aber an diesem Ort muss er es besonders schön gefunden haben Jesus in seiner Nähe zu haben. Dazu hatte er auch Grund, weil sein Auge Ihn so noch nie gesehen hatte. So war es auch. Die Jünger hatten Jesus als Wundertäter gesehen. Große Wunder und Zeichen hatte Er getan, Kranke aller Art geheilt, Tote auferweckt, Hungrige gespeist, Meerestürme gestillt usw. In solcher Gestalt jedoch hatten sie Ihn noch nie gesehen. Schneeweiße Kleider, glänzendes Angesicht, in Begleitung einiger Himmelsgestalten – und das machte alles so schön!

19. März

Wo soll ich sein?

Lukas 9,33b
„Hier ist gut sein.“

Jesus bringt den Himmel auf die Erde und macht die Erde zum Himmel. Das mag auch Petrus zu obigem Ausdruck bewegt haben. Wir betrachten:

Der Ort, wo Petrus bleiben wollte, ist vielleicht deshalb so schön, weil Jesus die Jünger dorthin geführt hatte. Dieser Ort wird von den Evangelisten als ein dreifacher bezeichnet:

1. ein einsamer Ort,
2. ein hoher Berg,
3. ein Gebetsort.

Der Herr führte Seine Kinder immer an verschiedene Orte, aber wie die Orte auch waren, wer sich von Ihm dorthin führen ließ, fand mit Petrus immer einen solchen, an dem er bleiben wollte.

Paulus und Silas gefiel das Gefängnis in Philippi so, dass sie dort anfingen Loblieder zu singen und nicht fort gingen, auch dann nicht, als die Türen sich öffneten und die Fesseln von ihnen abfielen.

Andere empfanden den Scheiterhaufen, Galgen und Kreuz als so liebliche Orte, dass sie singend und Gott lobend dorthin gingen. Den hohen Berg hinauf zu gehen mag für die Jünger nicht leicht gewesen sein, die Erlebnisse dort oben aber haben alle Mühe belohnt.

20. März

Wo soll ich sein?

Lukas 9,33b

„Hier ist gut sein."

Die Evangelisten berichten von den Jüngern, dass sie von dem, was sie gehört und gesehen hatten, in solche Lage versetzt wurden, dass sie nicht wussten, was sie redeten. Sie hatten wahrscheinlich damals noch keinen Überblick darüber, wie notwendig sie für ihren späteren Zeugenberuf dieses Gesicht brauchen würden. In ihren Episteln nehmen sie auf dieses herrliche große Ereignis Bezug und bezeugen als Augen- und Ohrenzeugen Christi Herrlichkeit.

O seliger Ort, du Ort auf dem Gipfel des hohen Berges, der uns allem irdischen Weh entführt, und auf dem Trübsal und Leiden, Leibes- und Altersschwäche zu unseren Füßen liegt. Ja, dort ist man „der Erd entronnen und dem Himmel nah."

Seliger Ort der Einsamkeit, an den Jesus Seine Jünger immer noch führt, um sie durch Seine himmlische, göttliche Nähe zu beglücken, zu trösten und zu erfreuen.

O selige Höhe, wie sehne ich mich nach dir! Wie ist das Steigen so schwer! Es geht einen steilen Berg hinauf. Aber bald muss sie erreicht sein, die Heimat dort droben.

Dort werde ich meinen Erretter ewig loben.

21. März

Lohn der Nachfolge

Matthäus 19,27

„Sieh, wir haben alles verlassen und sind dir nachgefolgt; was bekommen wir dafür?"

So fragten einmal die Jünger den Herrn. Und der Herr antwortete auf ihre Frage zweifach.

Zuerst sagt Er ihnen, was ihnen in dieser Welt dafür schon wird. Sie werden alles mit guten Zinsen zurückbekommen und dann verheißt Er ihnen für das Jenseits ewiges Leben.

So ist das Gesetz im Reich Gottes, in dem Jesus als König regiert. Nach diesem Gesetz handelte Er mit Seinen Untertanen allezeit und wird es tun, bis Er in Pracht und Herrlichkeit erscheint und allen Nachfolgern ihren Lohn bringt.

Ein anderes Gesetz besteht darin, dass die Nachfolge Jesu an Bedingungen geknüpft ist, die wir zu erfüllen haben, die aber auch immer große Belohnung mit sich bringen. Das sehen wir an den Glaubenshelden im Alten und Neuen Testament.

Die große Schar der Märtyrer sagt es uns. Davon reden und zeugen die Verheißungen Gottes den sieben Gemeinden in Offenbarung 2-3, die uns weiterhin etwas beschäftigen werden. Einen herrlichen, vielfachen und reichlichen Lohn verheißt der Herr den Überwindern!

22. März

„Ich will geben"

Offenbarung 2,7

„Wer überwindet, dem will Ich vom Baum des Lebens zu essen geben, der mitten im Paradies Gottes ist."

Christ sein heißt Kämpfer sein. Ein Kämpfer aber wird überwinden oder unterliegen. Hier ist ein Wort für Überwinder. Wir sehen in diesem Wort:

1. Was ist hier zu überwinden? Die Antwort ist kurz, aber bestimmt: Der Verlust der ersten Liebe. Die erste Liebe muss zurückerobert werden, und das geht nicht ohne Kampf. Wie derselbe geführt werden muss um zu überwinden, ist hier gezeigt:

a) Selbsterkenntnis: du bist gefallen;

b) Gotteserkenntnis: das ist die Höhe, wovon du gefallen bist;

c) Sündenbekenntnis: tue die ersten Schritte. Wir sehen den Lohn der Überwinder.

2.Vom Baum des Lebens werden sie essen. Durch Satans List und Betrug musste der Mensch lange darauf verzichten und dadurch hungern.

Der Baum des Lebens steht aber heute noch und alle Überwinder werden von ihm essen. Den Vorgeschmack dieser Frucht genießen wir durch den Glauben an Jesus. Diese Frucht stärkt auch den Kämpfer zum Kämpfen und zum Überwinden.

23. März

Wer überwindet

Offenbarung 2,11b

Wer überwindet, dem soll kein Leid geschehen von dem zweiten Tod.

In Smyrna befand sich die Gemeinde, in welcher der Herr den Überwindern diese Verheißung als Lohn versprach. Wir betrachten:

1. Was es dort zu überwinden gab. Dieses Sendschreiben spricht von Leiden, Verfolgung, Gefängnis, Lästerung. Das sind harte Anläufe und gewaltige Heeresmächte für alle Glaubenskämpfer alter und neuer Zeit. Es sind Satansschüler, die Satan selber mit solchen Waffen ausgerüstet und dann in seiner Schule ausgebildet hat, um gegen die Heiligen zu treten. Viele sehen wir um uns fallen, darum seid kampfbereit!

2. Wir achten auf den Lohn der Überwinder. Der andere Tod soll ihnen kein Leid antun. Den ersten Tod werden etliche zu erleiden haben, aber der bringt ihnen, wenn sie getreu bleiben, die Krone des Lebens. Mit ewigem Leben gekrönt sind sie für den anderen, das heißt den ewigen Tod, außer Gefahr. Ihnen kann er kein Leid mehr antun.

Die anderen aber wird er Tag und Nacht quälen und plagen.

24. März

Wer überwindet

Offenbarung 2,17

Wer überwindet, dem werde Ich vom verborgenen Manna zu essen geben und werde ihm einen weißen Stein geben und auf dem Stein einen neuen Namen geschrieben, den niemand kennt außer dem, der ihn bekommt.

Hier ist dem Überwinder ein dreifacher Lohn verheißen. Ein großer Lohn ist das, aber auch ein harter Kampf.

Worin besteht denn der Kampf? Bestand der Kampf der Gemeinde in Smyrna in Angriffen auf das äußere Leben durch Verfolgung und Tod, so sind es hier Angriffe auf das innere Leben durch Irrlehren. Diese kamen direkt aus der Schule Satans, die in ihrem Wohnort stand. Dort stand auch der Thron Satans. Ja, harte Kämpfe. Überwinder, freuet euch, denn euer Lohn ist groß!

1. Er besteht zunächst im Essen von verborgenem Manna. Es gibt also dort Speisen, die uns hier unbekannt bleiben. Wie das natürliche Leben von Speise unterhalten wird, so mag das verborgene Manna das ewige unterhalten.

2. Dann ist es ein weißer Stein, als Zeichen der Unschuld, den die Überwinder empfangen. Unschuldig. Keine Schuld mehr zu spüren.

3. Als drittes wird noch ein neuer Name genannt, ein geheimnisvoller. Was wird das alles für Staunen und Anbeten hervorrufen!

25. März

Wer überwindet

Offenbarung 2,26-28

Und wer überwindet und meine Werke hält bis ans Ende, dem werde Ich Macht geben über die Nationen; Er soll sie weiden mit eisernem Stab, wie Töpfergefäße werden sie zerbrochen wie auch Ich von meinem Vater empfangen habe; und Ich werde ihm den Morgenstern geben.

Das ist ein herrlicher Überwinderlohn, der an eine Verheißung geknüpft ist, die wir zuerst betrachten.

1. „Wer Meine Werke hält bis ans Ende." Ja, nicht der Anfang, nur das Ende krönt den Glaubenspfad des Christen. Es ist der Herr, der die Werke, die zu halten Er als Bedingung stellt, „Meine Werke" nennt. Wer sie bis ans Ende hält, wer überwindet, der wird als Lohn dafür auch dort mit Ihm dasselbe Werk tun. Hier ist Er unser Helfer, dort wir Seine Gehilfen.

2. Als Lohn für Überwinder lassen wir vier Bibelstellen reden, die wir nebeneinander stellen:

a) Unser Text zeigt uns einen dreifachen Überwinderlohn: Macht über die Heiden, sie mit einem eisernen Stabe zu weiden, sie wie Töpfergefäße zu zerschmeißen.

b) Psalm 2,7-9 und Offenbarung 19,6-7 sind Stellen, die auf Christus hinweisen.

c) Offenbarung 19,7-15: Hier ist die Verwirklichung der vorigen Stellen. Der Leib ist mit dem Haupt verbunden und beginnt gemeinsam das große Werk.

26. März

Wer überwindet

Offenbarung 3,5

Wer überwindet, der soll mit weißen Kleidern bekleidet werden, und Ich werde seinen Namen nicht aus dem Buch des Lebens löschen, und Ich will seinen Namen vor meinem Vater und vor seinen Engeln bekennen.

1. Namenschristentum – das ist einer der größten Feinde des wahren Christentums. Zwischen ihnen hat es von Anfang an harte Kämpfe gegeben. Sardes war ein Kriegsschauplatz für diese beiden Mächte. Dem Überwinder winkt ein herrlicher, dreifacher Lohn. Im 7. Kapitel der Offenbarung sehen wir sie vor dem Thron in weißen Gewändern, die im Buche des Lebens eingetragen sind. In diese Gewänder sind sie gekleidet für den Festtag der großen Ewigkeit.

2. So kommen sie an die Pforte des Himmels, die ihnen aufgetan wird, weil ihre Namen dort im Buch des Lebens stehen. Der Herr, der sie eingetragen hat, verheißt sie nicht auszustreichen, und kein anderer kann es.

3. So treten sie ein in den Thronsaal der Überwinder, wo der zur Rechten der Majestät Sitzende ihre Namen vor Seinem Vater und den heiligen Engeln bekennen wird.

Wirst auch du unter diesen Überwindern sein?

27. März

Wer überwindet

Offenbarung 3,12

Wer überwindet, den werde Ich zum Pfeiler im Tempel meines Gottes machen, und er soll nicht mehr hinausgehen, und Ich werde auf ihn den Namen meines Gottes schreiben und den Namen des neuen Jerusalem, der Stadt meines Gottes, die vom Himmel herab kommt von meinem Gott, und meinen neuen Namen.

Ein zweifacher Überwinderlohn. Es mag nicht leicht für den Engel zu Philadelphia gewesen sein, mit einer kleinen Kraft gegen Satansschüler zu stehen; aber er stand. Er überwand die Versuchung und nun kam der herrliche Überwinderlohn.

1. Er soll ein Pfeiler im Tempel Gottes sein. Welche Würde! Welche Ehre, eine der Hauptstellungen im verherrlichten Hause Gottes einzunehmen! Und zwar für ewig, denn er soll nie wieder hinausgehen.

2. Das nicht genug, der Lohn ist noch weit größer. An diesem Pfeiler stehen drei Namen. Der Name Gottes, der Name des neuen Jerusalem und der Name Jesu, der neue. Welcher von den vielen Namen Gottes daran stehen mag? Wie der neue Jesusname wohl lauten mag? Wir wissen es nicht. Wir wissen aber, dass der Kämpfer, der hier den Namen des dreieinigen Gottes hoch getragen hat als sein Kampfeszeichen, ihn als Siegespanier und Überwinderzeichen auch dort tragen wird.

28. März

Wer überwindet

Offenbarung 3,21

Wer überwindet, dem werde Ich das Recht geben, mit mir auf meinem Thron zu sitzen, wie auch Ich überwunden habe und mich mit meinem Vater auf seinen Thron gesetzt habe.

Der tiefste Stand war es, den der Engel der Gemeinde zu Laodizea einnahm. Er war so tief, dass der Herr im Begriff stand, ihn aus Seinem Munde auszuspeien. Anderseits war aber auch der Überwinderlohn ein so hoher, dass er den Lohn aller andern Gemeinden weit überragt. Auch hier sehen wir wieder, dass Gott nicht nach Verdienst mit uns handelt, sondern Sein Erbarmen walten lässt.

Wir befinden uns heute in der letzten Zeit der Gemeinde. Eben darum klopft der Herr noch einmal laut und dringend an die Tür. Das Auftun der Tür ist nicht nur deshalb so notwendig, weil es das letzte sein könnte.

Wir sehen den Herrn mit der höchsten Auszeichnung vor Seiner Gemeinde stehen. Heute werden die besten Plätze für die Ewigkeit ausgeteilt. Viele haben sie sich schon gesichert. Du auch?

Greif zu, ehe es zu spät ist. Der Platz, den Jesus heute allen anbietet, ist der Platz neben Ihm, auf Seinem Thron. Greif zu! Es könnte ein anderer kommen und deinen Platz einnehmen und du würdest zurückbleiben. Das war das Los der törichten Jungfrauen. Es ist höchste Zeit! Die Seelen, die sich heute bekehren, handeln klug. Bald kommt der Herr und hebt sie auf Seinen Thron.

29. März

Wer überwindet

Offenbarung 21,7

Wer überwindet, der wird das alles erben, und Ich werde sein Gott sein, und er wird mein Sohn sein.

Ein siebenfacher, herrlicher, allseitiger und reicher Überwinderlohn wird in den Sendschreiben (Offenbarung 2-3) den sieben Gemeinden in Kleinasien und der ganzen Gemeinde aller Jahrhunderte verheißen. Die nah bevorstehende Wiederkunft Christi bringt ihn uns.

Ja, „herrlich, herrlich, wird es einmal sein, wenn wir ziehn, von Sünden frei und rein, in das gelobte Kanaan ein. Jesus, sieh her ich komm!"

Unser Textwort enthält eine reiche Verheißung für Überwinder, die einst als Bewohner und Bürger in das neue Jerusalem einziehen werden.

Wird der siebenfache Lohn der Überwinder in dem Zeitalter der Gemeinde schon so groß und herrlich sein, so scheint der Ausdruck „der wird alles ererben", auf noch Größeres hinzuweisen.

Hier muss man auch sagen: „was kein Auge gesehen und kein Ohr gehört hat, und in keines Menschen Herz gekommen ist." Mit der Königin vom Reich Arabien werden alle Überwinder, die alles überwunden haben, auch alles ererben, und dabei staunend überrascht und mit Wonne und Entzückung ausrufen: „Mir ward' die Hälfte nicht gesagt!"

O, herrliches Erbe, dass unserer droben wartet! Hast du auch dort dein Teil?

30. März

Keine Furcht!

Matthäus 14,27

„Seid getrost, Ich bin es; fürchtet euch nicht!"

In einer Stunde großer Not brachte Jesus Seinen Jüngern auch einen großen, richtigen, noch größeren dreifachen Trost.

1. „Seid getrost!" Das ist ein Wort liebevoller beruhigender und aufrichtender Zurechtweisung Jesu an Seine Jünger, die im Sturm unterzugehen meinen. Dazu kommt noch ein Gesicht, das sie sehen: ein Gespenst. Und nun schreien sie. Ihr Schreien hört Jesus und die Jünger hören die Stimme ihres Meisters: Seid getrost! Der Sturm ist zwar groß, aber nicht so groß, dass sie gegenseitig ihre Stimme nicht hören. So ist es auch heute. Hören wir die Stimme Jesu? Er hört unsre.

2. „Ich bin's!" Hier ist der Grund, warum Jesus das vorhergehende Wort sagen konnte: „Seid getrost", und auch das nachfolgende: „Fürchtet euch nicht!" Ich bin's, der euch ins Schiff trieb. Ich bin's, der euch allein fahren ließ. Ich bin's, auf dessen Erlaubnis euch der Sturm getroffen hat. Ich bin's, der sich euch nähert, kein Gespenst. Und nun mache Fortsetzung in deinem Leben. Jesus sagt immer noch: Ich bin's, der das Unglück über dich kommen ließ. Ich bin's, der deinen Mann, deine Frau, dein Kind von deiner Seite nahm.

3. „Darum fürchte dich nicht!"

Warum sollt' ich mich denn grämen.
Habe ich doch Christus noch.
Wer will Ihn mir nehmen?

„Fürchte dich nicht, denn Ich bin bei euch."
„Fürchte dich nicht, glaube nur."

31. März

Arbeit für den Herrn

Matthäus 20,6-7

„'Was steht ihr hier den ganzen Tag untätig?' Sie sagten zu ihm: ‚Es hat uns niemand eingestellt.' Er sagte zu ihnen: ‚Geht ihr auch hin in den Weinberg, und was recht ist, werdet ihr bekommen.'"

Hier ist ein ernstes und doch liebevolles Wort des Herrn Jesu an den Müßiggänger. Solche gab es nicht nur zur Zeit Seines Erdenwandels, es gibt sie auch heute noch.

Wir sehen zuerst den Ernst, der in den Worten Jesu an diese Müßiggänger liegt. Zunächst liegt er darin, dass sie ihr einziges Leben, das Gott ihnen gegeben hat, und das ihnen nicht noch einmal gegeben werden wird, verlieren. Ernst und entsetzlich ist es, als Müßiggänger vor Gott zu treten.

Geht in den Weinberg!

Anderseits ist es auch Jesu Liebe, die die Müßiggänger in die Arbeit sendet. Es ist die Liebe, die allen treuen und fleißigen Weinbergarbeitern einen herrlichen Lohn bereitet hat. Der größte und wunderbarste Lohn, den Gott Seinen Arbeitern geben wird, ist vielleicht der, dass sie Ihm nach treuem Dienst hier in der Zeit, von Ewigkeit zu Ewigkeit dort dienen werden, wobei sie den Namen Gottes an ihrer Stirn tragen werden (Offenbarung 22,4).

Welche Auszeichnung!

1. April

Frage und Antwort

Jeremia 8,14

Wo werden wir dann wohnen?

Psalm 23,6

Ich werde bleiben im Hause des Herrn immerdar.

Es gibt viele Fragen im Leben, große und kleine, wichtige und weniger wichtige. Fragen für diese Zeit und für die Ewigkeit.

Unsre beiden Stellen zeigen uns Zukunftsfragen:

Wo werden wir dann wohnen? Wann? Jeremia zeigt dem Volk, das es dort nicht bleiben kann, sondern weil es gegen Gott gesündigt hatte, auch Seinem Gericht verfallen muss. Und das bestand in Verbannung aus der Heimat. Wohin?

In die Gefangenschaft: Assyrien, Babylonien. Ein Bild für die entfremdete Menschheit. Sie mussten fort. Aber wohin? Der Tod nimmt sie. Und wo werden wir dann wohnen? Im Himmel oder in der Hölle?

David antwortet, aber nur für sich, und sagt: „Ich werde bleiben im Hause des Herrn immerdar." In diesem Hause sind viele Wohnungen (Johannes 14,1-3).

Es ist ein zweistockiges Haus. Der erste Stock ist auf Erden. Paulus zeigt ihn uns in 2. Korinther 5,1. Wer in dieser Wohnung des Vaters oben sein will, muss hier eingehen.

2. April

Jesus lebt!

Offenbarung 1,17-18

Er sprach: „'Fürchte dich nicht! Ich bin der Erste und der Letzte und der Lebendige; Ich war tot, und sieh, Ich bin lebendig von Ewigkeit zu Ewigkeit, Amen; und Ich habe die Schlüssel des Totenreiches und des Todes.'"

So sagt Jesus zu Johannes.

Die Lüge, die an jenem Ostermorgen in Jerusalem verbreitet wurde, dass die Jünger den Leichnam Jesu gestohlen hatten, und Er nicht richtig auferstanden sei, geht heute noch umher.

Es gibt Beweise Seiner Auferstehung, die sehr entschieden dafür sprechen:

1. Das Selbstzeugnis Jesu: „Siehe, Ich lebe." Für jeden gläubigen Menschen ist dies der beste und sicherste Beweis, denn Seine Worte bleiben.

2. Das Zeugnis der Apostel als Augen- und Ohrenzeugen ist eine weitere Bestätigung. Ihren Zeugnissen glauben nur Thomasse nicht, sie wollen sehen.

3. Ein weiterer, starker Beweis, dass Jesus lebt, ist der Baum des Reiches Gottes, der seine Äste über die ganze Erde gebreitet hat und trotz der Anläufe der Höllenpforte feststeht.

4. Ein wichtiger Beweis für mich dafür, dass Christus auferstanden ist, ist der, dass Er in mir wohnt. Das glaube ich nicht nur, ich verspüre Sein Wirken. Ja, die Gemeinschaft mit Ihm ist Beweis!

3. April

Wie hat der Herr die Leute so lieb!

5. Mose 33,3

Wie hat Er die Leute so lieb! Alle seine Heiligen sind in deiner Hand; sie werden sich setzen zu deinen Füßen und werden lernen von deinen Worten.

Dies sind Worte Moses, des Mannes Gottes. Er sagt sie am Ende seiner Laufbahn. Sie handeln von Gottes Liebe zu seinem Volk.

Er liebt:

1. Unverdient. Kein zweiter Mensch hatte von der Widerspenstigkeit, dem Ungehorsam, der Abgötterei, dem Trotz und Eigensinn des Volkes so viel gesehen, wie Mose. Beim Rückblick auf die 40 Jahre rief er staunend aus: „Wie hat Er die Leute so lieb!" Das ist Gnade, unverdiente Liebe.

2. Indem Er sie in Seiner Hand hält. „Alle Seine Heiligen sind in Deiner Hand." Es gab Momente, wo Er davor stand, Sein Volk zu verwerfen und Mose zu einem neuen Volk zu machen. Doch das erlaubte Ihm Seine Liebe zum Volk nicht.

3. Indem Er sie belehrt. „Sie werden sich setzen zu Seinen Füßen" und Er wird sie lehren. „Die Salbung wird euch alles lehren." Die Schule, in welcher Gott Sein Volk lehrte, steht auf dem Fundament Seiner Liebe.

4. April

Erlöst!

Jesaja 43,1b

„Fürchte dich nicht, denn Ich habe dich erlöst; Ich habe dich bei deinem Namen gerufen; du bist mein!"

So lautet eine der dreißigtausend Verheißungen. Sie zerfällt in drei Teile. Heute betrachten wir den ersten: „Fürchte dich nicht, denn Ich habe dich erlöst."

Und zwar:

1. Erlöst von der Schuld. Und die war so groß! Der Psalmist sagt, dass sie ihm wie eine schwere Last zu schwer geworden ist. Und wer hat sie auf seinem Herzen nicht gefühlt? In Gedanken, oft sehr hässlichen, in unnützen Worten, in bösen Werken, überall Schuld. Ein Dichter sagt: „Ach, Schuld gehäuft auf Schuld." Die hat aber Jesus auf Sich genommen und uns davon erlöst. Wir sind sie nun los!

2. Erlöst von der Strafe für die Sünde. Das Gesetz und Gottes Gerechtigkeit fordern Bestrafung der Sünde. Da kam das Lamm und trug nicht nur unsre Sünde, sondern wurde für sie auch bestraft und wir sind nun von der Sünde erlöst.

3. Erlöst von der Macht der Sünde. Es ist wahrlich eine Großmacht, die Macht der Sünde, die in der Geschichte der Menschheit großen Schaden angerichtet hat. Wir aber sind von dieser Macht erlöst!

5. April

Gerufen!

Jesaja 43,1b

„Fürchte dich nicht, … Ich habe dich bei deinem Namen gerufen!"

Nachdem Er die ganze Menschheit erlöst, mussten diese von Gott entfernten Menschen gerufen werden. Damit begann Er gleich nach dem Sündenfall. Er kennt alle Namen und kann deshalb jeden bei seinem Namen rufen. Und Er rief. Dabei hatte Er jedem etwas zu sagen. Und jeden behandelt Er anders.

Hier sind einige Namen:

„Adam, wo bist du?" (1. Mose 3,9).

„Samuel, Samuel!" (1. Samuel 3,4). Ihm hatte der Herr viel zu sagen.

„Simon, Simon…" (Lukas 22,31-32). Ihn musste der Herr ernstlich warnen.

„Jerusalem, Jerusalem!" (Matthäus 23,37-38). Eine ernste und traurige Ermahnung war die Folge.

„Saul, Saul!" (Apostelgeschichte 9,4). Eine strenge Beschuldigung folgte, als Er ihn zu Boden gestürzt hatte.

„O, Timotheus, …" (1. Timotheus 6,20). Hier folgt eine freundliche Erinnerung.

Und was knüpfte der Herr daran, als Er dich bei deinem Namen rief? Hast du es noch nicht vergessen? Handelst du danach?

6. April

Du bist Mein!

Jesaja 43,1,3a

„Fürchte dich nicht, … Du bist mein. Ich bin der Herr, dein Gott, der Heilige in Israel, dein Erlöser."

Welch eine wunderbare Zusammengehörigkeit! „Du bist Mein und Ich bin dein." So kann allein der Herr sagen. Und weil Er es uns so vorsagt, sagen wir es Ihm demütig und dankbar nach.

Der Herr sagt:

1. „Du bist mein." Gemeint war Israel und gemeint sind alle Heiligen. So sagt der Herr aus fünf Gründen:

a) Er hat alle geschaffen. Er ist also der Schöpfer Aller.

b) Er hat durch den Heiligen Geist alle umgestaltet.

c) Er hat durch Jesus alle erlöst, für sich erkauft.

d) Er wird alle als die Seinen durch Christus entrücken.

e) Er hält für alle einen Platz auf dem Thron bereit.

Noch viele andere Gründe wird es geben, dass der Herr sagt: „Du bist Mein."

a) Ich bin dein, mit allem, was du zum göttlichen Wandel brauchst (1. Petrus 1,3-11).

b) Ich bin dein, mit allen Meinen Verheißungen (2. Korinther 1,20).

c) Ich bin dein, mit allen Schätzen, die als Erbteil auf dich in der Ewigkeit warten (Römer 8,31-39; Epheser 1,4).

Greif zu!

7. April

Wasserströme

Jesaja 43,2a

Wenn du durch Wasser gehst, will Ich bei dir sein, damit dich die Ströme nicht überfluten.

Der Weg durchs Wasser. Wir betrachten zweierlei:

1. Den Wegweiser. Diesen Weg ging Gottes Volk von Alters her. Auf diesem Weg sahen sie so recht ihre Ohnmacht, Schwäche und Hilflosigkeit. Aber diese Wasserwege und das volle Vertrauen auf Gott wurde ihre Rettung. So wurde durchs Meer eine ganze Familie gerettet (1. Petrus 3,20). Dann fand ein ganzes Volk seine Errettung auf dem Wege durchs Meer (2. Mose 14). Noch nie haben die Ströme jemand ersäuft, den der Herr dort hinein geführt hat. Auch dir sollen die Ströme nicht schaden. „Darum frisch hinein, es wird so tief nicht sein!" Gehe! Nur nicht ohne Gott.

2. Wir schauen noch kurz auf den großen Gott und merken zuerst auf Sein Wort: Ich will bei dir sein. O, dann hat es keine Not! Sein Wort ist zuverlässig. Das beweisen auch Seine Taten. So verwahrte Er Noah und Seine Familie dadurch, dass Er ihn selbst einschloss. So war er in vollkommener Sicherheit vor dem Ertrinken. Eine andere Tat beweist Er an einem ganzen Volk, dass Er durchs Wasser führte und mitten durchs Wasser vom Wasser errettete. Das macht Seine Gegenwart. Ist Er bei dir?

8. April

Feuer

Jesaja 43,2b

Und wenn du im Feuer gehst, sollst du nicht brennen, und die Flamme soll dich nicht versengen.

Aus diesem Wort sehen wir, dass der Weg der Heiligen nicht nur durch Wasser, sondern auch durch Feuer geht. Auch diesen Weg mussten sie schon vor Jahren gehen. Ja, durch Wasser (Trübsal) und Feuer (Leiden) führte der Weg der heiligen Alten, die nach der oberen Heimat wallten. Unser Wort zeigt uns zwei Verheißungen für Leidende.

1. Du sollst nicht brennen. Wie ist das möglich, ins Feuer zu gehen und nicht zu brennen? Sehr einfach. Die Arbeiter in der Feuerwehr haben einen Panzer, in den sie sich hüllen, um nicht zu verbrennen. Der Christ hat einen viel besseren Panzer. Dieser Schützt trotzt jeder noch so großen Feuersglut. Daniels Freunde waren darin eingehüllt. Es war das unerschütterliche Gottvertrauen, das des Feuers Kraft auslöschte.

2. Die Flamme soll dich nicht versengen. So war es bei Daniels Freunden, bei denen man keinen Brandgeruch merkte. Nicht ein Haar war versengt. Also kein Schaden war entstanden. Die siebenmal vergrößerte Hitze des Ofens hatte ihnen nur Nutzen gebracht und ihre Fesseln verbrannt. Die Leiden haben schon viele Gebundenen befreit.

9. April

Wertgeachtet und herrlich gemacht

Jesaja 43,4

Weil du in meinen Augen so wert geachtet und kostbar bist und Ich dich lieb habe, darum gebe Ich Menschen an deiner Stelle und Völker für deine Seele.

Unser Wort enthält zwei große und inhaltsreiche göttliche Aussprüche über Sein Volk: Wertgeachtet und herrlich sein.

1. Du bist vor Meinen Augen wert geachtet. Wie? Das Volk Israel? Vor Gottes Augen wert geachtet? Ja, so steht es hier geschrieben. So sagte es Sein heiliger Mund einst durch Seinen Boten. Das gehört auch wieder zu dem Wunderbaren. War es doch derselbe Prophet, der vorher das Gegenteil sagte. Wie furchtbar und traurig klingen seine Worte in seinem ersten Kapitel (Vers 3-5).

Gott schätzt den Wert des Sünders nach dem, was Seine Gnade aus ihm machen kann, nicht nach dem, wie Er ihn im Blute liegen sieht.

2. Du musst auch herrlich sein. Wie sollte das auch anders sein? Er, ihr Gott, ist ja der Heilige Israels, dann muss auch Sein Volk so sein. So beginnt Er dann das Werk der Umwandlung, der Herrlichmachung, das Er mit unendlicher Liebe und Geduld an uns tut. Epheser 5,27 ist das Resultat Seines Werkes: „weder Flecken noch Runzel." Ja, das wird herrlich sein! Und das deshalb, weil wir vor Ihm so wert sind!

10. April

Ratschluss Gottes

Römer 8,29-30

Denn die Er zuvor ersehen hat, die hat Er auch zuvor bestimmt, dass sie dem Bild seines Sohnes gleich sein sollten, damit Er der Erstgeborene sei unter vielen Brüdern. Die Er aber zuvor bestimmt hat, die hat Er auch berufen; und die Er berufen hat, die hat Er auch gerechtfertigt; die Er aber gerechtfertigt hat, die hat Er auch verherrlicht.

In diesen kurzen Worten zeigt uns der Apostel Paulus den von Ewigkeit gefassten Ratschluss Gottes zur Errettung der gefallenen Menschheit. Wir sehen ihn:

1. In seinem Ausgang. „Die Er zuvor ersehen hat." Vielen gefällt das nicht. „Sind denn einige nicht dazu ersehen?", fragen sie. Wir antworten darauf: „Gott will nicht den Tod des Sünders, sondern dass sich alle zur Buße kehren" (siehe Hesekiel 18,23). Nicht alle achten sich solcher Gnade würdig und wenden sich von derselben ab. Gegen seinen Willen wird niemand zur Ebenbildlichkeit des Sohnes Gottes verordnet.

2. Wir sehen weiter in diesen Versen Gottes wunderbares Vorgehen in diesem großen Werk und Seine herrliche Vollendung. Es sind hauptsächlich drei Stufen, auf dem Er Sein Ziel erreicht:

a) Die Berufung. Dazu braucht Er das Wort und den Geist.

b) Die Rechtfertigung durch den Verdienst Christi und unsern Glauben (Siehe Römer 5,1).

c) Die Verherrlichung durch den Geist und unseren Gehorsam (Siehe 2. Korinther 3,18).

11. April

Begegnung mit Jesus

Johannes 1,47

Sieh, wahrhaftig ein Israelit, in dem kein Falsch ist.

Lukas 19,5b

Zachäus, steig schnell herab!

Eine Begegnung zweier verschiedener Männer mit Jesus. Wir schauen sie uns etwas näher an und unterscheiden.

1. Jeder Mensch muss sie haben. Diese beiden Männer, Nathanael und Zachäus hatten sie zur rechten Zeit, nämlich als Jesus auf Erden wandelte. Das war eine schöne Gelegenheit, aber auch die einzige, denn Er war nur eine kurze Zeit bei ihnen. Beide mussten Ihm begegnen, Nathanael als ein rechter Israelit, und Zachäus um als Sünder Heil zu erlangen, das sie beide brauchten. Beide erkannten das erst in der Begegnung mit Ihm. So war es notwendig.

2. Wir sehen weiter, dass es der Herr selbst war, der beiden die Begegnung möglich machte. Nicht sie kamen zu Ihm. Er zog durch Jericho und kam an den Ort des Nathanaels. Er sah beide. Nathanael unter dem Feigenbaum und Zachäus oben auf dem Maulbeerbaum.

Beiden eröffnete Er die Zukunft, indem Er den Schleier etwas lüftete. Dem Zachäus teilte Er mit, dass er als Same Abrahams auch das Heil bekommen wird, das seinem Hause verheißen ist, und dem Nathanael, dass er den Himmel offen sehen wird und die Engel Gottes hinauf und herab steigen.

12. April

Die Zukunftsfrage

2. Petrus 3,13

Wir erwarten aber nach seiner Verheißung einen neuen Himmel und eine neue Erde, in denen Gerechtigkeit wohnt.

Offenbarung 21,1a

Und ich sah einen neuen Himmel und eine neue Erde; denn der erste Himmel und die erste Erde sind vergangen.

Warten und sehen. Glauben und Schauen. Petrus und Johannes, zwei Jünger Jesu, beschäftigen sich mit einer und derselben Frage, einer Zukunftsfrage. Die Art und Weise ihrer Beschäftigung ist verschieden. Während Petrus vom Standpunkt des Glaubens ausgeht, wird dem Johannes erlaubt, schon zu schauen.

Wir betrachten:

1. Petrus wartete, glaubte. Darin liegt eine Seligkeit, wie Jesus zu Thomas sagte: „Selig sind, die nicht sehen und doch glauben". Das tat Petrus. Darauf sind wir heute angewiesen. Paulus sagt: Wir wandeln im Glauben und nicht im Schauen. Der Herr Jesus schalt einst die Emmausjünger, die die Erlösung Israels sehen wollten. Petrus glaubte auf Grund der Verheißung. Wir haben das prophetische Wort als Glaubensgrundlage.

2. Johannes sah, er schaute. „Ich sah" wiederholt sich in der Offenbarung vierzig Mal. Er durfte es. Die Königin aus dem Reich Arabien hatte geglaubt und der Glaube trieb sie zu Salomo und dort schaute sie. Auch wir werden bald schauen. Alles werden wir schauen, aber noch haben wir zu glauben.

13. April

Zuhören

1. Samuel 3,10b

Rede, denn dein Knecht hört.

Das sind die ersten Worte Samuels, die uns die Bibel von ihm aufbewahrt hat. Es sind Worte von großer Bedeutung und Wichtigkeit. Noch wichtiger werden sie uns, wenn wir bedenken, dass er sie am Anfang seines Lebens aussprach. Was können wir für uns daraus lernen?

1. Zunächst sehen wir, welch einen großen Gewinn für ihr Leben die haben, die ihre Ohren dem Herrn schon in der frühsten Jugend öffnen. Welch ein Unterschied ist zwischen Samuel und den Söhnen Elis! Was mag wohl die Ursache davon gewesen sein? Viel hat jedenfalls dazu beigetragen, dass der Herr durch das geöffnete Ohr zu seinem Herzen reden konnte. Glückliche Jugend, die ihr Ohr dem Herrn öffnet, ehe die Welt ihre giftigen Lehren hinein ruft.

2. Weiter sehen wir, dass der Herr nur geöffneten, das heißt hörenden Ohren etwas sagen kann. Warum sagte Er, was Er Samuel sagte, nicht dem Eli? Wusste er doch den Knaben so gut zu belehren, wie er empfänglich für die Offenbarungen Gottes werden kann. Wie wenig geöffnete Ohren findet oft der Herr! Unter ihnen war Johannes, der nicht nur vierzig Mal sagen konnte „ich sah“, sondern auch 21 Mal: „ich hörte“. In welchem Zustand sind unsere Augen und Ohren?

14. April

Hilfe vom Herrn

1. Samuel 7,12b

Bis hierher hat uns der Herr geholfen.

Auch dies sind Worte Samuels. Er stand damals mitten in der Arbeit für den Herrn. Seine Worte reden von Hilfe, die Samuel in seinem Leben erfahren hat.

Wir sehen vor allem den Grund, der den Herrn bewegt zu helfen.

1. Zunächst war es ohne Zweifel, dass Samuel sich auf Seine Hilfe verließ. Wo wollte er auch hin? Menschen konnten ihm auch nicht helfen. Da gab es nur einen Ausweg: Zu Gott, auf Ihn hoffte er nicht nur selber, sondern munterte auch das Volk dazu auf (1. Samuel 7,3). Und Der verheißen hat zu helfen (Jesaja 41,10), Der hilft. Gott kann alles, nur eins nicht: die täuschen, die Ihm vertrauen.

2. Weiter war es Seine Liebe zu den von Ihm Erwählten, Erretteten. Es war Ihm in Seiner Liebe unmöglich, Seine Hilfe zurück zu ziehen. Das größte, wozu Seine Liebe Ihn trieb, war die Dahingabe Seines Sohnes (Johannes 3,16). Wie sollte diese Liebe anders, als helfen.

3. Was den Herrn bewegt zu helfen, ist sicher Seine Ehre, die Er keinem anderen geben will. Seine Hilfe, die Er Seinem Volk zu jeder Zeit und in jeder Lage bewiesen hat und beweisen wird, zeigt Seinen Feinden nicht nur Seine Macht, sondern auch Seine Ehre. Ein Beweis dafür ist der Durchgang durchs Rote Meer.

15. April

Zwei Wohnungen, ein Bewohner

2. Korinther 5,1 (Luther 1912)

Denn wir wissen: wenn unser irdisches Haus, diese Hütte, abgebrochen wird, so haben wir einen Bau, von Gott erbaut, ein Haus, nicht mit Händen gemacht, das ewig ist im Himmel.

Wir betrachten zuerst die Wohnungen, die unser Text uns hier zeigt. Sie sind sehr unterschiedlich und zwar:

1. Die Namen. Die eine Wohnung nennt Paulus „Hütte", die andere „Haus". Hütte nennt man eine Wohnung, die nicht nur klein, sondern auch leicht aufzubauen und abzubrechen ist. Ein Haus dagegen ist eine große und nicht so leicht zerbrechliche Wohnung. Ein Schatten dieses Bildes sind die Wohnungen, wo Israel anbetete: Stiftshütte und Tempel.

2. Wir achten auf die Entstehung dieser Wohnungen. Sie sind beide Geschöpfe einer Schöpferhand. Die Hütte, dass heißt, den Leib der Menschen, schuf Gott am 6. Schöpfungstag. Das Haus, den neuen Leib, hält Er bereit für jeden für den Tag Seiner Erscheinung. Er ist im Himmel aufbewahrt.

3. Wir achten noch auf die Dauerhaftigkeit. Von der Hütte heißt es ganz kurz, dass sie zerbrechen wird. Der letzte Bruch geschieht im Tod. Das Haus, der neue Leib, ist ewig. Paulus sagt von diesem Hause vielerlei.

16. April

Zwei Wohnungen, ein Bewohner

2. Korinther 5,1 (Luther 1912)

Denn wir wissen: wenn unser irdisches Haus, diese Hütte, abgebrochen wird, so haben wir einen Bau, von Gott erbaut, ein Haus, nicht mit Händen gemacht, das ewig ist im Himmel.

Auf zwei Wohnungen ein Bewohner? Hier ja.

Thema: Die Bewohner der Wohnungen.

Haben wir in der gestrigen Betrachtung die zwei Wohnungen verschieden gesehen, so schauen wir uns jetzt die an, die darin wohnen und fragen dabei zunächst:

1. Wer sind sie? Die Antwort liegt klar im Text. Paulus nennt sie uns mit den Worten „wir", „unser", „uns", die in den Versen 1-10 unseres Abschnittes 22 Mal vorkommen. Er schließt sich damit unsern Lesern an, zu denen auch wir gehören. Gemeint ist das in uns Lebende, das beim Sterben diese Hütte verlässt und bei der Auferstehung und Verwandlung in jenes Haus übersiedelt. Die Hütte, unser alter Leib, wird wieder zur Erde, wenn man ihn beerdigt hat. Das Haus, der neue Leib, wird der Seele als ewige Wohnung gegeben.

2. Wir sehen aus Paulus Worten, wie es diesen ergeht. Er sagt: „Wir sind beschwert" (Vers 4); „wir sehnen uns" (Vers 2); „wir sind getrost" (Vers 8); und „haben Lust aus dem Leib auszuziehen" (Vers 8); wir setzen unsere Ehre ein dem Herrn zu gefallen (Vers 9). Im Mittelpunkt dieser Schilderung ist uns gesagt, wozu alles dient (Vers 5): um offenbar zu werden vor dem Herrn (Vers 10).

17. April

Der Herr ist mein Hirte

Psalm 23,1-2

Der Herr ist mein Hirte; mir wird nichts mangeln. Er weidet mich auf einer grünen Aue und führt mich zum frischen Wasser.

Wer so von Herzen sagen kann, ist ein überaus reicher Mann. Wir werden im Folgenden sehen, worin dieser Reichtum besteht.

1. Der Herr ist mein Hirte. David, der selbst Hirte war, wusste, was für eine Bedeutung darin ist, wenn die Herde einen Hirten hat. Wie für die Herde, so ist die Bedeutung nicht kleiner für jedes einzelne Schäflein. Zu ihnen zählte sich David. Der große Reichtum einen solchen Hirten zu haben liegt darin, dass es nur einen solchen Hirten gibt, von dem Jesus in Johannes 10,14 so schön sagt: „Ich bin der gute Hirte." Der Mietling aber, der nicht Hirte ist, sieht den Wolf kommen und verlässt die Schafe und flieht (siehe Vers 12).

2. Wir achten auf den Wert eines guten Hirten für die Herde. Zuerst sagt unser Text, dass sie von Ihm geweidet wird. „Er weidet mich." Das ist so viel, als suche Er für sie die besten Plätze, wo Er darauf achtet, dass die Herde das beste Futter findet. Vom Besten das Beste. „Er führt mich zum frischen Wasser." Weil wir allein zu diesem nicht hinfinden, führt Er uns. Einen, den man führt, nimmt man dazu bei der Hand. Das tut auch Er.

18. April

Der Herr ist mein Hirte

Psalm 23,3

Er erquickt meine Seele; Er führt mich auf rechter Straße wegen seines Namens.

Das Folgende, was David Wertvolles an seinem Hirten fand, nennt er Seelenerquickung. „Er erquickt meine Seele." Es gibt viele Möglichkeiten zur Erquickung für unsern Leib. Zum Bespiel: ein Trunk Wasser für den Durstenden, ein kühles Bad für den in der Hitze Ermatteten. Die Ruhe im Schatten eines Baumes für den Müden. Eine gute Mahlzeit für den Hungrigen. Aber leider bleibt die Seele in vielen Fällen ohne Erquickung, wonach sie aber schreit, wie ein Hirsch nach frischem Wasser (siehe Psalm 42,1-2).

Auch Davids Seele brauchte Erquickung. Ein Verslein lautet so schön: „Fragt nicht, was mir fehlt, forscht nicht nach meinem Schmerz. Durst nach Gott quält meine Seele, drang zu Gott erfüllt mein Herz." Das ist auch unsre Erfahrung. Aber mit den Worten unseres Textes sprechen auch wir: „Du erquickst meine Seele."

„Du führest mich auf rechter Straße." Es gibt viele Straßen in die Ewigkeit. Darunter ist nur eine rechte Straße. Diese findet aber kein Mensch. Jesaja sagt: „Wir gingen alle in der Irre, wie Schafe, jeder sah auf seinen Weg" (Jesaja 53,8). Da kam Er, der gute Hirte, ergriff unsre Hand und führte uns auf die rechte Straße. Danken wir Ihm dafür!

19. April

Der Herr ist mein Hirte

Psalm 23,3b

Wegen seines Namens.

Viel Gutes hat David vom Herrn erfahren und es scheint uns so, als ob Er es ihm um seinetwillen getan hätte. Sicher ist es Sein göttliches Erbarmen und Seine Liebe, der wir alle unverdienten Wohltaten verdanken. David schaut aber weiter und sieht mit einem fast prophetischen Auge etwas anderes.

Nachdem er einige der Taten Gottes aufgereiht hat: „kein Mangel", „Er weidet mich", „Er führt mich", „Er erquickt meine Seele" und nochmal „Er führt mich", da sagt er: „Wegen Seines Namens". Stellen wir nun die erwähnten Wohltaten mit diesem Wort in Verbindung, so kommt es so: Er weidet mich wegen Seines Namens, Er erquickt meine Seele wegen Seines Namens usw.

Diesen Gedanken spricht der Herr selber aus, wenn Er in Jesaja 48,9 sagt: „Um Meines Namens willen bin ich geduldig, ... damit du nicht ausgerottet wirst." Dann kommt in Vers 10 die Verheißung: „Ich will dich läutern", und im Vers 11 wieder, sogar zweimal: „Um Meinetwillen." Der Schluss des 11. Verses zeigt den Grund solcher Handlungen Gottes: „Meine Ehre." Möchte auch unser Leben eine Ehre und ein Ruhm für Gott sein.

20. April

Der Herr ist mein Hirte

Psalm 23,4

Und wenn ich auch im finsteren Tal wandere, fürchte ich kein Unglück; denn Du bist bei mir, dein Stecken und Stab trösten mich.

Das schönste Leben unter der treuen Obhut, Verpflegung und in erquickender Nähe des guten Hirten läuft einmal ab. So war es bei David, so ist es auch bei uns. Und wenn es zu Ende ist, dann geht es ins finstere Tal. Damit rechnete auch David. Aber er sagt, so ganz ruhig: „Ich fürchte kein Unglück." Für seine Furchtlosigkeit nennt er einen zweifachen Grund, den wir kurz betrachten.

1. „Du bist bei mir." Er war also nicht allein. In Dunkelheit weilt man nicht gerne allein. Da gilt auch das Wort Salomos: „So ist es ja besser zu zweit zu sein als allein" (Prediger 4,9). Wie gut, wenn man jemanden hat, dem man sich in Dunkelheit anvertrauen kann. David hatte einen. Und er rückt Ihm ganz nahe und sagt: „Du bist bei mir." So lange hatte er von Ihm geredet: „Er", im finstern Tal spricht er zu Ihm: „Du bist bei mir".

2. „Dein Stecken und Stab trösten mich." Wenn der Gott allen Trostes (2. Korinther 1,3) bei uns ist, kann man auch im Grauen der Nacht ruhig sein.

21. April

Der Herr ist mein Licht

Jesaja 50,10b

Der im Finstern geht und es scheint ihm kein Licht, der hoffe auf den Namen des Herrn und verlasse sich auf seinen Gott.

Als wir vor Jahren um den Baikalsee fuhren, mussten wir durch 51 Tunnels. Einige von ihnen waren ziemlich lang, aber wir kamen durch. In unserm Leben gibt es mehr Tunnels, durch die wir hindurch müssen. Wir kommen leichter hindurch, wenn wir auf zwei einfache Aufforderungen Gottes durch Jesaja achten.

1. „Der hoffe auf den Namen des Herrn." Das ist ein helles Licht. Als Jesus auf Erden war, hatten die Leute die Möglichkeit in diesem Licht zu wandeln. Leider löschten sie es aus und blieben in der Finsternis. David aber wandelte in diesem Licht (Psalm 27,1). „Dein Wort ist eine Leuchte für meinen Fuß und ein Licht auf meinem Weg" (Psalm 119,105). Dieses Wort ist unser Licht, das erleuchtet das finstere Tal.

2. „Der verlasse sich auf seinen Gott." Das ist ein helles Licht, das auch dann noch leuchtet, wenn alle anderen Lichter verloschen sind. Wie ein Blinder sich auf seinen Führer verlässt, so vertrauen wir auf Gott und es wird hell.

22. April

Der Herr ist mein Hirte

Psalm 23,5

Du bereitest vor mir einen Tisch im Angesicht meiner Feinde. Du salbst mein Haupt mit Öl und schenkst mir übervoll ein.

Bisher hat David den Herrn als seinen Hirten gelobt, hier als einen Wirt, der ihn wunderbar bewirtet. Dreierlei sehen wir:

1. Ein zubereiteter Tisch. Wer setzt sich nicht gerne an einen gut zubereiteten Tisch? Ein spärlicher Tisch ist sehr traurig. Auf dem Tisch, an dem David saß, war kein Mangel zu sehen. Nicht nur für David war dieser Tisch bereitet, sondern allen Völkern des alten und des neuen Bundes (Jesaja 25,6; Johannes 6,50-56). Da ist Brot, Fleisch, Wein und Öl.

2. „Du salbst mein Haupt mit Öl." Nur gesalbte Gäste dürfen an diesem Tisch speisen. Der Heilige Geist, den Jesus gesandt hat, vollzieht die Salbung von oben.

3. „Und schenkst mir übervoll ein." In unseren Speisehallen gehen die Speisen manchmal zur Neige, so dass nichts mehr dargereicht werden kann. Hier niemals. „Gottes Brunnen hat Wasser in Fülle" (Psalm 65,10). Wer da will, der nehme!

23. April

Der Herr ist mein Hirte

Psalm 23,6

Gutes und Barmherzigkeit werden mir mein Leben lang folgen, und ich werde immerdar im Haus des Herrn bleiben.

Bis jetzt beschäftigten Davids Gedanken sich mit der Gegenwart, hier richtet er seinen Blick in die Zukunft. Das deuten zwei Worte an, „werden“ und „werde“. Diese Zukunftsgedanken teilt er in zwei Perioden:

1. „Mein Leben lang“ das heißt, von nun an bis an das Ende seines Lebens. Ein glücklicher Mann war er doch, dieser David! Und zwar deshalb, weil er alles im Leben von der Lichtseite anschaute. Wie in der Vergangenheit und Gegenwart, so erwartete er auch für die Zukunft nur Gutes von Gott durch Menschen und Barmherzigkeit direkt vom Herrn. Auch das Schwere sah er als Gutes an und das machte ihn glücklich. So wird doch jeder seines Glückes Schmied.

2. „Immerdar“, das heißt ohne Aufhören. Da es auf Erden nichts gibt, was nicht aufhört, kann er hier nur an die Ewigkeit gedacht haben. Hier ist er viel aus einem Haus ins andere geflüchtet und hat sich versteckt. Wenn er aber in das Haus des Herrn eingegangen ist, bleibt er darin immerdar. Herrliche Aussicht!

24. April

Warten und arbeiten

1. Thessalonicher 1,9b-10a

Wie ihr euch von den Götzen zu Gott bekehrt habt, um dem lebendigen und wahren Gott zu dienen und seinen Sohn vom Himmel zu erwarten.

Der letzte Vers im ersten Kapitel zeigt uns die Hauptsache allen Tuns eines Christen: Warten auf Jesus. Ein Arbeiter saß am Weg und schlug Steine klein. Auf die Frage eines Vorbeigehenden gab er zur Antwort: „Ich warte auf den Herrn und zerschlage Steine." Dasselbe lesen wir auch von den Thessalonichern. Wenn sie auch nicht Steine zerschlagen, so sehen wir doch:

1. Sie warteten auf den Herrn und standen am Werk des Glaubens (Vers 3). Das ist das Werk des Herrn auf dem Missionsfeld der Welt.

2. Sie warteten und taten Arbeit der Liebe. Das sind Liebesdienste, die die Einzelnen tun.

3. Sie warteten und waren dabei geduldig. Das ist die Stellung jedes einzelnen.

4. Sie warteten und waren Nachfolger (Vers 6).

5. Sie warteten und waren allen Gläubigen zu Vorbildern geworden (Vers 7).

So ist die Wartestellung. Paulus wartete und machte Zelte. Wie wartest du?

25. April

Gern will ich sie lieben

Hosea 14,5a

So will Ich ihre Abtrünnigkeit wieder heilen, gern will Ich sie lieben.

Als Mose zum letzten Mal vor dem Volk stand, wurde er von der Liebe Gottes zu demselben so überwältigt, dass er voll Staunen und Bewunderung ausrief: „Wie hat Er die Leute so lieb!“ (5. Mose 33,3).

Ein großes Wort und ein herrliches Zeugnis. Wenn es auch von einem Mann abgelegt wurde, der schon vierzig Jahre mit Gott verkehrte und in dieser Zeit tief hinein geschaut hatte in das liebevolle Gottesherz, so war das Zeugnis immer nur ein Menschliches. Hier aber haben wir ein Wort von Gott selber, dass Er sein Volk nicht nur liebt, sondern es gerne lieben will. Bei uns kleinen Menschen ist es schon so, dass wenn wir etwas gerne tun, es von Herzen kommt. Wieviel mehr aber muss es von unserm großen Gott gesagt werden! Ist es nicht so, als legte Gott in dies Wort gerne Sein ganzes Herz hinein?

Ein Sprichwort sagt: „Was einem gut geht (das heißt, woran man seine Lust und Freude hat), das tut man gerne.“ Das verhält sich so im heiligen, wunderbaren Walten Gottes, der den Menschen schuf, Seine Lust bei ihm hat und gerne liebt. Und das tut Er bis ans Ende.

26. April

Gern will Ich sie lieben

Hosea 14,5a

So will Ich ihre Abtrünnigkeit wieder heilen, gern will Ich sie lieben.

Hier haben wir eine außerordentliche Liebeserklärung, die es wert ist, kurz dabei stehen zu bleiben. Wir sehen uns zuerst den Gegenstand an, dem sie galt und dann erklären wir, wer es ist, der so liebt.

1. Wem galt diese Liebeserklärung? Es muss etwas sehr schönes und prachtvolles gewesen sein. Die Verse 2-4 aus Hosea 14 zeigen uns in sieben Strichen diejenigen, die der Herr gerne lieben will: die Unbekehrten, die Gefangenen, die Schuldigen, die auf Menschen vertrauen, die auf sich selbst vertrauen, die Abgötterei treiben, die fern von der Gnade Gottes sind.

Diese so Unwürdigen hat Gott zum Gegenstand Seiner Liebe erwählt. Das soll alle trösten, die sich nicht wert fühlen geliebt zu werden.

2. Wer ist es, der so ein Volk sogar gerne lieben wollte? Es ist Einer, der heilen will. Also ein Arzt ist Er. Solchen brauchte nicht nur Israel, auch wir sind krank und brauchen Heilung. Es ist auch Der, Dessen Zorn sich in Liebe verwandelt hat. Ursache zum Zürnen findet der Herr bei jedem von uns. Durch Jesu Sterben am Kreuz hat sich sein Zorn abgewandt. Gerne liebt Er uns. Es ist zuletzt Der, Der sein Volk aufrichtet, wie der Tau eine welke Pflanze. Seine Liebe bringt völlige Veränderung (Vers 7). Er hat uns zuerst geliebt.

27. April

Sonnenuntergang

1. Mose 28, 10-11a

Aber Jakob zog von Beerscheba aus, machte sich auf den Weg nach Haran und kam an eine Stätte, da blieb er über Nacht, denn die Sonne war untergegangen.

Sonnenuntergang! – Und der Arbeiter legt sein Handwerkzeug hin, um zu ruhen. Jeder Tag endet mit einem Sonnenuntergang. Und nach 365-maligem Untergang endet ein Jahr. Für mich endet es heute.

Jakob war es, dem die Sonne in unserm Text untergegangen war. Ein sehr bewegter Tag war vergangen. Jakob war auf der Flucht von seinem Bruder, der ihn töten wollte. Er war an einem einsamen Ort und zwar allein. Das Ziel, wohin er ging, wie auch der Weg dorthin, waren ihm unbekannt. Eine schwere Lage, in die er durch eigene Schuld gekommen war. Alles dieses wurde durch die untergehende Sonne in Dunkel gehüllt. Und da er dadurch am Weiterreisen gehindert wurde, legte er das müde Haupt auf einen Stein und schlief ein.

Im Traum wurde ihm die Kehrseite dieses Blattes gezeigt. Er war nicht allein. Eine Leiter verband ihn mit dem Himmel. Engel Gottes waren um ihn, und Gott über ihm.

Seliger Sonnenuntergang!

28. April

Sonnenaufgang

1. Mose 32,32

Und als er an Pniel vorüber kam, ging ihm die Sonne auf; und er hinkte an seiner Hüfte.

Wie schön, dass die Sonne nicht nur unter-, sondern auch aufging. Ungefähr 7500 Mal war die Sonne in dieser Zeit untergegangen und aufgegangen. Dieser Sonnenaufgang war ein besonderer unter ihnen. Er brachte Jakob einen neuen Abschnitt in seinem bewegten Leben.

Ungeahnte, aber von Gott für ihn bestimmte Lebenswege lagen vor ihm. Wenn auch jede aufgehende Sonne geheimnisvolle und verborgene Dinge für uns in ihrem Schoße birgt, Dinge, die uns im Laufe des Tages begegnen werden, so muss man das auch vom ersten Sonnenaufgang eines neuen Lebensjahres sagen.

Für viele andere Menschen, wie auch für mich, ist der heutige Sonnenaufgang ein solcher. Wie der letzte Sonnenuntergang eines durchlebten Jahres alles Gewesene für diese Zeit zudeckt und in die Ewigkeit verbirgt, so beginnt der erste Sonnenaufgang eines beginnenden Jahres geheimnisvolle und verborgene Dinge aus der Ewigkeit hervorzubringen.

29. April

Bleiben in Jesus

1. Johannes 2,28

Und nun, Kinder, bleibt in ihm, damit, wenn Er offenbart wird, wir Freimütigkeit haben und nicht beschämt werden vor ihm bei seiner Wiederkunft.

Jesus selbst, Seine Jünger, auch zwei Männer in weißen Kleidern (Apostelgeschichte 1,11), reden viel vom nahe bevorstehenden Kommen des Herrn und bringen damit ernste Ermahnungen und Lehren in Verbindung. Hier ist es die Ermahnung vom Bleiben in Jesus. Wir betrachten dieselbe unter drei tief ins Leben greifenden Fragen:

1. Vor allen Dingen fragen wir, wozu das notwendig ist. Es ist notwendig sich zu bekehren, das gibt jeder zu und dann machen viele einen Punkt. Unser Text lenkt unsere Aufmerksamkeit aber darauf, dass es notwendig ist, im Glauben weiter zu gehen, weil damit ein großer Gewinn, oder ein ebenso großer Verlust verbunden ist. Wir sind bekehrt zu warten des Sohnes vom Himmel (1. Thessalonicher 1,10). Unser Wort sagt, dass alle, die in Ihm bleiben, dazu Freudigkeit haben werden, die aber nicht in Ihm bleiben, zu Schanden werden müssen vor Ihm bei Seiner Zukunft. Das ist eine klare Antwort auf die Frage des Bleibens bei Ihm. Ja, es ist dringend notwendig!

30. April

Bleiben in Jesus

1. Johannes 2,28

Und nun, Kinder, bleibt in ihm, damit, wenn Er offenbart wird, wir Freimütigkeit haben und nicht beschämt werden vor ihm bei seiner Wiederkunft.

Nachdem wir gesehen haben, das Bleiben in Jesus unbedingt notwendig ist, fragen wir:

2. Ist ein ununterbrochenes Bleiben bei Ihm für uns, die von der Sünde verdorbenen Menschen, auch möglich? Wir beantworten diese Frage mit einer Gegenfrage und einer großen Behauptung aus Jesu Munde: „Sollte dem Herrn etwas unmöglich sein?" Alle Dinge sind möglich dem, der da glaubt. Das ist, was auch Petrus in 1. Petrus 1,5 schreibt, dass wir aus Gottes Macht durch den Glauben bewahrt werden zur Seligkeit. Beides muss mitwirken. Jesus konnte in Nazareth nicht viel tun, weil die Leute nicht glaubten (Siehe Markus 6,56). Hier ist das Geheimnis des Bleibens in Jesu. Die Möglichkeit ist da.

3. Welches wird die Folge davon sein? Johannes nennt in unserem Text zweierlei. Zuerst schreibt er von einer Freude beim Kommen des Herrn. Davon schreibt auch Petrus und nennt sie eine unaussprechliche und herrliche Freude (1. Petrus 1,8). Solche Freude ist eine köstliche Folge für die, die in Ihm bleiben. Eine weitere ist diese, dass wir vor Ihm nicht zu Schanden werden. O wie entsetzlich wird das für den sein, der vor dem Herrn bei Seinem Kommen wird zurückweichen müssen.

1. Mai

Bis an den Himmel reichende Güte

Psalm 36,6

Herr, deine Güte reicht, soweit der Himmel ist, und deine Wahrheit, soweit die Wolken gehen.

„Gutes und Barmherzigkeit werden mir folgen mein Leben lang.“ Das war die Freude Davids, die ihn in seinem oft so schweren Leben aufrecht hielt. Dieselbe Güte und Barmherzigkeit werden uns hier in ihrer Größe und Höhe gezeigt: „So weit der Himmel ist.“ Und Seine Wahrheit geht, soweit die Wolken gehen.

Güte und Wahrheit ist es, was wir brauchen. Es sind zwei Schätze aus der Schatzkammer Gottes.

1. Diese Schätze kommen vom Herrn. Es heißt in unserm Text: „Deine Güte“ und „Deine Wahrheit“. Wir gehen etwas näher darauf ein und sagen: Er selbst ist die Wahrheit. Er gibt Seinen Kindern nicht nur einen Teil solcher Schätze, sondern in Seiner Person die Güte und Wahrheit, also in ihrer ganzen Fülle.

2. Diese Fülle ist so groß, dass sie bis an den Himmel reicht. Sie ist für uns genug, bis auch wir dahingelangen. Ohne sie ist es unmöglich, durch diese Welt voller Ungerechtigkeit und Lüge dort hin zu kommen.

2. Mai

Ein unerschöpfter Brunnen

Klagelieder 3,22-23 (Menge)
Die Gnadenerweisungen des HERRN sind noch nicht erschöpft, sein Erbarmen ist noch nicht zu Ende; alle Morgen sind sie neu, groß ist deine Treue.

Alles auf Erden hat ein Ende und hört auf. Unsere Seele aber, die unsterblich ist, braucht etwas, das ebenfalls bleibt. Und Gott sei Dank, Der dafür gesorgt hat und uns damit entgegenkommt. Die Gnadenerweisungen des Herrn sind noch nicht erschöpft, Sein Erbarmen ist noch nicht zu Ende, jeden Morgen sind sie neu.

Es sind Seine Gnadenerweisungen. Und von ihnen sagt unser Text dreierlei. Er nennt sie:

1. Noch nicht erschöpfte Gnadenerweisungen des Herrn. Was verstehen wir darunter? Die Bibel hat unter den vielen Namen Gottes auch den Namen „Gott aller Gnade" (1. Petrus 5,10). Heilsame Gnade, rettende Gnade und vergebende Gnade, zurechtweisende Gnade usw.

Es ist wirklich ein Meer der Gnade, in welches wir nicht nur voll Beugung und Staunen hineinschauen, sondern aus dem die Menschheit auch seit Anbeginn der Welt geschöpft hat. Hier schöpften die Urväter und Erzväter, die Propheten und Psalmsänger, alle schöpften und sie ist noch nicht erschöpft.

3. Mai

Ein unerschöpfter Brunnen

Klagelieder 3,22-23 (Menge)

Die Gnadenerweisungen des HERRN sind noch nicht erschöpft, sein Erbarmen ist noch nicht zu Ende; alle Morgen sind sie neu, groß ist deine Treue.

„Sein Erbarmen ist noch nicht zu Ende." Alles, was aus der Ewigkeit kommt, geht wieder zurück in die Ewigkeit und kann deshalb nie zu Ende gehen. So heißt es von der Liebe: „Sie hört niemals auf." So ist es mit der Barmherzigkeit, die mit der Liebe so eng verbunden ist, dass auch sie nicht aufhört.

Unser Text sagt: „Es hat noch kein Ende." Jahre, Jahrhunderte, Jahrtausende gingen zu Ende, sind nicht Menschengeschlechter entstanden in ihren Generationen und sanken wieder ins Meer der Ewigkeit? Aber Gottes Barmherzigkeit bleibt. Unser Leben währt zwanzig, dreißig, siebzig, achtzig Jahre und hat ein Ziel, das wir nicht überschreiten werden. Es ist angefüllt mit Mängeln und Gebrechen vor dem Herrn, den wir oft betrübt haben. Sein Erbarmen hat noch kein Ende. Es ist alle Morgen neu. Wieviel mal hat sich bei dir die Barmherzigkeit erwiesen?

„Denn wie voll das Maß der Sünde aber auch war, so bewies dennoch die Gnade sich in einem noch weit größeren Übermaße" (Römer 5,20, Kath. Übersetzung Weizsacker).

4. Mai

Ein in Gott gefundener froher Mut

1. Thessalonicher 2,2

Sondern, obwohl wir zuvor in Philippi gelitten hatten und misshandelt worden waren, wie ihr wisst, bekamen wir Mut in unserem Gott, bei euch das Evangelium Gottes zu verkünden trotz starker Anfeindungen.

Das war ein schöner Mut. Wir betrachten ihn unter einem dreifachen Gesichtspunkt.

Der erste: Wie sie ihn verloren hatten. Verloren? Konnten denn solche Männer wie Paulus und seine Mitarbeiter auch mal den Mut verlieren? Wir wollen mal sehen.

Dazu müssen wir eine kleine Strecke des Weges zurückgehen, woher sie gekommen waren. Das schreibt er in Vers 2. Sie kamen von Philippi, wo sie schwere Leiden erlitten hatten (Apostelgeschichte 16).

In 2. Korinther 1,8-9 schreibt er, dass sie in Asien Trübsal und Leiden erduldet hatten, dass sie sogar am Leben verzagten und beschlossen hatten, sie müssten sterben. O ja, auch Paulus verlor den Mut. Dabei blieb er aber nicht. Die Mutlosigkeit musste beseitigt werden und er überwand sie.

5. Mai

Ein in Gott gefundener froher Mut

1. Thessalonicher 2,2

Sondern, obwohl wir zuvor in Philippi gelitten hatten und misshandelt worden waren, wie ihr wisst, bekamen wir Mut in unserem Gott, bei euch das Evangelium Gottes zu verkünden trotz starker Anfeindungen.

Wir betrachten nun den zweiten Gesichtspunkt: Wo und wie fanden sie diesen Mut wieder? Paulus sagt in 1. Thessalonicher 2,2: „In unserem Gott."

Das ist klar, außer Ihm ist nichts zu finden, aber in Ihm Alles. Eine nie versiegende Quelle haben wir in Ihm. Wir sehen in Apostelgeschichte 16, wann und wo dies geschah. Wie es geschah, finden wir dort nicht, aber die Gebete und Loblieder, die die Apostel dort sangen, sagen uns, dass sie den frohen Mut schon gefunden hatten. Diesen Lobliedern sind wahrscheinlich heiße Gebete des Kampfes und der Ergebung in Gottes Willen vorangegangen. Und darauf folgte Mut.

Drittens: Wir sehen zuletzt noch, wozu sie diesen Mut brauchten. Unser Text sagt es uns sehr bestimmt: Das Evangelium Gottes zu verkünden. O ja, dazu brauchen wir Mut. Sagt schon ein Sprichwort: „Den Mutigen gehört die Welt", wie viel mehr muss man das uns Geistlichen sagen! Der Herr wusste um beides: die große Arbeit in Thessalonich und auch, dass es den Aposteln an Mut fehlte, dieselbe zu tun. Darum erschloss Er sich ihnen und ließ sie dazu frohen Mut finden.

6. Mai

Friedensgedanken

Jeremia 29,11a

Denn Ich weiß genau, was Ich für Gedanken über euch habe, sagt der Herr: Gedanken des Friedens und nicht des Leidens.

Welche Fülle von Trost enthalten doch die vielen Verheißungen Gottes! Auch in diesen Worten haben wir sie.

1. Gott hat Gedanken des Friedens über uns. Wir sind Ihm nicht einerlei. Es gibt Personen, die uns viel Gedanken machen. Tag und Nacht denken wir an sie. Mehr, als wir an unsre Lieben denken, denkt der Herr an uns. Ob wir wachen und nicht an Ihn, sondern an andere denken, oder ob wir schlafen und überhaupt an nichts denken, Er denkt an uns. Wie herrlich!

2. Was denkt Er über uns? Das sagt Er uns in unserm Text. Gedanken des Friedens sind es, die Er über uns hat. Sie gehen darauf aus, uns so zu führen, dass wir in ständigem Frieden wandeln. Im Frieden mit Gott und allen Menschen zu leben, macht die Welt zum Paradies.

7. Mai

Nicht Leidensgedanken

Jeremia 29,11

Denn Ich weiß genau, was Ich für Gedanken über euch habe, sagt der Herr: Gedanken des Friedens und nicht des Leidens.

Wie schlecht verstehen wir doch unsern Gott! Geht es uns gut, dann freuen wir uns über Seine Friedensgedanken, ergeht es uns übel, dann meinen wir, der Herr sendet uns Leiden, weil wir sie durch irgendetwas verdient haben. Ob auch Israel so gedacht haben mag? Es befand sich in Gefangenschaft, als der Herr ihnen dies Wort sagen ließ: „Nicht Gedanken des Leides."

Das zeigt uns auch sehr anschaulich Gottes Vorgehen mit Hiob. In allen schweren Trübsalswegen, die Er mit ihm ging, war auch nicht die entfernteste Spur von Leidensgedanken. Das sagt uns sehr bestimmt das zweifache Ergebnis seiner Leiden. Einmal war es die tiefere Erkenntnis Gottes (Hiob 42,2) und zweitens verdoppeltes Vermögen (Hiob 42,10).

O, heimgesuchtes Gotteskind, höre! „Ich weiß wohl, dass ich keine Leidensgedanken über dich habe."

8. Mai

Das Kommen zu Gott

Hebräer 11,6

Denn wer zu Gott kommen will, der muss glauben, dass Er ist und denen, die ihn suchen, ein Belohner sein wird.

Die von Gott weggegangene, aber von Jesus wieder zu Gott gebrachte (1. Petrus 3,18) Menschheit kann nun wieder zu Gott kommen. Alle, Alte und Junge, Reiche und Arme dürfen kommen, wenn sie wollen, und zwei Bedingungen erfüllen, ohne die niemand zu Ihm kommt.

1. Er muss glauben, dass Gott ist. Das ist die große Frage, die heute die Menschheit beschäftigt. Bei den Teufeln ist das keine Frage, sie glauben auch und zittern.

Für alle, die zu Gott kommen wollen, muss diese Frage gelöst sein. Bei ihnen steht es fest, das heißt, sie glauben. Diese Zuversicht von Unsichtbarem ist der Grund, auf welchen der zu Gott kommende seinen Fuß stellt.

2. Er muss glauben, dass Er ein Vergelter sein wird. Jeder, der zu Gott kommt, bringt ein Anliegen mit, das er nicht nur vor Ihm ausbreitet, sondern von dem er damit rechnet, es zu erhalten. So dass es heißt, in solchem Glauben geht niemand leer aus.

9. Mai

Durch Jesus zu Gott kommen

Hebräer 7,25

Daher kann Er auch diejenigen vollständig erretten, die durch ihn zu Gott kommen; denn Er lebt für immer, um für sie einzutreten.

Durch die Sünde tat der Mensch den ersten Schritt, der ihn auf ewig von Gott entfernt hätte, wenn Jesus ihn nicht wieder zurückgeführt hätte. Durch Ihn zu Gott!

1. Wir kommen zu Gott durch Jesus, Der immerdar lebt. „Ich war tot, aber sieh, Ich bin lebendig", sagte der Herr Jesus dem Johannes auf der Insel Patmos (Offenbarung 1,18). Der immerdar lebt, das heißt der ewig lebende Jesus, ist eine immerdar offen stehende Tür, durch die wir immerdar, das heißt Tag und Nacht, zu Gott kommen können.

Nutzen wir sie aus!

2. Wir nahen uns zu Gott durch Jesus, der immerdar für uns bittet. O welche Gnade! Wir nahen uns zu Gott, oft schüchtern, mit schuldigem Herzen, dort steht Jesus der Hohepriester, der für uns bittet. Wir bitten um eine Gabe, sie liegt schon bereit, Jesus hat sie ausgegeben, wenn sie uns nicht schadet.

10. Mai

Das Betreten des Hauses Gottes

Psalm 5,8

Ich aber darf durch deine große Güte in dein Haus gehen und in deiner Furcht vor deinem heiligen Tempel anbeten.

Die ganze Menschheit ist auf Erden ein obdachloses Häuflein, wenn etliche unter ihnen auch große schöne Häuser haben, in denen sie wohnen, die aber, wenn die Welt in Flammen aufgehen wird, auch verbrennen müssen. Wir sind jedoch für die Ewigkeit geschaffen, wo wir auch ein Haus zum Wohnen brauchen werden. Und es ist da.

Der Psalmist, der in unserem Wort zu Gott redet, nennt es „Dein Haus". In Psalm 23,6 nennt er es „Haus des Herrn". Auch der Herr Jesus redete von diesem Haus, als Er von den Jüngern Abschied nahm.

„Im Haus meines Vaters sind viele Wohnungen" (Johannes 14,2). Was mag das wohl für ein Haus sein? Wer wird da hineinkommen? Wie werden wir dorthin gelangen?

Es ist ein vielstockiges Haus. Der Glanz und die Zierde darin werden sehr herrlich sein.

11. Mai

Ich darf

Psalm 5,8

Ich aber darf durch deine große Güte in dein Haus gehen und in deiner Furcht vor deinem heiligen Tempel anbeten.

Wer erinnert sich nicht seiner seligen Kindheit, wenn ihm von Mama ein Wunsch erfüllt wurde. „Ja, ich darf!“, so kam es jubelnd von den Kinderlippen. Unser Text enthält einen solchen Jubelruf, den wir etwas anschauen wollen. Dabei fragen wir uns:

1. Wer stieß solchen Jubelruf aus? „Ich aber“, sagt der Psalmist und deutet damit auf einen Gegensatz zu denen hin, die das nicht können. Ist denn das Betreten dieses Hauses nicht für jedermann? Sind nicht die Einladungen der Bibel (Jesaja 55,1; Matthäus 11,28; Johannes 7,37 und andere) an alle gerichtet? Ja, aber an alle, die da durstig, mühsam und beladen sind.

2. Psalm 5 redet in den Versen 5-7 von solchen, denen der Eingang verboten ist. War David besser als sie, dass es ihm erlaubt war?

12. Mai

Ich darf

Psalm 5,8 (Menge)

Ich aber darf nach deiner großen Gnade dein Haus betreten, ich darf vor deinem heiligen Tempel in Ehrfurcht vor dir mich niederwerfen.

„Ich aber darf nach deiner großen Gnade dein Haus betreten."

1. Das war die Tür, die ihm der Herr selber aufgetan hatte: „Gnade". Es ist die Gnadetür, die allen offen steht, die ihren elenden und verdorbenen Zustand erkannt haben. David nennt es eine große Gnade.

So dürfen wir sagen, dass auch die Tür der Gnade eine große war. Ja, auch heute noch steht allen reumütigen und bußfertigen Sündern eine große Gnadentür offen und mit David jubeln wir: „Ich aber darf durch Deine große Gnade Dein Haus betreten."

2. „Ich aber darf", so jubelt David, weil der Mund der ewigen Wahrheit es mir erlaubt hat. Diese Erlaubnis war ein fester Boden, auf welchen er seinen Glaubensfuß stellte und bestimmte Schritte tat, um das Haus Gottes zu betreten. So machen auch wir es. Auf diesem festen Weg gelangen wir dorthin.

13. Mai

Gottes Hausgenossen

Epheser 2,19

So seid ihr nun nicht mehr Fremde und Gäste, sondern Mitbürger der Heiligen und Gottes Hausgenossen.

Einst und jetzt, so könnte man sagen. Eine große Wende im Leben der Epheser: Einst Gäste und Fremdlinge, jetzt Bürger und Gottes Hausgenossen.

1. Einst. Jeder Gläubige auf Erden hat so ein „Einst" hinter sich gelassen. Bei einigen ist es ein dunkles und trauriges. Die Römer schämten sich der Frucht aus der Vergangenheit (Römer 6,21). „Ihr wart wie irrende Schafe" (1. Petrus 2,25). Gäste und Fremdlinge. Und was waren wir?

2. Jetzt. Wie war es nur dahin gekommen? Ihr seid jetzt Bürger und Gottes Hausgenossen. Zu Gottes Hausgenossen wurden wir dadurch, dass wir durch Seine große Gnade Sein Haus betreten.

Zweierlei ist es also, was uns dazu macht: Gottes Gnade, die das Werk der Wiedergeburt in uns dazu vollführt und unsre Bereitschaft, uns als Hausgenossen aufnehmen zu lassen.

14. Mai

Wenn jemand will

Johannes 7,17

Wenn jemand seinen Willen tun will, wird er erkennen, ob diese Lehre von Gott ist oder ob Ich aus mir selbst rede.

Unser Herr Jesus kam mit einer zweifachen Aufgabe auf diese Erde: Das Volk zu lehren und die Menschen zu erlösen.

Jesus als Lehrer. Dabei sehen wir zunächst auf Seine Lehre und zwar Sein eigenes Zeugnis darüber: „Meine Lehre kommt nicht aus Mir, sondern von Dem, der Mich gesandt hat" (Johannes 7,16).

Dieses Bewusstsein war das Geheimnis Seiner Kraft im Lehren. Diese Kraft sahen seine Freunde und seine Feinde. Hier sind ihre Zeugnisse dafür. „Er predigt gewaltig und nicht wie die Schriftgelehrten", sagte das Volk. „Was ist das für ein Mensch?" (Matthäus 8,27). Nikodemus bezeugte: „Du bist ein Lehrer, der von Gott gekommen ist" (Johannes 3,2). Begeistert von der Rede ruft eine Frau die Worte aus: „Glückselig ist der Leib, der Dich getragen hat, und die Brüste, die Du gesogen hast" (Lukas 11,27).

Und seine Gegner und Feinde? Auch sie hatten ihr Urteil. Sie sprachen: „Das ist eine harte Rede, wer kann sie hören?" (Johannes 6,60).

Die Volksführer sagten: „Was hört ihr Ihm zu?" (Johannes 10,20).

Wie ist dein Urteil?

15. Mai

Wenn jemand will

Johannes 7,17

Wenn jemand seinen Willen tun will, wird er erkennen, ob diese Lehre von Gott ist oder ob Ich aus mir selbst rede.

Wir haben es mit Jesus und Seiner Lehre zu tun und wollen weiter sehen, welche Wirkung sie auf die Menschen ausgeübt hat. Es war eine zweifache: Einmal bewirkte sie Reue und Buße (Apostelgeschichte 2,32) und ein andermal Zorn und Verbitterung (Apostelgeschichte 8,54).

1. Wir betrachten einige Wirkungen. Bei Petrus war es Vertrauen: „Auf Dein Wort hin will ich das Netz auswerfen" (Lukas 5,5). Bei Nikodemus bewirkte er Glauben an Ihn. Er gehört zu denen, die im Geheimen an Ihn glaubten. Für viele waren Seine Lehren gleichsam ein Magnet, der sie an sich zog und mit sich fortriss. Als Er durch die Dörfer und Städte zog, folgte Ihm oft viel Volk nach. Die Reden, die süßen Reden des Herrn, sind wie Balsam auch heute noch für müde und matte Seelen.

2. Wir sehen aber auch die entgegengesetzte Wirkung. Nachdem der Herr fünftausend Mann mit wenigen Broten satt gemacht hatte, und dann der Ihm nachfolgenden Menge Brot des Lebens anbot, Sein Fleisch und Sein Blut als Speise anbot, die den Hunger für immer stillt, wandten sich viele von ihm ab, und gingen nicht mehr mit Ihm (Johannes 6,66).

16. Mai

Wenn jemand will

Johannes 7,17

Wenn jemand seinen Willen tun will, wird er erkennen, ob diese Lehre von Gott ist oder ob Ich aus mir selbst rede.

Für jeden Schritt im Glauben, wenn wir ihn nicht verkehrt gehen wollen, bedürfen wir einer Belehrung. Daran lässt es der Herr auch nie fehlen. Durch den Geist Gottes und durch das Wort zeigt Er uns klar den Weg und belehrt uns, wie wir zu handeln haben. Obwohl diese Lehren klar und deutlich sind, verstehen sie doch viele nicht.

Was ist die Ursache?

Man sagt: „Wenn der Herr mir darüber Klarheit geben wird, werde ich es tun." Und wieder kommt der Herr auf die Anklagebank. Er ist schuld: Er offenbart es mir nicht.

Unser Text enthält einen Prüfstein. Hier ist es: „Wenn jemand Seinen Willen tun will, wird er erkennen, ob diese Lehre von Gott ist."

Bist du bereit? Bileam wurde der Wille Gottes gezeigt, weil er ihn aber nicht tun wollte, verdunkelte sich das Licht und er ging einen Irrweg.

Übergib deinen Willen Ihm und du verstehst ihn !

17. Mai

Gebot und Gesetz für die Gemeinde Christi

Johannes 13,34

Ein neues Gebot gebe Ich euch, dass ihr euch untereinander liebt.

Galater 6,2

Einer trage des Anderen Last, so werdet ihr das Gesetz Christi erfüllen.

Sind wir nicht frei vom Gesetz? Singen wir nicht von der Freiheit als von einem glücklichen Leben? Lehrt uns nicht die Schrift, dass Christus des Gesetzes Ende ist, Der das Gesetz zwar nicht aufgehoben, aber für alle erfüllt hat? (Matthäus 5,4). Und nun aufs neue Gebote und Gesetze?

Gottlob, wir sind frei vom Gesetz, das in Geboten und Satzungen besteht. Was aber noch mehr ist, wir sind frei vom harten „Muss“ des Gesetzes. Dort hieß es: „Du sollst!“ und „du sollst nicht!“ Wie viel anders ist es heute! Paulus ermahnt zu einem würdigen Wandel in Christus (Philipper 1,27).

Heute heißt es nicht, „du sollst“ oder „du musst“, sondern „du darfst“. Wir dürfen das Gesetz Christi erfüllen. Er erfüllte es für uns, weil Er uns liebte. Wir lieben Ihn und in Ihm die Brüder. Die Liebe treibt uns, einer des Anderen Last zu tragen und so das neue Gebot und Christi Gesetz zu erfüllen. Es ist keine Last darin, im Gegenteil, es ist eine große Seligkeit in dieser Erfüllung des Gesetzes.

18. Mai

Aufklärung

1. Thessalonicher 4,13

Ich will euch aber, Brüder, nicht in Unwissenheit lassen über die Entschlafenen, damit ihr nicht traurig seid wie die andern, die keine Hoffnung haben.

Das ist Aufklärung. Wir leben in einer Zeit, in der die Menschen aufgeklärt werden. Auch Paulus hat schon damals am Werk der Aufklärung gewirkt. Wir merken aber einen großen Unterschied zwischen dem Wirken des Geistes durch die Apostel und der Weltweisheit durch ihre Gelehrten.

Unser Text zeigt uns eine herrliche Folge der apostolischen Aufklärung. Damit ihr nicht traurig seid, wie die andern, das heißt, wie solche, die in Dunkelheit wandeln, weil sie vom Heiligen Geist nicht erleuchtet sind. Paulus hielt mit seiner Lehre nicht zurück, damit sie nicht traurig seien, vielmehr sich freuten.

Freude ist die herrliche Frucht wahrer Erleuchtung. Darum war es auch dem Apostel darum zu tun. Freuet euch alle Wege! Wie groß mag seine Freude gewesen sein, als er in oder außer dem Leibe, Blicke in das große Geheimnis des Leibes Jesu Christi tun durfte. Das suchte er auch hier zu erreichen.

19. Mai

Der einzig zuverlässige Grund

1. Thessalonicher 4,14

Denn wenn wir glauben, dass Jesus gestorben und auferstanden ist, so wird Gott auch die Entschlafenen durch Jesus mit Ihm führen.

Jedes Haus, das gebaut wird, braucht einen festen Grund, auf dem es stehen kann, um nicht zusammenzubrechen. So verhält es sich auch mit dem Bau des Hauses Gottes, sowohl des Leibes Jesu Christi, als auch jeder einzelnen Seele. Diese Bauten brauchen einen festen Grund, denn sie werden für die Ewigkeit aufgerichtet. Wo ist aber nun ein Grund, der bestehen wird, wenn Himmel und Erde vergehen werden?

Unser Text nennt ihn uns. Die Rede ist hier von der Entrückung des Hauses Gottes, der Grund für dieselbe ist das Sterben und die Auferstehung Jesu Christi. Dieser Grund hält stand.

Das lehrt uns klar 1. Korinther 15. Da zeigt der Apostel die ganze Haltlosigkeit des Baues ohne Grund. Ist Christus nicht auferstanden, dann gibt es auch keine Auferstehung von den Toten (Vers 13); die Predigt der Apostel und der Glaube der Korinther wäre dann vergeblich (Vers 14), sie wären noch in ihren Sünden (Vers 17) und es gäbe keine Hoffnung für die Toten (Vers 18).

Es gibt dagegen die Wiedergeburt durch die Auferstehung Jesu (1. Petrus 1,3), den Glauben durch die Auferstehung (1. Petrus 3,21). Das ist der einzige Grund.

20. Mai

Ein Wort des Herrn

1. Thessalonicher 4,15

Denn das sagen wir euch als ein Wort des Herrn, dass wir, die wir leben und übrig bleiben bis zur Wiederkunft des Herrn, denen nicht zuvorkommen werden, die entschlafen sind.

Die Entrückung des Leibes Christi wird ein sich nicht mehr wiederholendes Ereignis sein. Er selbst, der Herr, wird laut Seinem Wort, herabkommen. Unter vielen anderen Worten über das große Geheimnis, das Paulus offenbart wurde, hatte er auch ein „Wort des Herrn". Wo hatte er das gehört, kannte er den Herrn doch nicht wie die andern Apostel? Das nicht, aber von ihnen hat er es zuerst gehört. „Ich will wiederkommen". So war das Wort des Herrn (Johannes 14,3).

Mehr aber als von den Aposteln empfing er vom Herrn selber (1. Korinther 11,23). Das geschah damals, als er bis in den dritten Himmel entrückt wurde (2. Korinther 12,1-9). Hier hörte er unaussprechliche Worte. Dort enthüllte ihm der Herr das große Geheimnis von der Entstehung bis zur Hinwegnahme der Gemeinde Jesu Christi (Epheser 3,3-4; Kolosser 1,26).

Unser Text handelt von diesem Geheimnis. Bei der Behandlung beruft Paulus sich auf ein Wort des Herrn. Wer so sein Werk baut, baut sicher.

21. Mai

Denn Er selbst, der Herr

1. Thessalonicher 4,16

Denn Er selbst, der Herr, wird mit einem Befehlsruf, mit der Stimme des Erzengels und mit der Posaune Gottes vom Himmel herabkommen.

Das größte und bedeutungsvollste Ereignis in der Geschichte der Menschheit, abgesehen von der Menschwerdung Jesu Christi, ist herbeigekommen: Die Himmelfahrt aller Gläubigen, oder die Entrückung. Aber wer wird sie dorthin bringen?

Wer wird ihnen den Weg zeigen? Ein Erdbewohner kann es nicht, weil niemand den Weg dorthin kennt. Das muss schon jemand von dort sein. Dort gibt es gewaltige Fürsten unter den Engeln, die Gott über die Völker gestellt hat (Daniel 12,1).

Aber wo ist der Fürst über das Volk des Herrn? Gottlob, ja es ist einer da: „Der Fürst aller Fürsten.“ Es ist Derjenige, Der die zu entrückende Gemeinde mit Seinem heiligen und unschuldigen Blut erkauft hat und sie als Fürsprecher vor Gott vertritt. Er ist es auch, Der sie abholen wird. Diese große Sache wird Er keinem anderen überlassen. Es handelt sich ja um die Heimführung seiner Gehilfin für die Ewigkeit. Darüber sagt unser Text: „Denn Er selbst, der Herr.“

22. Mai

Drei Begleiter bei der Entrückung

1. Thessalonicher 4,16

Denn Er selbst, der Herr, wird mit einem Befehlsruf, mit der Stimme des Erzengels und mit der Posaune Gottes vom Himmel herabkommen.

Er selbst, der Herr, wird wiederkommen, aber nicht allein, mit Ihm kommt eine dreifache Begleitung:

1. Ein Feldgeschrei. Solch ein Geschrei machten die Heere, die sich entgegen zogen. „Schwert für den Herrn und Gideon!“ (Richter 7,20). Bei der Entrückung ziehen sich Erzfeinde entgegen: Leben und Tod. Vom Himmel erscheint das Leben mit seinem Gefolge, um dem Tod die in den Gräbern ruhenden Heiligen wegzunehmen.

Vom Feldgeschrei erschreckt, lässt der Tod seine Beute los, worauf die im Herrn Entschlafenen aus den Gräbern kommen und die sterblichen Lebenden zur Unsterblichkeit verwandelt werden. Wenn bei dieser Gelegenheit der Tod auch noch nicht aufgehoben wird, so erfährt er doch eine gewaltige Niederlage. Das Leben dagegen feiert einen gewaltigen Triumph.

2. Die Stimme des Erzengels. Aus dem Zusammenhang der Schrift scheinen unter den Engeln Rangunterschiede zu bestehen. So viel ist klar, dass Gott auch unter ihnen feste Ordnungen hat.

23. Mai

Der Erzengel und die Posaune Gottes

1. Thessalonicher 4,16

Denn Er selbst, der Herr, wird mit einem Befehlsruf, mit der Stimme des Erzengels und mit der Posaune Gottes vom Himmel herabkommen.

Ob es unter den himmlischen Heeren nur einen Erzengel gibt? Das Werk, das dieser Erzengel zu tun haben wird, ist ein einmaliges. Das heißt, dass es sich ein zweites Mal nicht wiederholen wird: Er hat bei der Wiederkunft Christi Ihn zu begleiten und seine Stimme hören zu lassen. Er ist der zweite Begleiter des Herrn, wenn Er zur Entrückung kommt.

3. Die Posaune Gottes. In 1. Korinther 15,52 redet der Apostel auch von einer Posaune und nennt sie die letzte Posaune. Er denkt an die siebente Posaune in Offenbarung 11,15. Zur der Zeit aber, wenn diese blasen wird, ist die Entrückung schon gewesen. Wenn die Stimme des Erzengels nur einmal ruft, dann wäre es wohl annehmbar, wenn auch die Posaune Gottes nur einmal tönen wird.

Die Posaune pflegte man bei verschiedenen bestimmten Veranlassungen zu blasen. Auch hier ist es nicht anders. Am Grabe Lazarus brachte der Ruf Jesu: „Lazarus komm heraus!“ den Verstorbenen aus dem Grabe. Bei der Entrückung wird es das Feldgeschrei, die Stimme des Erzengels und die Posaune Gottes tun.

24. Mai

Siehe, ich komme bald!

Offenbarung 22,7

„Sieh, Ich komme bald. Glückselig ist, wer die Worte der Weissagung in diesem Buch festhält."

Offenbarung 22,12

„Und sieh, Ich komme bald und mein Lohn mit mir, um jedem zu geben, wie es seinen Werken entspricht."

Offenbarung 22,20

„Ja, Ich komme bald. Amen. Ja, komm Herr Jesus!"

Das ist die letzte dreifache Meldung. Viel, sehr viel redet die Bibel vom Kommen des Herrn. Diese drei letzten Stellen fassen alles kurz zusammen und sagen:

1. Es gibt beim Kommen des Herrn eine Seligkeit für alle, die die Worte der Weissagung halten. In Kapitel 1,3 werden die Leser und Hörer schon seliggepriesen. Das erfahren auch wir. Dann aber, wenn der Herr kommt, werden die selig, die Sein Wort gehalten haben. Halte es jetzt, und du wirst dann selig.

2. Mit dem Kommen des Herrn kommt auch Sein Lohn. So wird der Tag des Herrn zugleich auch der größte Zahltag sein. Wie wird der Lohn einst aussehen? Unser Text antwortet sehr bestimmt: „Zu geben wie seine Werke sein werden." Das gibt Stoff zum Denken und uns ernstlich vor Gott zu prüfen.

3. Das Wörtchen „Ja" ist eine Bestätigung der ersten beiden Stellen. Zu diesem spricht der kommende Herr noch „Amen", d.h. es soll geschehen, also eine wiederholte Bestätigung. „Ja, komm, Herr Jesus", sind die Worte der bereitstehenden, wartenden Gemeinde.

Gehörst zu ihnen?

25. Mai

Zuerst und danach

1. Thessalonicher 4,16b-17a

Und die in Christus Verstorbenen werden zuerst auferstehen. Danach werden wir, die wir leben und übrig bleiben, zugleich mit ihnen in Wolken entrückt werden, dem Herrn entgegen in die Luft.

Alles geht beim Herrn in genauer Reihenfolge. So wird es auch sein, wenn Er kommen wird Seine Gemeinde abzuholen. Kein Durcheinander.

1. Zuerst werden die Toten den Vorzug haben. Wie Lazarus, der schon vier Tage im Grabe gelegen hatte und schon roch, aus demselben herauskam, so werden alle im Herrn Entschlafenen, auch von denen nur ein Häuflein Erde geblieben ist, durch den dreifachen Wecker aufgeweckt werden. In allen Weltteilen und Nationen wird dasselbe gewaltige Wunder stattfinden. Ein Sieg des Lebens über den Tod. Schrecken wird die Totenwelt ergreifen.

2. Danach. Mit dem „zuerst" beginnt ein großes Wunder, wie es unter der Sonne noch keins gewesen ist. Das „danach" vergrößert dieses Wunder, das ebenfalls auf der ganzen Erde und unter allen Völkern eine Anzahl sterblicher Menschen in Unsterblichkeit verwandelt werden. Wunder über Wunder. Aber auch hier hören sie noch nicht auf.

26. Mai

Was weiter?

1. Thessalonicher 4,17a

Danach werden wir, die wir leben und übrig bleiben, zugleich mit ihnen in Wolken entrückt werden, dem Herrn entgegen in die Luft.

Das sagt uns der Schluss des 17. Verses. Es geschehen noch zwei gewaltige Wunder.

Und die Toten in Christus werden zuerst auferstehen. Danach wir, die wir leben und übrig bleiben, werden zugleich mit ihnen entrückt werden in den Wolken, dem Herrn entgegen in der Luft und werden also bei dem Herrn sein allezeit (1. Thessalonicher 4,16-17).

1. Die Hinwegnahme dieser Seligen von der Erde. Sie sind nun wieder zusammen, die der Tod getrennt hatte. In unserem Text heißt es: „Mit ihnen". Und das ist ein neues Wunder. Das wird ein Wiedersehen sein. Die Zeit der Trennung ist zu Ende. Von den Friedhöfen kommen die Auferstandenen, die sich mit den Verwandelten begegnen. Kinder mit den Eltern, Männer mit ihren Frauen usw. Der Transport, die Wolke, steht schon bereit, der sie in die Luft führt, dem Herrn entgegen.

2. Wir werden bei dem Herrn sein allezeit. Bei dem Herrn! Gibt es wohl noch etwas Höheres? Ist das bei dem Herrn sein nicht viel mehr der Höhepunkt der Wunder? Ein Erdenwurm bei dem Schöpfer der Herrlichkeit! Wird die Verbindung der durch den Tod Getrennten schon selig sein, wie viel köstlicher wird erst die Verbindung mit dem sein, mit welchem wir durch die Sünde getrennt wurden! Bei dem Herrn immerdar! Kein Auseinandergehen gibt es dort mehr. Wir werden bei dem Herrn sein allezeit.

27. Mai

Gegenseitiger Trost

1. Thessalonicher 4,18

So tröstet euch nun gegenseitig mit diesen Worten.

Wie lieblich ist in bangen Stunden der Leiden, Anfechtungen und Versuchungen doch ein liebliches Trostwort! Das wissen alle Gotteskinder aus Erfahrung. „Siehe um Trost war mir sehr bange, aber Du hast Dich meiner Seele herzlich angenommen", sagte ein Gottesmann im Altertum (Jesaja 38,17a). „Der uns tröstete in aller unserer Trübsal", sagte der Apostel Paulus, ein Mann der neueren Zeit (2. Korinther 1,4).

Es gab keine Zeit seit Menschen auf Erden lebten, in der dies Bedürfnis nicht auftrat. Und kein Gotteskind hat es bis jetzt gegeben, das es nicht erfahren hat, dass mit den Leiden und Bangigkeiten Hand in Hand auch der Trost sie begleitet.

Der Apostel spricht nicht nur, dass er getröstet wurde in aller seiner Trübsal, er bezeugt auch mit Freuden, aus welcher Quelle ihm dieser Trost entgegen quoll: „Gott alles Trostes", nennt er sie 2. Korinther 1,3. Auch der Herr Jesus zeigt den Jüngern beim Abschied von ihnen den nie versiegenden Brunnen mit den Worten: „Ich will euch einen andern Tröster senden, der bei euch bleiben wird" (Johannes 14,16).

28. Mai

Der Herr ein Baumeister

Psalm 127,1a

Wenn der Herr nicht das Haus baut, dann arbeiten umsonst, die daran bauen.

Unser Wort zeigt uns hier den Herrn als Baumeister. Als solchen sehen wir Ihn auch an anderen Stellen, zum Beispiel in 2. Korinther 5,1-2 und Hebräer 11,10.

1. Die Häuser, die Er baut. Der Zusammenhang unsres Psalmes deutet auf das Haus und die Ehe hin. Damit begann Er im Paradies. Wie herrlich muss dies Haus gewesen sein, als der erste Ehemann seine Ehefrau begrüßend ausrief: „Das ist endlich Gebein von meinem Gebein und Fleisch von meinem Fleisch." Dies Haus war ein Haus nach Gottes Bild: Rein und ohne Gebrechen und Körperschwäche.

2. Ein anderes Haus zeigt uns der Apostel in Hebräer 3,6 mit den Worten: „Das Haus sind wir." Die Gemeinde Gottes ist dies Haus, wie Paulus in 1. Timotheus 3,15 davon schreibt.

In 2. Korinther 5,1 sehen wir den verwandelten Leib, den unsere Seele einst bewohnen wird, als ein Haus, von Gott gebaut, dargestellt. In Hebräer 11,10 werden wir endlich auf eine ganze Stadt hingewiesen, deren Schöpfer und Baumeister Gott ist.

29. Mai

Der Herr ein Baumeister

Psalm 127,1

Wenn der Herr nicht das Haus baut, dann arbeiten umsonst, die daran bauen.

Wunderbare Bauten haben wir gesehen, die der Herr gebaut hat. Bauten, wie sie keine menschliche Baukunst aufführen kann, wie groß sie auch ist. Zu solchen Bauten muss aber auch passendes Material vorhanden sein. Wir wollen uns dieses noch etwas ansehen:

Material für die göttlichen Bauten:

1. Das Material zum Hause des Ehehauses sind Menschen, wie der Baumeister sie einst schuf, mit denen Er zu arbeiten hat. Da es aber lebendiges Material ist und sich weigern oder fügen kann, hängt auch der Bau viel davon ab.

2. Dasselbe Material gebraucht der Herr auch zum Bau des Hauses, den die Bibel „Gemeinde", „Tempel", „Haus Gottes" nennt. Mit der Bearbeitung dieses Materials hat der sehr geduldige Baumeister viel Mühe, um es zusammenzufügen.

3. Zum dritten Hause nach 2. Korinther 5 wird der große Meister auch kein anderes Material gebrauchen. Es sind die in Christus Entschlafenen und bei Seiner Wiederkunft noch lebenden Gläubigen, die Er durch die Auferstehung und Verwandlung in einem Augenblick dazu herstellen wird.

4. Die Stadt endlich, die aus dem Himmel kommen wird, wird nach Offenbarung 21,2 auch himmlisches Material haben.

30. Mai

Der einzige Grund

1. Korinther 3,11

Denn einen andern Grund kann niemand legen außer dem, der gelegt ist, welcher ist Jesus Christus.

Jedes Gebäude muss, wenn es fest stehen soll, auch einen guten Grund haben. Davon sind auch die Häuser nicht ausgeschlossen, die wir gestern betrachtet haben. Sie alle haben nur einen Grund, den wir in einem dreifachen Gesichtspunkt kurz betrachten wollen. Wir fragen:

1.Wer ist dieser Grund? Unser Text sagt: „Jesus Christus", und fügt hinzu: „Einen anderen Grund kann niemand legen." Petrus antwortet dem Hohen Rat auf die Frage, in wessen Namen der Lahme gesund geworden sei. In dem Namen Jesus Christus von Nazareth, und fügt ebenfalls hinzu: „und ist auch kein anderer Name unter dem Himmel den Menschen gegeben" (Apostelgeschichte 4,12).

2. Wer hat diesen Grund gelegt? Unser Wort sagt „der gelegt ist." Die ganze Bibel, die sich um Johannes 3,16 dreht, bezeugt, „dass Er seinen Sohn gab."

3. Wann wurde der Grund gelegt? Im Projekt vor Grundlegung der Welt. In der Ewigkeit wurde der Plan gefasst, ausgeführt wurde er am Kreuz auf Golgatha, in der Auferstehung und Himmelfahrt.

31. Mai

Der Schönste

1. Johannes 3,2b

Wir wissen aber, wenn Er offenbart wird, dass wir Ihm gleich sein werden; denn wir werden Ihn sehen, wie Er ist.

Psalm 45,3

Du bist der Schönste unter den Menschen.

Vor den Geistesaugen des Psalmisten befindet sich die ganze Menschheit. Er sieht die Unschönen und Schönen, und unter diesen findet er Einen, Der zeichnet sich aus. Er ist der Schönste unter den Schönen. Wodurch?

1. Durch die Holdseligkeit Seiner Lippen (Vers 3). Es sind die Worte, von denen es heißt, dass sie süßer als Honig seien, trösten, aufrichten, erfreuen, überzeugen usw.

2. Durch die Ausrüstung zum Streit (Vers 6). Seine Waffenrüstung ist beides – mächtig und schön (Epheser 6,11-17).

3. Durch die Festigkeit Seines Thrones (Vers 7). Wie fest und schön auch der Thron Salomos gestanden haben mag, so war doch kein Vergleich mit diesem (Psalm 93,2-4).

4. Durch den Wohlgeruch Seiner Gerechtigkeit (Vers 8-9). Nicht nur für das Auge ist Er schön und für das Gehör, schön ist Er auch für den Geruch. Er ist ganz lieblich.

5. Durch den Ihn umgebenden Brautschmuck (Vers 10). Um Ihn die Jungfrauen, zur Rechten die Braut in Gold.

Nicht weniger schön, sagt 1. Johannes 3,2 werden alle sein, die der Schönste entrücken wird, sie werden Ihm gleich sein.

1. Juni

Der Allerverachteste

Jesaja 53,2b-3a

Er hatte weder Gestalt noch Schönheit; wir sahen ihn, aber da war keine Gestalt, die uns gefallen hätte. Er war der Allerverachtetste und von den Menschen verlassen, voller Schmerzen und Krankheit.

1. Korinther 4,9

Es scheint mir aber, dass Gott uns Apostel als die Allergeringsten hingestellt hat, wie dem Tod geweiht. Denn wir sind für die Welt, die Engel und die Menschen ein Schauspiel geworden.

Zwei verschiedene Seiten sahen diese beiden Propheten an ein- und demselben Mann. Hat uns der eine Seine Schönheit gezeigt, so wird uns der andere zeigen, was Ihn verachtet machte.

1. Er hatte sich selbst die Krankheiten und Schmerzen aller Menschen aufgeladen (Vers 4). Das verunstaltete Ihn.

2. Er wurde von Seinen Feinden vor Seinem Tode geplagt und geschlagen. Das trug zur Verachtung bei.

3. Er wurde verwundet und verschlagen durch Geißeln, Dornenkrone, Nägel und Speer. Wo blieb die Schönheit?

4. Der Herr warf unser aller Sünde auf Ihn. Die Sünde eines Menschen kann ihm Gestalt und Schönheit rauben. Er wurde für die ganze Menschheit zur Sünde gemacht. Verachtet.

5. Die grausamen Marter und Qualen raubten Ihm Seine Schönheit, dass sie ihr Angesicht vor ihm verbargen.

6. Angst und Gericht brachten Seinen menschlichen Körper so weit, dass Er niemandem gefiel. Keinen Gefallen.

7. Er starb bei Gottlosen unter Mördern. Mit Jesaja aus der Ferne sahen Ihn viele in der Nähe und sagten von Ihm: „der Allerverachtetste“. Das ist unser Weg.

2. Juni

Wie lange?

Psalm 13,2-3

Herr, wie lange willst Du mich so ganz vergessen? Wie lange verbirgst Du dein Angesicht vor mir? Wie lange soll ich in meiner Seele Sorgen haben und mich täglich in meinem Herzen ängstigen? Wie lange soll sich mein Feind über mich erheben?

Das ist eine sehr bekannte menschliche Klage, die wir im Psalm 13,2-3 vier Mal hören und etwas betrachten. Ihr Inhalt ist ein vierfacher und ist die Erfahrung vieler Gotteskinder, die der Herr nach Zion führt.

1. „Herr, wie lange willst Du mich so ganz vergessen?" So klagte einst David und mit ihm das ganze Volk Israel (Jesaja 43,14). Dass keine Ursache zu solcher Klage vorlag, hat Gott dem Volk Israel, wie auch David bewiesen.

2. „Wie lange verbirgst Du Dein Angesicht vor mir?" So betete auch Habakuk (1,2). Hatten sie und alle, die so beteten, wohl Grund dazu? Was wäre aus ihnen geworden, wenn Gott das getan hätte?

3. „Wie lange soll ich in meiner Seele Sorgen haben und mich täglich in meinem Herzen ängstigen?" Auch zum Sorgen und Ängstigen haben wir keinen Grund, dagegen gibt es ein direktes Wort: „Sorgt nicht" und „Fürchtet euch nicht."

4. „Wie lange soll sich mein Feind über mich erheben?" Ja, das war so, aber wurde es nicht immer wieder von einer mächtigen Hand gedämpft und von David besiegt?

3. Juni

Durch Nacht zum Licht

Psalm 77,7-11

Ich gedenke des Nachts an mein Saitenspiel und rede mit meinem Herzen, mein Geist muss forschen. Wird denn der Herr für immer verstoßen und keine Gnade mehr erweisen? Ist es denn ganz und gar vorbei mit seiner Güte, und hat die Verheißung für immer ein Ende? Hat Gott vergessen, gnädig zu sein, und seine Barmherzigkeit im Zorn verschlossen? Aber doch sagte ich: Ich muss das erleiden; dass sich die rechte Hand des Höchsten so ändern kann.

Asaph war es, aus dessen übervollem Herzen einst diese Worte kamen. Viele, sehr viele Gotteskinder haben in ihnen ihr eigenes Leid gesehen, aber auch denselben Trost gefunden. Nicht immer war es so bei ihm, das sagt uns sein Saitenspiel, an das er sich des Nachts erinnert. O, diese Nächte im Leben der Gläubigen, wenn sie mit ihrem Herzen reden und ihr Geist forscht. Das Resultat dieser Unterredung war entsetzlich: Ewige Verstoßung und Abwendung der Gnadenerweisungen, ein Ende mit Seiner Güte und Seinen Verheißungen, Gott hat vergessen gnädig zu sein und die Barmherzigkeit in Zorn verwandelt.

Ja, das ist Nacht, dunkle Nacht. Kennst du sie auch? Dabei darf es aber nicht bleiben. Höre nur weiter und lerne von Asaph zweierlei:

1. Ich muss das erleiden. Dieser Vers beginnt wieder mit einem Selbstgespräch: „Aber doch sagte ich."

2. Sprich auch du mit dir selbst und muntre dich auf vor Gott stille zu sein, denn die rechte Hand des Höchsten kann alles ändern. Dass ist das, was du hier von Asaph lernen kannst: „Gottvertrauen".

4. Juni

Warten

Sprüche 10,28

Das Warten der Gerechten wird Freude werden; aber die Hoffnung der Gottlosen wird verloren sein.

Die ganze Welt ist ein Wartesaal und alle Menschen sind Wartende. Das zeigt uns auch dies Bibelwort. Es redet vom Warten der Gerechten und der Hoffnung der Gottlosen.

Wir betrachten das Warten der Gerechten. Zuerst sehen wir, worauf sie sich dabei gründen. Abraham hielt sich dabei an die Zusagen des Herrn (Hebräer 11,8-10). Petrus wartete auf einen neuen Himmel und eine neue Erde nach seiner Verheißung (2. Petrus 3,13).

Das Wort Gottes mit seinen vielen Verheißungen ist auch unser Grund, der uns zum Warten gegeben ist. Und der steht sicher und wird fest bleiben, wenn es auch stürmt. Darum wird auch die Folge des Wartens der Gerechten Freude sein.

„Fließen auch oft noch Tränen, ist doch mein Sehnen, bei Dir zu sein.“ Das ist Freude!

5. Juni

Hoffnung der Gottlosen

Sprüche 10,28

Das Warten der Gerechten wird Freude werden; aber der Gottlosen Hoffnung wird verloren sein.

Der Gottlosen Hoffnung. Hat denn der Gottlose auch eine Hoffnung? Hier steht es. Und heißt es nicht: „Hoffnung lässt nicht zu Schanden werden?“ Ja, so heißt es und das wird auch so bleiben. Aber so sicher bleibt auch unser Wort: Der Gottlosen Hoffnung wird verloren sein.

Warum? Vor allen Dingen deshalb, weil es keine lebendige ist, die nur die Wiedergeburt gibt (1. Petrus 1,3). Sie haben also eine tote Hoffnung. Es sind ihre eigenen Meinungen, Wünsche und Pläne, aus denen sie sich etwas versuchen aufzubauen und dann sagen: „Wir hoffen doch auch selig zu werden.“

Viele werden es in dieser Zeit noch erleben, wie ihre Hoffnung zu Schanden werden lässt und sich umkehren zu Jesus. Und noch mehrere werden dort mit Schrecken und Entsetzen ihre Hoffnung zusammenbrechen sehen. Zu spät.

6. Juni

Mangel und Überfluss

2. Korinther 8,14

So helfe euer Überfluss in dieser Zeit ihrem Mangel ab, damit auch ihr Überfluss danach eurem Mangel abhilft und so ein Ausgleich geschieht.

Unser Text redet von zweierlei: Mangel und Überfluss. Diese zwei finden wir auch an anderen Stellen der Bibel nebeneinander: Reiche und Arme (5. Mose 15,7-11, Prediger 5,12). Wenn wir sie nun etwas näher betrachten, dann fragen wir uns:

1. Wer hat sie zusammengestellt? Es ist ein Irrtum, wenn man meint, dass das die Folge eigenen Wirkens ist. So werden Mangelleidende oft darüber beschuldigt. Liegt nicht alles an Gottes Segen, der dem einen Überfluss und dem andern Mangel gibt?

2. Wozu sie zusammengestellt sind? Wie wenig wird über diese Frage nachgedacht! Der im Überfluss Lebende meint ihn für sich verbrauchen zu dürfen, der Arme dagegen leidet. Unser Text sagt, sie sind da, um sich auszuhelfen.

3. Auf wie lange sind sie zusammengestellt? Alles hat auf Erden seine Zeit, auch diese Zusammenstellung hat ein Ende. Es ist der Moment, wenn auf Erden Überfluss und Mangel für immer aufgehoben sein werden. Helft euch aus, ehe es zu spät ist!

7. Juni

Ohne Ihn nichts – mit Ihm volle Genüge

Johannes 10,10b

Ich bin gekommen, damit sie das Leben und volle Genüge haben sollen.

Wieder eine Gegenüberstellung, doch die ist unvergleichlich größer. Zwei Worte aus dem Munde Jesu zeigen uns zwei verschiedene Lebenslagen, in welcher sich die ganze Christenheit befindet.

1. Ohne Ihn könnt ihr nichts tun. Die ganze Menschheit teilt sich in zwei Lager: in solche die ohne Jesus leben und solche, die mit Ihm sind. Was ist der Grund, dass so viele ohne Jesus sind?

Viele wissen von Ihm nichts und leben deshalb ohne Gott in der Welt (Epheser 2,2). Andere verwerfen Ihn, wie es die Juden vor Pilatus taten. Andere wollen nicht, dass „Dieser über uns herrsche". Alle diese armen und elenden Menschen können, haben und sind nichts.

2. Es gibt ein anderes Lager, wo Überfluss herrscht. Es sind die Leute, die Leben und volle Genüge haben. Mit Ihm können, haben und sind sie alles. Sie sitzen an reich gedeckten Tischen (Psalm 23,5) und sind gekleidet in köstliche Leinwand (Offenbarung 19,8). Ihnen gehören die Verheißungen Gottes (2. Petrus 1,4). Die volle Waffenrüstung steht ihnen zur Verfügung (Epheser 6,10.19) und vieles mehr. Herrlich!

8. Juni

Die Ehre Gottes und Seiner Hände Werk

Psalm 19,2

Die Himmel erzählen die Ehre Gottes, und das Firmament verkündet das Werk seiner Hände.

Das sind die gewaltigen Prediger. Für sie muss man aber einen besonderen Sinn haben, um ihre Sprache zu verstehen und zu vernehmen. Es ist der sechste Sinn, den uns der Sohn Gottes gegeben hat, zu erkennen den Wahrhaftigen (1. Johannes 5,20).

Indem wir diese Prediger anschauen, erinnern wir uns an einige große Wahrheiten.

1. Wer sind sie? Unser Text sagt es uns: Die Himmel und das Firmament. Wenn sie sich auch hoch über uns befinden, sind sie doch nicht unvernehmbar für uns. Wer sandte sie? Die Antwort gibt uns 1. Mose 1,6-8.

2. Er gebot ihnen und sie standen da. Auch heute noch stehen sie da. Ihr Gewand ist klares Blau und auch schweres Dunkel.

3. Was ist der Inhalt? Die Ehre Gottes, das geht ihnen über alles. Das Werk Seiner Hände. Nichts von sich selber. Ein Vorbild für alle Prediger.

„Mich ruft der Baum in seiner Pracht. Mich ruft die Saat, hat Gott gemacht. Gebt unserm Gott die Ehre!“

9. Juni

Ein Schall ohne Laut

Psalm 19,4-5

Ein die ganze Welt durchdringender Schall ohne Stimme und Worte. Ohne Sprache und ohne Worte; unüberhörbar ist ihre Stimme.

Ist es möglich einen Schall ohne Laut, ohne Stimme und Worte durch die Welt zu senden? Ja, da ist möglich, weil uns das die Bibel sagt. Nicht alle hören leider denselben. Warum nicht?

1. Weil sie ihn nicht hören wollen. Sie sind vom Lärm dieser Welt umgeben und finden in demselben so viel Reizendes und Interessantes, dass sie weiter nichts wollen. Den Schall, der durch die herrliche Schöpfung ertönt, brauchen sie nicht.

2. Weil sie ihn nicht kennen. Wer am Radio nicht die richtige Welle einstellt, kann die schönen Lieder und segensreichen Ansprachen und Vorträge nicht hören. Wo ist die Welle, die man einstellen muss, um diesen lieblichen Schall zu hören? „Der Herr lässt sich hören bis ans Ende der Welt" ist die sicherste Antwort (Siehe Jesaja 62,11a). Jesus ist es, und nur Er allein, durch Den wir die herrliche Pracht in der Schöpfung merken.

3. Der Hauptgrund, warum so viele Menschen taub sind für den Schall ohne Worte und Stimme, ist der, dass sie den alleinigen Schöpfer nicht anerkennen.

10. Juni

Elias Auftreten vor das Volk

1. Könige 18,21

Da trat Elia zu allem Volk und sagte: Wie lange hinkt ihr auf beiden Seiten? Ist der Herr Gott, so folgt ihm nach; ist es aber Baal, dann folgt ihm nach. Und das Volk antwortete ihm nichts.

Lange genug hatte sich Elia auf Gottes Befehl verborgen gehalten. Nun kam das Kommando: „Gehe hin und zeige dich Ahab!" Das hatte er getan und stand nun vor dem vom König selbst versammelten Volk. Wir betrachten dabei:

1. Sein Auftreten. Da trat Elia zu allem Volk, frei, furchtlos, entschieden, majestätisch, von Gott gesandt und mit Vollmacht versehen. Als ein Herold Gottes trat er auf.

2. Seinem Auftreten war eine tüchtige Ausbildung vorangegangen. Die Schule war eine zweiklassige: der Bach Krith und die Witwe zu Zarpath. Seine Lehrer: Gott der Herr, die Raben und die Witwe. Was er gelernt hat, zeigt obiger Abschnitt.

3. Sein Auftreten brachte das wankelmütige Volk zur Entscheidung und zur entscheidenden Stellung zu Gott mit dem festen und überzeugten Bekenntnis: „Der Herr ist Gott."

4. Durch sein heldenmütiges Auftreten vertrat Elia Gott und Sein Interesse vor den Menschen. Dass er nicht seine eigene Sache vertrat, machte ihn so entschieden.

Wie ist unser Auftreten?

11. Juni

Elias Hintreten vor Gott

1. Könige 18,42

Und als Ahab hinaufzog, um zu essen und zu trinken, ging Elia auf den Gipfel des Karmel, beugte sich zur Erde, tat seinen Kopf zwischen die Knie.

Unter den Vermittlern zwischen Gott und Menschen befindet sich auch Elia. Eben hat er auf dem Berge Karmel vor versammelter Gottesgemeinde des Herrn Sache vertreten, so sehen wir ihn auch schon auf der Spitze des Karmels die Sache des Volkes vor Gott zu vertreten.

1. Wir sehen zuerst den Ort: des Karmels Spitze. Da war vielleicht nur für ihn und seinen Gott Raum. Mehr braucht man dazu auch nicht. Das Kämmerlein ist dieser Ort.

2. Die Stellung Elias auf der Spitze. Auf dem Berg stand er als ein Gesandter Gottes, auf der Spitze liegt er auf der Erde. Sein Angesicht hält er zwischen den Knien, er ist Bettler für sein armes, leidendes Volk.

3. Sein Hintreten brachte dem Volk großen Segen. „Und er betete wieder, und der Himmel gab den Regen", sagt Jakobus 5,18. Das war die selige Folge des Hintretens auf der Spitze des Karmel.

4. Durch sein demütiges Hintreten vertrat Elia die Interessen seiner Mitmenschen vor Gott. Welche herrliche und große Arbeit aller Kinder Gottes! Tust du sie auch?

12. Juni

In Jesu Nachfolge

Lukas 5,11

Und sie brachten die Boote an Land, verließen alles und folgten Ihm.

Das war ein großer Wendepunkt im Leben des Petrus und der andern Jünger. Ein neuer Abschnitt fing im Leben des Petrus an: Die Nachfolge Jesu. Indem wir dieser seligen Erfahrung von Petrus etwas näher treten, betrachten wir einige sehr wichtige Dinge.

1. Zuerst müssen wir ein wenig das anschauen, was sie verließen. Es war weit mehr als die Netze, die Schiffe und ihre Gesellen. Petrus verließ einen großen Erfolg seiner Arbeit: Noch nie mag er im Leben so ein Glück in der Fischerei gehabt haben. Es war der Höhepunkt seines Wirkens: einige bis zum Sinken volle Schiffe mit Fischen. Wo diese bleiben, kümmerte ihn nicht, er verließ alles.

2. Was brachte ihn dazu? Einmal war es sicher der große Erfolg der Gegenwart. Dann war es vielleicht auch sein sündiges Leben in der Vergangenheit. Zuletzt sicher auch die große Aufgabe für die Zukunft: Menschenfischer zu werden.

3. Das, was Petrus erwählte, war ihm ein noch völlig unbekanntes Los: Jesu Nachfolge. Er verließ sich selbst und vertraute sich Jesus an. Diese Nachfolge brachte ihm zweifachen Ersatz und ewigen Lohn.

13. Juni

Zu Jesus auf dem Wasser

Matthäus 14,28

Petrus aber antwortete ihm: „Herr, bist Du es, dann befiehl mir, auf dem Wasser zu dir zu kommen."

Petrus hatte mit den anderen Jüngern alles verlassen und war dem Herrn Jesus nachgefolgt. Dabei hatte er so manche schöne Erfahrung gemacht, große Wunder gesehen und herrliche Worte aus Jesu Munde gehört. Freude verschiedener Art mag sein Herz oft mit Jubel erfüllt haben. Bei dieser Gelegenheit schrie er vor Furcht und Schrecken.

Auf die bekannte Stimme Jesu hin verließ er das Schiff und betrat das Wasser, um zu Jesus zu gehen. Das war für ihn ein neuer Schritt in der Nachfolge Jesu. Ja, Petrus folgte dem Herrn auch auf dem Wasser, das heißt:

1. Auch da, wo es für ihn neue, unbekannte Wege zu gehen gab. Als er die Nachfolge betrat, ging er auf festem Boden. Auf Jesu Geheiß betrat sein Fuß jetzt einen Boden, auf dem er nur so lange gehen konnte, wie er direkt und fest auf Jesus sah. Andernfalls versank er.

2. Wasser wird in der Bibel oft als Sinnbild der Trübsal gebraucht. So sagen wir, dass er dem Herrn auch auf Trübsalswegen folgte. Ehe er diesen Weg zu gehen begann, musste er an sich völlig zu Schanden werden. Doch da lernte er dem Herrn vertrauen und Ihm auf dem Wasser zu folgen.

14. Juni

Wir predigen

1. Korinther 1,23

Wir aber predigen Christus als Gekreuzigten, für die Juden ein Ärgernis und für die Griechen eine Torheit.

Dies ist ein Wort für Prediger. „Ich bin kein Prediger", sagt mancher, „deshalb ist das nicht für mich." Wir wollen mal sehen.

1. Was ist Predigen? Darauf antworten wir ganz kurz und bestimmt. Predigen heißt, etwas zu verkündigen. Das meinte auch Paulus, als er obige Worte schrieb. Die Bibel redet aber auch von einer Verkündigung, oder sagen wir einem Predigen ohne Worte (1. Petrus 3,1).

2. Wer sind solche Prediger? An vielen Stellen antwortet die Bibel darauf: alle Gläubigen. Wer von den Kindern Gottes diese Worte liest oder hört, ist ein Prediger.

3. Was predigen wir? Paulus sagt: Wir predigen Christus und zwar den Gekreuzigten. Wie kann man davon ohne Worte predigen? Durch einen gereinigten und durch das Blut Christi geheiligten Wandel, den wir in der Welt führen.

4. Wo predigen wir? Überall. Ihr seid Prediger im Hause, vom ersten Schritt, den ihr am Morgen tut, bis zum letzten am späten Abend. Eure Zuhörer, die aufmerksam auf eure Predigt achten, sind eure Hausgenossen. Alle Arbeiter sind Prediger und die Mitarbeiter sind Zuhörer.

15. Juni

Zwei Begegnungen mit Gott

Matthäus 11,28

Kommet her zu mir alle, die ihr mühselig und beladen seid; Ich will euch erquicken.

Amos 4,12

Israel, bereite dich darauf vor, deinem Gott zu begegnen.

Ja, das sind zwei sehr verschiedene Begegnungen mit Gott, die uns das Wort Gottes hier zeigt. Wir werden diese großen, sehr bedeutungsvollen Begegnungen betrachten, in dem wir von der ersten sagen, dass sie eine freudige ist.

Der Herr Jesus ruft und lädt selber alle ein, zu Ihm zu kommen. Jeder darf kommen, niemand wird gezwungen. Dann ist sie mit seligen Folgen verbunden. Alles Schwere und die Seele Quälende ist Jesus bereit abzunehmen, die geknechtete Seele zu lösen, ihr schon hier Ruhe und Frieden zu geben und nach diesem Leben die ewige Seligkeit mit Ihm zu teilen.

Ganz anders verhält es sich mit der zweiten Begegnung. Sie ist vor allem eine gezwungene, von Gott selbst angestellte, ob der Mensch will oder nicht, er muss Gott begegnen. Ja, er muss mit allen seinen vielen und schweren Sünden vor Gott erscheinen. Dafür, dass er sie nicht zu Jesus brachte, Der für sie alle am Kreuze starb, muss er nun mit ihnen in die Hölle fahren, um ewig von ihnen gepeinigt zu werden.

16. Juni

Wir bauen

1. Korinther 3,12-13a

Wenn aber jemand auf diesen Grund Gold, Silber, edle Steine, Holz, Heu, Stoppeln baut, so wird das Werk eines jeden offenbar werden, denn der Tag wird es klar machen.

Alle Prediger sind zugleich Bauleute. Wir leben in einer Zeit, wo viel gebaut wird, wie in der Welt, so auch im Reiche Gottes. Wir bauen das Reich Gottes. Dabei sehen wir:

1. Der Grund, auf den wir bauen. Der ist gelegt und braucht und kann von niemand anderem gelegt werden. Es ist Christus, ein fester, sicherer, ewiger Grund, der allen Strömen und Stürmen trotzt. Darauf können wir bauen.

2. Was bauen wir? Wir bauen das Haus Gottes (Hebräer 3,6). Bald 2000 Jahre wird dieses Haus schon gebaut, es ist beinah fertig. Wir stehen an den letzten Arbeiten. Stehen wir am Werk?

3. Das Baumaterial ist ein zweifaches: Verbrennbares und Unverbrennbares. Zum Ersten gehört alles, was aus eigenen Beweggründen geschieht: Eigene Ehre, Ansehen, Lohnsucht usw.

Zum Material, das die Feuerprobe besteht, gehört alles, was wir nur aus Liebe tun.

4. Ein kurzer Gedanke über den Wert des Werkes. Das Feuer wird es offenbaren. Wer alles in Liebe getan hat, wird gekrönt und empfängt Lohn. Wo die Liebe gefehlt hat, kann auch kein Lohn folgen. Solcher muss mit leeren Händen vor Gott erscheinen.

Wie baust du?

17. Juni

Knechtschaft

Johannes 8,34b

Wer Sünde tut, der ist ein Knecht der Sünde.

Es gab schwere Zeiten der Sklaverei und der Knechtschaft. Wie hart war der Frondienst der Israeliten in Ägypten! Es gibt aber eine viel schwerere Zeit und härtere Knechtschaft, das ist die Knechtschaft der Sünde. Wir sehen:

1. Wie sie entstand. Herrlich geschaffen und völlig frei ging der Mensch aus Gottes Schöpfung und betrat die Laufbahn über die Erde. In Freiheit bewegte er sich im Garten Eden, seinem Aufenthaltsort. Da kam Satan mit einer gewaltigen Kette und band ihn mit Fesseln der Sünde und machte ihn zum Knecht derselben. Als solcher wird er heute noch geknechtet.

2. Gibt es eine Rettung aus dieser Knechtschaft? Ja, gottlob, es gibt eine. Unser Text nennt uns den großen Erretter. Es ist „der Sohn". Mose war treu als Knecht im Hause (Hebräer 3,2) und tat ein großes Werk in der Errettung des Volkes Israel. Jesus dagegen, als Sohn, tat ein weit größeres Werk. Er errettete und befreite die ganze Menschheit.

Gehörst du zu ihnen?

18. Juni

Freiheit

Johannes 8,36

Wenn euch nun der Sohn frei macht, dann seid ihr wirklich frei.

Alles von Gott geschaffene ist zur Freiheit geschaffen und sehnt sich danach, solange es nicht frei ist. Wenn wir an der Freiheit etwas stehen bleiben, unterscheiden wir dreierlei:

1. Wir fragen vor allem, wodurch die Freiheit gebracht wurde. Es gab in der Welt Männer, die als Befreier ausgerufen wurden, die aber keine Freiheit bringen konnten. Da erschien Christus. Er kam als Erretter und Befreier der in Sklaverei der Sünde dahin sterbenden Menschen. Er ist es auch heute noch. Wen der Sohn frei macht, der ist wirklich frei.

2. Wovon musste die Menschheit befreit werden? Zunächst von dem Gesetz. Dies zeigte die Sünde, konnte davon aber nicht befreien. So befreite Er uns von beidem, vom Gesetz und von der Sünde. Er befreite uns vom ersten Tod, indem Er für alle in den Tod ging. Er befreite uns vom vergänglichen Leib, durch Seine Auferstehung mit einem Leib der Herrlichkeit und Macht.

3. Wozu sind wir frei geworden? Paulus sagt in Römer 8,21, dass es für Kinder Gottes eine herrliche Freiheit gibt, nach welcher sich die Kreatur sehnt. Das ist unser Erbteil.

19. Juni

Warum wollt ihr sterben?

Hesekiel 33,11b

Warum wollt ihr sterben, ihr vom Haus Israel?

Es gibt einen zweifachen Tod, also auch ein zweifaches Sterben. Der eine Tod ist ein zeitlicher, denn allen Menschen ist gesetzt einmal zu sterben. Ob wir wollen oder nicht, wir müssen sterben. Unser Text redet aber nicht davon, er redet vielmehr von einem Sterben-wollen.

Gott fragt hier Sein Volk: „Warum wollt ihr sterben?“ Die Menschen schrecken vor dem Tod zurück, sie wollen nicht sterben. So ging es auch dem frommen König Hiskia, dem Jesaja im Auftrag des Herrn ankündigte: „Du wirst sterben.“

Es gibt aber auch Menschen, die suchen den Tod. Solche werden Selbstmörder genannt. Arme Menschen, sie brauchen ja nicht zu sterben, sie wollen aber. Gott will nicht den Tod des Sünders. Durch seine Bekehrung kann jeder leben.

Alle, die sich nicht bekehren, bestimmen sich selbst zum ewigen Tod, das heißt, sie gehen freiwillig in den ewigen Tod. Sind sie da nicht Selbstmörder? Die ganze Hölle wird einst der Ort solcher Leute sein, die sich selbst dahin gebracht haben. Schrecklich! Gott will nicht euren Tod, ihr sollt leben: Warum wollt ihr sterben?

20. Juni

Der Wandel im Licht

1. Johannes 1,7

Wenn wir aber im Licht leben, wie Er im Licht ist, haben wir Gemeinschaft miteinander, und das Blut Jesu Christi, seines Sohnes, macht uns rein von aller Sünde.

Ein Wandel im Licht war Gottes Plan für den Menschen noch ehe Er ihn schuf. Und als Er ihn geschaffen hatte, da setzte Er ihn in den Garten Eden (das bedeutet Wonne), wo er im Licht wandelte. Leider verdunkelte sich dieses durch die Sünde und verschwand für kurze Zeit, wurde aber durch das Licht der Welt wieder hergestellt (Johannes 8,12). Seit jener Zeit ist es wieder möglich im Licht zu wandeln. Dieser Wandel bringt:

1. Gemeinschaft unter Kindern Gottes. Ein Sprichwort sagt: „Gleich und Gleich gesellt sich gern." So ist es mit denen, die im Lichte wandeln. Das Licht zeigt den Wanderern nicht nur den Weg, es verbindet sie auch zu unzertrennlicher Gemeinschaft.

2. Bringt der Wandel im Licht Reinigung von der Sünde? Nicht das Licht reinigt, es deckt nur auf, was verborgen ist. Dann beginnt die Reinigung durch das Blut Jesu Christi, des Sohnes Gottes, von aller Sünde.

Wandelst du im Licht? Danke dafür und bleibe darin.

21. Juni

Ein Wandel in Finsternis

Jesaja 50,10b

Der im Finstern geht und es scheint ihm kein Licht, der hoffe auf den Namen des Herrn und verlasse sich auf seinen Gott.

Auch ein Wandel im Licht führt uns oft in Finsternis und Dunkel. Das ist der Weg, auf dem wir gehen, die wir allein auf Jesus sehen. Diesen Weg gingen alle Heiligen alter und neuer Zeit. Auch der Herr selbst ging ihn, als Seine Seele zitterte und zagte, und Er am Kreuz ausrief: „Mein Gott, Mein Gott, warum hast Du Mich verlassen?" Bis heute wandeln Kinder Gottes in Finsternis ohne Lichtschein. Ihnen gilt eine zweifache Aufforderung, die ihnen das Licht wieder aufgehen lässt.

1. „Der hoffe auf den Namen des Herrn." Die Hoffnung des Christen wird in Hebräer 6,19 mit einem Anker verglichen, der in das Allerheiligste geworfen ist, das heißt in den Namen des Herrn. Diese Hoffnung vertreibt alle Finsternis und bringt Freude und Licht.

2. „Und verlasse sich auf seinen Gott." Was heißt das? Das heißt, von einem andern etwas erwarten, was ich selber nicht kann. Der Herr Jesus sagt: „Ohne Mich könnt ihr nichts tun." Wo das Selbstkönnen aufhört, beginnt das Verlassen auf seinen Gott. Tue es, so wird es Licht!

22. Juni

Nur einen Segen

1. Mose 27,38a

Esau sagte zu seinem Vater: „Hast du denn nur einen Segen, mein Vater? Segne mich auch, mein Vater!"

So klagte Esau um den Verlust des Erstgeburtssegens. Wenn er auch der Erstgeborene war, den der Segen treffen sollte, so sah Gott doch voraus, dass er denselben verwerfen würde und plante, noch ehe die Brüder geboren wurden, Jakob damit zu segnen. Nun half ihm alles Klagen und Weinen nichts, er hatte den Segen des Erstgeborenen und damit auch seine Rechte verloren, weil es nur einen Segen im Gesetz gab. Nur einen Segen. Wie war es gekommen, dass nicht Esau, sondern Jakob diesen Segen erhielt? Lassen wir die Bibel kurz antworten.

1. Gott hielt sich an Seinen gefassten Vorsatz, der in freier Wahl bestand (Römer 9,10-14). Ihm, dem Schöpfer aller Dinge, gebührt es, aus Ton der Menschenmasse Gefäße zu schaffen, wie es Ihm beliebt. So machte Er aus Jakob, dem Letztgeborenen, den Erstgeborenen mit dem Erstgeburtssegen und Esau im Gegenteil.

2. Nicht wenig hatte auch Esau selbst dazu beigetragen, dass er den einzigen Segen nicht erhielt. Weil er das Recht eines Erstgeborenen nicht schätzte, verlor er auch den Erstgeburtssegen, weil es nur einen Segen gab.

23. Juni

Verlorener Segen

Hebräer 12,17

Denn ihr wisst, dass er später, als er den Segen erben wollte, verworfen wurde; denn, obwohl er ihn mit Tränen suchte, fand er doch keinen Raum zur Buße.

Es gibt große Verluste in dieser Welt, die aber durch unseren Fleiß und Gottes Segen wieder zu ersetzen sind. Hier ist ein Verlust, der nie und durch nichts ersetzt werden kann. Es ist das Recht und der Segen eines Erstgeborenen. Dies konnte in einer jüdischen Familie nur einer empfangen. Wenn er auch mit Tränen versuchte, seines Vaters Gesinnung zu ändern, die Sache mit der Einsegnung rückgängig zu machen, der Segen blieb für ihn verloren. Auch alles Weinen half nichts mehr.

Dies ist ein klares Beispiel für eine große Wahrheit. Im Neuen Testament könnte man die Gemeinde als Erstgeborenen hinstellen. Auch sie hat ein Recht auf einen besonderen Segen. Es ist die Entrückung mit der darauf folgenden Vereinigung mit dem Haupt Christus. Viele geben alles für ein Linsengericht der Welt dahin und verlieren einen Segen: Sie bleiben bei der Entrückung zurück und verlieren ihren Platz neben Jesus (Offenbarung 3,20) und ihre Krone (Offenbarung 3,11).

24. Juni

Durchs Herz gehende Worte

Apostelgeschichte 2,37

Als sie das hörten, traf es sie ins Herz, und sie sagten zu Petrus und zu den andern Aposteln: „Ihr Männer und Brüder, was sollen wir tun?"

Spitzen Pfeilen gleich waren die Worte des Heiligen Geistes, durch Petrus geredet, den Juden durchs Herz gegangen. Wenn Gottes Wort durch Menschenherzen geht, kann es nicht still in denselben bleiben, sondern bringt ans Licht, was verborgen liegt. So ging es auch hier. Wir sehen die Folgen:

1. Dieses Wort brachte die Zuhörer in die Enge. Sie sahen, dass sie etwas getan hatten, was ihnen dieses Wort jetzt als ein Verbrechen vorhielt. Sie hatten den von Gott gesandten Messias gekreuzigt. Das war die Wirkung des Wortes, das ihnen wie ein Schwert durchs Herz ging.

2. Dies Wort brachte Reue und Buße mit. Dadurch entstand der feste Entschluss, etwas zu tun. Was sollen wir tun? Diese brennende Frage, die das Wort hervorgerufen hatte, konnte nur durchs Wort gelöst werden, wozu das Volk auch zu Petrus kam.

3. Dieses Wort brachte die Wirkung, dass diejenigen, durch deren Herz es ging, der Anfang zum Hause Gottes wurden (Hebräer 3,6), das bald vollendet dastehen wird. Herrliche Wirkung des Wortes!

25. Juni

Dasselbe Wort, aber eine andere Wirkung

Apostelgeschichte 7,54b

Und sie knirschten mit den Zähnen über ihn.

Es war dasselbe Wort, das die beiden Zeugen Gottes, Petrus und Stephanus predigten, das Wort vom Kreuz. Ihre Predigt hatte einen Inhalt. Sie redeten davon, dass die Juden den Herrn Jesus getötet haben, Den aber Gott auferweckt hat. Die Folgen aber waren sehr verschieden. Wir sehen sie auch hier:

1. Auch hier kamen die Leute in die Enge. Die Worte des Stephanus waren so bestimmt und scharf. Was wird die Folge sein? Das Wort bleibt nie ohne Wirkung, auch hier nicht. Es bewirkte in den Juden Verbitterung, Hass, und Mordgedanken, Blutgier.

2. Statt Reue und Buße wurde das Volk mit dem Entschluss erfüllt, in Rache und Wut Stephanus zu töten. Er wurde zur Stadt hinaus gestoßen und gesteinigt. Entsetzliche Wirkung!

3. Noch eine furchtbare Folge der Predigt des Stephanus war die, dass Israel als Volk das Maß der Sünde füllte. Israel verwarf zum dritten Mal den Herrn. Die erste Verwerfung geschah bei der Wahl eines Königs. Gottes Klage: „Sie haben nicht dich (Samuel), sondern Mich (den Vater) verworfen." Die zweite Verwerfung in Jesus (den Sohn). Die dritte Verwerfung bei der Steinigung Stephanus voll Glauben und Heiligen Geistes (den Heiligen Geist).

26. Juni

Satan als Verkläger

Sacharja 3,1

Und mir wurde der Hohepriester Josua gezeigt, der vor dem Engel des Herrn stand; und der Satan stand zu seiner Rechten, um ihn zu verklagen.

Offenbarung 12,10b

Weil der Verkläger unserer Brüder verworfen ist, der sie Tag und Nacht vor unserem Gott verklagte.

Es ist schwer, oft unerträglich für einen Menschen, der in seiner Nähe jemanden hat, der beständig eine Ursache an ihm sucht, um ihn zu belästigen. So einer ist jeder Christ in der Welt, der von Satan beständig zur Sünde versucht und verführt und dann vor Gott verklagt wird. Obige Bibelstellen zeigen uns für unser Kampfesleben zwei ernste und lehrreiche Bilder:

1. Der unreine Josua und der ihn verklagende Satan. Da stehen sie nebeneinander vor dem Engel des Herrn. Satan steht zur Rechten Josuas. Welche Frechheit! War nicht er die Ursache seiner Unreinheit? Und nun schiebt er alle Schuld auf Josua. So ist die teuflische Tätigkeit.

2. Die andere für uns sehr beachtenswerte Lehre besteht darin, dass Satan sein Werk Tag und Nacht, also ohne Unterbrechung tut, und zwar beides, das Werk der Anklage, auch das Werk der Versuchung zum Fall. Deshalb müssen Kinder Gottes beständig auf der Hut sein. „Satan hat euer begehrt“, sagt Jesus zu Seinen Jüngern.

Der Herr als Erretter

Psalm 109,30-31

Ich will dem Herrn sehr danken mit meinem Munde und ihn rühmen unter vielen. Denn Er steht dem Armen zur Seite, um ihn vor denen zu retten, die sein Leben verurteilen.

Lukas 22,32a

Ich aber habe für dich gebetet, dass dein Glaube nicht aufhört.

Römer 8,34

Christus … der uns vertritt.

Wie schön ist es, in seiner Nähe jemand zu haben, der die Macht hat, nicht nur guten Rat zu erteilen, sondern auch durch die Tat einzugreifen, aus allen schweren Lagen zu retten und jedes Mal für uns einzutreten. Obige Worte zeigen uns solchen. Der Psalmist nennt Ihn Herr, Dem er sehr danken und Den er vor vielen rühmen will. Wir schauen uns Ihn an.

1. Er steht dem Armen zur Seite. Zeigte uns nicht das Bild vom Hohenpriester Josua, dass dieser Platz schon eingenommen ist? (Sacharja 3,1). Ja, das wird ihm erlaubt, wie ihm auch der Zutritt erlaubt wurde, als die Söhne Gottes sich versammelten (Hiob 1,6; 2,1), aber sein Platz ist das nicht, der gehört dem Herrn.

Wir finden hier, wie der Herr für die Seinen eintritt. Er hilft ihnen vor dem, der sein Leben verurteilt und verdammt. Der Arme wird gerechtfertigt und verteidigt und das macht ihn unendlich reich.

Welche Gnade, einen solchen Advokaten beständig zu seiner Rechten zu haben!

28. Juni

Wunderbare Führungen

Psalm 4,4 (Luther 1912)

Erkennet doch, dass der Herr seine Heiligen wunderbar führt.

Unser heutiges Wort redet von einer wunderbaren Führung und fordert auf, das anzuerkennen. Wir treten diesem großen Wort näher, indem wir es unter einem dreifachen Gedanken betrachten.

1. Uns wird hier von der Führung gesagt. Wenn es auch der letzte Gedanke ist, betrachten wir ihn doch zuerst. Was Führung oder Leitung bedeutet, versteht der richtig, der geführt werden muss. Er sieht weder den Weg, noch was sich am Wege befindet. Sich selber mit allem, was er hat und ist, hat er seinem Führer übergeben, der ihn führt.

2. Er führt wunderbar. So kommt es dem wenigstens vor, der sich führen lässt. Einmal zieht ihn der Führer näher zu sich heran, dann schiebt er ihn gerade nach der anderen Seite. Der Führer geht aber ruhig weiter, denn er weiß, dass alles recht ist.

3. Wir schließen mit der Aufforderung: Erkennet! Wer soll erkennen? Alle, die vom Herrn geführt werden. Was sollen sie erkennen? Dass der Herr Seine Heiligen wunderbar führt. Seine Wege sollen uns nicht wunderbar vorkommen, sondern es muss eine tiefe Glaubensüberzeugung bei uns sein: Alles ist recht.

29. Juni

Immer währende Zuflucht

Psalm 90,1-2

Herr, unser Gott, seit Menschengedenken warst du unser Zufluchtsort. Ehe die Berge wurden und die Erde und die Welt geschaffen wurden, bist Du, Gott, von Ewigkeit zu Ewigkeit.

1. Alles in diesem Leben ist dem Wechsel der Zeiten, Umstände und Verhältnisse unterworfen. Für Gottes Volk gibt es jedoch etwas Bleibendes, es ist die nie aufhörende Zuflucht aus aller Vergänglichkeit. Moses nennt auch den Namen dieser Zuflucht. Er ist unser Bergungsort, wohin wir fliehen.

2. Fragen wir nun weiter, wie lange diese Zuflucht schon besteht? So antwortet darauf unser Wort: Ehe denn die Berge wurden usw. Noch war der Mensch nicht da, für den allein die Zuflucht da ist, da stand sie schon bereit, ihn aufzunehmen. Welche Fürsorge des Herrn, der da wusste, wie notwendig der Mensch sie brauchen würde! Und als er sie brauchte, war sie da.

3. Wie lange wird die Zuflucht bleiben, bis sie sich schließt? Sie währt von Ewigkeit zu Ewigkeit. Alles wird vergehen, auch die Menschheit wird nicht mehr sein, aber Du bleibst, sagt unser Text. Welch ein Trost, dass die Zuflucht auch mit dem letzten Menschengeschlecht ausreichen wird! Machst du fleißigen Gebrauch davon?

30. Juni

Der Priester Herz voller Freude

Jeremia 31,14a
Ich will das Herz der Priester mit Freude füllen.

Hier haben wir eins der vielen vielsagenden herrlichen „Ich will“ unsres Gottes. Wir betrachten es kurz.

1. Ich will. Das ist vor allem der Ausdruck eines Entschlusses. Man kann auch sagen: „Ich habe mich entschlossen.“ Auch der Herr fasste für alle Seine Worte feste Entschlüsse. Das tat Er, ehe Er Sein Werk begann.

2. Wir sehen weiter, was der Beschluss enthält. Unser Text sagt es uns: „mit Freude füllen.“ Wir machen uns ja gegenseitig auch Freude, aber die vergeht oft so schnell. Die Freuden, die Er bereitet, bleiben. Er fordert nicht nur auf, sich zu freuen. Er macht sie zuerst.

3. Wir sehen ferner, wem sie gelten. Dem Herz der Priester. Ja, die Priester brauchen Freude. Wer sind diese Priester? Du und ich und alle durch den Heiligen Geist gesalbten Kinder Gottes. Sie sind die Gefäße, die mit Freuden bis an den Rand gefüllt werden sollen.

4. Wir schauen uns sehr flüchtig das Gefäß an, das Gott für diese Freude erwählt hat. Es ist des Priesters Herz, der Mittelpunkt im Menschen. Wie durchs Herz jeder Bluttropfen quillt und den Körper erhält, fließt die Freude durch den Mittelpunkt und belebt alles.

1. Juli

Eine Fülle von Gaben

Jeremia 31,14b

Und mein Volk soll Fülle meiner Gaben haben.

Wie wunderbar hat der Herr doch für Sein Volk gesorgt! „Mir wird nichts mangeln“, sagt David. Und die Jünger antworteten dem Herrn auf die Frage, ob sie je Mangel gehabt haben: „Niemals“ (Lukas 22,35). Wir verweilen heute ein wenig bei diesem Volk, und zwar:

1. Indem wir das Volk selbst kurz betrachten, muss es uns interessieren, was das wohl für ein Volk sei, das der Gaben in Fülle hat. Es muss doch wohl das Volk eines reichen Fürsten sein? Ja, so ist es. Mose überblickt es vor seinem Tode noch einmal und ruft aus: „Wohl dir Israel! Wer ist dir gleich?“ (5. Mose 33,29). Es gab und gibt in der Welt nur ein Volk – das Volk Gottes, des Alten und Neuen Testaments. Gehörst du auch dazu?

2. Und nun noch etwas über die Gaben. Das Wort redet von einer Fülle der Gaben. Wo soll ich anfangen, diese Fülle zu zeigen? Gnade, Vergebung, Glück, Friede, Gewissheit, Trost, Seligkeit, ewiges Leben, Herrlichkeit, Krone, Thron und weißes Kleid. Das ist ein kleiner Teil dieser Fülle. Sie sind für jedermann zu haben, aber nur durch Jesus, die größte der Gaben (Psalm 73,25).

2. Juli

Stille sein

2. Mose 14,14

Der Herr wird für euch kämpfen, und ihr werdet stille sein.

Ein Pfarrer besuchte einst die Schule am Ort. Am Rand saß das vierjährige Töchterlein des Lehrers. „Was lernst du?", fragte der Pfarrer die Kleine. „Ich lerne still sitzen", war die freie Antwort des Kindes. O Kind, du lernst eine große Kunst!

Das Volk Israel, dem obige Worte einst galten, hatte diese Kunst auch noch nicht gelernt. Und du? Wollen wir uns nun einige praktische Lehren für das Stillesein geben lassen?

Was heißt stille sein?

Stille sein heißt nicht schreien. Mose musste das auch lernen. Er schrie, aber der Herr verbot ihm das (Vers 15). Er lernte selber und lehrte auch das Volk.

Stille sein heißt, mit Jesus in Gethsemane immer wieder zu sagen: „Nicht Mein, sondern Dein Wille geschehe" (Lukas 22,42).

Stille sein heißt, zu sagen: „Ja, Vater, denn so gefiel es Dir" (Matthäus 11,26).

Kannst du stille sein?

3. Juli

Stille sein

Jesaja 30,15

Denn so sagt der Herr Herr, der Heilige in Israel: „Wenn ihr umkehrtet und stille bliebet, so würde euch geholfen; in Stillsein und Vertrauen würde eure Stärke sein."

Es ist schön still zu sein, aber noch besser, still zu bleiben. Wie schwer ist es für eine Mutter, die ihr Kind immer und immer wieder beruhigen muss! Viel leichter ist es, ein ruhiges Kind zu haben. Ob es auch auf geistlichem Gebiet solche unruhigen Kinder gibt? Leider ja. Einige beunruhigen sich über die Vergangenheit, über Fehltritte, die sie im Leben begangen haben. Andere werden vom Feind durch Kleinglauben, Zweifel und Anfechtung irgendwelcher Art geplagt. Es geht ihnen wie auf wogendem Meer.

Bald ergreifen sie die vergebende Gnade Gottes und werden still. Bald liegen sie wieder am Boden, die Ruhe und Stille des Herzens sind geschwunden.

Unser Wort sagt uns: „Wenn ihr umkehrtet und stille bliebet, würde euch geholfen werden." „In Stillsein und Vertrauen würde eure Stärke sein." Hilfe und Kraft ist da. Hast du sie? Wenn nicht, prüfe deine Stille vor dem Herrn. Werde und bleibe stille vor Gott und dir wird geholfen werden und du wirst stark sein.

4. Juli

Wer will verdammen?

Römer 8,34

Wer will verdammen? Christus ist es, der gestorben ist, ja vielmehr, der auch auferweckt ist, der zur Rechten Gottes ist und uns vertritt.

Es handelt sich schon am Anfang dieses Kapitels um ein Verdammungsurteil, das jemand versuchen wollte über die zu fällen, die in Christus Jesus sind. Aber das geht nicht. Warum nicht?

1. Christus ist es, Der gestorben ist. Wie viel ist immer noch im Leben und Wandel der Gläubigen zu wünschen! Das sieht niemand so gut, wie der Satan, der sie dann verdammt. Kommt er damit Christus zuvor? Christus ist schon lange für sie gestorben. Satan kommt immer zu spät.

2. Christus ist für sie auferweckt. Satan bleibt im ewigen Tode und meint auch die Heiligen dazu verdammen zu können. Und wieder kommt sein Verdammungsurteil zu spät, denn Christus hat durch Seine Auferstehung für sie den ewigen Tod überwunden. Er ist auferweckt.

3. Christus, der zur Rechten Gottes ist und uns vertritt. Was wird es Satan helfen, wenn er mit seinem Verdammen bis vor Gott Zutritt erhält. Dort trifft er wieder mit Christus zusammen, der zur Rechten Gottes ist und uns vertritt. Wer will verdammen? Christus ist für uns, und wir können ruhig sein.

5. Juli

Wer will verdammen?

Johannes 5,45

Ihr sollt nicht meinen, dass ich euch vor dem Vater verklagen (verdammen) werde, es ist einer, der euch verklagt, Mose, auf den ihr hofft.

Nicht um anzuklagen war Jesus in die Welt gekommen, sondern um zu suchen und selig zu machen, was verloren ist. Und als Er das getan hatte, setzte Er sich zur Rechten des Vaters, um für alle Erlösten zu bitten. Den Juden aber, die nicht an Ihn glaubten, sagte Er, dass sie dort einen Verkläger haben: Mose, oder gemeint ist das Gesetz.

Das ist die traurige und ernste Lage aller derer, die nicht in Christus Jesus sind. Kein Mensch kann durch des Gesetzes Werke gerecht werden. Nicht nur das, worauf sie hoffen, wird sie verklagen. Wie grausam und ohne jegliches Erbarmen klagt das Gesetz an! Da heißt es zuerst: „Du sollst" und „du sollst nicht". Das ist sehr hart.

Es kommt aber noch härter, wenn die Anklage, Verdammung und Verurteilung kommt: „Verflucht ist jeder, der nicht bleibt in allem, was geschrieben steht" (Galater 3,10b). Nur Jesus errettet. Er ist des Gesetzes Ende. Wer steht für dich ein, Jesus der Fürsprecher, oder Mose, der Verkläger?

6. Juli

Wer will verdammen?

1. Johannes 3,21 (Luther 1912)

Ihr Lieben, so uns unser Herz nicht verdammt, so haben wir eine Freudigkeit zu Gott.

1.Johannes 3,20 (Luther 1912)

Dass, so unser Herz verdammt, Gott größer ist, denn unser Herz und erkennt alle Dinge.

Unser eignes Herz ist im Stande, uns zu verdammen. Auch unser Text sagt davon. Es heißt in demselben, dass unser Herz uns verdammt, aber auch nicht verdammt. Wir schauen beides etwas näher an.

1. „Ihr Lieben, so uns unser Herz nicht verdammt". Das ist das schönere und deshalb nehmen wir diesen Vers zuerst. Ja, das ist wirklich schön, wenn uns unser Herz in Ruhe lässt. Die Folge davon ist, dass wir eine Freudigkeit zu Gott haben. Wir schauen Ihm frei in die Augen, bringen Ihm mit Freuden unsre Anliegen und sagen Ihm im Vertrauen alle unsere Bitten im Gebet.

2. „so uns unser Herz verdammt." Das ist entsetzlich. Die Selbstbeschuldigung und Selbstanklage ist immer schrecklich. Es ging dabei so weit, dass einige dadurch in die Verzweiflung getrieben wurden. Dagegen gibt es aber ein sicheres Mittel. Hier ist es: Gott ist großer als das Herz und Er weiß alles. Er weiß, wie alles so weit gekommen ist, unsre Reue, unsre Buße und gibt Hilfe in unserer furchtbaren Lage. Wer will verdammen?

7. Juli

Sie werden verdammen

Matthäus 12,41-42

Die Männer von Ninive werden auftreten im Gericht mit diesem Geschlecht und werden es verdammen, denn sie taten Buße nach der Predigt von Jona. Und seht, hier ist mehr als Jona. Die Königin vom Süden wird auftreten im Gericht mit diesem Geschlecht und wird es verdammen, denn sie kam vom Ende der Erde, um Salomos Weisheit zu hören. Und seht, hier ist mehr als Salomo.

Alle Versuche die Gläubigen zu verdammen müssen scheitern, solange sie an den Felsen, Jesus Christus, stoßen, der die Seinen vertritt. Hier haben wir Worte aus Dem Munde, der sie rechtfertigt, die sehr bestimmt sagen: sie werden verdammen.

Wer wird verdammen? Die Königin aus dem Süden und die Niniviter, die weniger Gelegenheit hatten, das Wort zu hören, als dieses Geschlecht. Auch weniger Verantwortung.

2. Wen werden sie verdammen? Die Zeitgenossen Jesu, die mehr Gelegenheit hatten das Wort nicht nur zu hören, sondern auch zu sehen. Die Verantwortung ist größer.

Das Verdammen durch Satan, Gesetz und eigenes Herz geschieht in der Gnadezeit und wird von Jesus verteidigt, jene verdammen am Jüngsten Gericht (Offenbarung 20,12). Da ist keine Verteidigung.

8. Juli

Hinken auf beiden Seiten

1. Könige 18,21

Da trat Elia zu allem Volk und sagte: „Wie lange hinkt ihr auf beiden Seiten? Ist der Herr Gott, so folgt ihm nach; ist es aber Baal, dann folgt ihm nach."

Unser Wort redet von Leuten, die auf zwei Seiten hinken. Was wir darunter verstehen, sagen uns die folgende Ausdrücke des Propheten Elia: Nachfolger des Herrn (folgt Ihm nach) und Nachfolger des Baals (folgt ihm nach). Nach den Worten des Propheten versuchte Israel beides. Er zeigte dem Volk nicht so sehr die Unmöglichkeit davon, das tat das Leben selber. Dafür war aber die Frage so viel bestimmter: Wie lange wollt ihr das noch tun?

Wir schauen uns kurz diese beiden Ideale an, von denen jeder Mensch sich eins erwählt hat, damit er ihm nachwandelt. Elia nennt sie: Gott und Baal.

Gott. Vor unsern Geistesaugen steht Er, wie Ihn das Buch aller Bücher, das Buch der herrlichen Schöpfung und das Buch der Menschengeschichte nicht herrlicher, größer und mächtiger schildern kann. Wie Er uns durch Jesus Christus in Seine Nachfolge berufen und aufgenommen hat.

Baal. Ein elendes hilfloses Wesen, das aus vergänglichem Material gemacht wurde, dem einige ihr Leben weihten. Bis heute sind sie vertreten.

Der Gott des Himmels und der Gott der Welt. Versuchst du beiden zu folgen?

9. Juli

Erhobene Stimmen

Lukas 17,13
Und riefen mit lauter Stimme: „Jesus, Meister, erbarm dich über uns!"

Apostelgeschichte 4,24
Als sie das hörten, erhoben sie ihre Stimme einmütig zu Gott und sagten …

Das war allezeit so, ist jetzt so, und wird so bleiben, dass Menschen ihre Stimme zu Gott erheben, bis ihre Stimmen verstummen werden. Unsere Worte zeigen:

1. Wer es war, die ihre Stimmen erhoben. Es waren zehn aussätzige Männer. Ein Bild der Sünde. Erhobene Stimmen von Sündern: „Gott sei mir Sünder gnädig!" (Lukas 18,13). „Herr, denke an mich, wenn Du in Dein Reich kommst!" (Lukas 23,42). Es war eine ganze Gemeinde. Alle dürfen ihre Stimme erheben, Gläubige und Ungläubige. Auch du.

2. Die Gründe, dass sie ihre Stimme erhoben. Es waren hauptsächlich zwei Gründe. Bei den Aussätzigen war es ein äußerer: ihre Gesundheit. Bei den Gläubigen war es ein Grund wegen der Reichsgottessache. Jede Lage, geistlich oder leiblich, dient uns zum Ansporn des Gebets.

3. Die Folgen davon, dass sie ihre Stimmen erhoben. Auch sie waren zweifach. Die aussätzigen Männer wurden voll und ganz erhört. Den Gläubigen gab der Herr viel mehr, als sie gebeten hatten (Epheser 3,3-12). Eine sich bewegende Stätte, eine neue Geistesfülle waren Gegenstände, die ihnen über Bitten verliehen wurden (Apostelgeschichte 4,31).

Köstliche Dinge

Psalm 92,2

Das ist ein köstlich Ding, dem Herrn zu danken, und deinem Namen Lob zu singen, Du Höchster.

Hebräer 13,9b

Denn es ist ein köstlich Ding, dass das Herz gefestigt wird, was durch Gnade geschieht.

Viel Köstliches gibt es auf Erden, an welchem die Menschen sich freuen. Hier haben wir zwei köstliche Dinge, für die sich nur wenige interessieren. Es sind:

1. Dem Herrn zu danken. Darunter verstehen wir zunächst, für empfangene Wohltaten dem Herrn persönlich zu danken, wie einer der zehn Aussätzigen. Seinem Namen Lob zu singen ist das, was der Leidensgenosse der Aussätzigen tat, als er hinging und überall davon redete, was ihm durch Jesus geschehen war. Beides ist köstlich, weil dadurch der Name des Herrn durch schwache Geschöpfe, die aber die Kraft Gottes erfahren haben, geehrt wird.

2. Das andere köstliche Ding ist ein gefestigtes Herz. Das Gegenteil davon ist ein wankendes Herz. Das Herz ist der Mittelpunkt im Menschen, so spielt ein gesundes Herz eben auch eine große Rolle im Leben. Den Mittelpunkt des geistlichen Lebens nennt die Bibel Herz. Ein gesundes Herz im Natürlichen gleicht einem festen Herzen im Geistlichen, und das ist die einzige Garantie für ein festes Glaubensleben.

Hast du es?

11. Juli

Nur ein Name, der selig macht

Apostelgeschichte 4,12 (Luther 1912)

Und ist in keinem anderen Heil, ist auch kein andrer Name unter dem Himmel den Menschen gegeben, darinnen sie sollen selig werden.

In diesem Namen allein liegt Heil und Seligkeit, die wir hier unter vier Punkten betrachten wollen:

1. Heil und Seligkeit ist von Gott geplant. Lange bevor der Mensch in Sünde, Tod und Verderben fiel, war Gottes Heilsplan zur Seligkeit der gefallenen Menschheit fertig und wartete auf den Moment der Verwirklichung. Ewiger Plan und gewaltiger Ratschluss Gottes, du zeigt uns die Größe der Vollendung!

2. Heil und Seligkeit von einem heiligen Himmelsboten angekündigt (Matthäus 1,21). Ein Engel sagt es dem Joseph, dass im Namen Jesus die Seligkeit Seines Volkes liegt, ja die Errettung der ganzen Menschheit. O wunderbarer Name Jesus!

3. Heil und Seligkeit wurde und wird verkündigt durch schwache, aber in Christi Blut gereinigte Boten auf Erden. Zu ihnen gehören alle Gläubigen mit ihren verschieden Gaben und Aufgaben. Du auch.

4. Heil und Seligkeit durch den Namen Jesus erlangen und empfangen alle verlangenden Seelen, die bereit sind, die Welt und ihre Lust fahren zu lassen und Jesus zu folgen, Der sie zur ewigen Seligkeit führt.

12. Juli

Erlösungsfreude

Lukas 21,28

Wenn aber dieses anfängt zu geschehen, dann blickt auf und erhebt eure Häupter, weil sich eure Erlösung naht.

Ein Christ hat viel Grund, sich hier schon von Herzen zu freuen. Während die Welt in ihrer vermeintlichen Freude in ewige Trauer versinkt, jubelt der Christ durch kurze Traurigkeit einer ewigen Freude entgegen. Diese beginnt in dem Augenblick, wenn die zeitliche Trübsal aufhört. Das gibt dann einen großen, seligen und herrlichen Wechsel. Diesen Wendepunkt nennt der Herr Jesus in unserem Text „Erlösung" und fordert auf, sich darauf zu freuen. Erlösungsfreude.

1. Wer führt sie herbei? Das kann nur Einer, nämlich Der, Der sie hergestellt und errungen hat. Nur Er, Der große Erlöser, konnte das. Dabei trauerte und zagte Er (Matthäus 26,37). Seine Seele war betrübt bis an den Tod (Matthäus 26,38), weil auch Gott Ihn verlassen hatte. So wurde sie vollbracht.

2. Weiter sehen wir die Größe der Erlösung an. Wie unendlich groß muss die Gebundenheit gewesen sein, dass nur Er die Erlösung herbeiführen konnte und wie unendlich herrlich wird die Freiheit der Kinder Gottes sein, dass nur der ewige Sohn sie herstellen konnte!

13. Juli

Zukunftsfreude

1. Petrus 1,8 (Luther 1912)

Welchen ihr nicht gesehen und doch lieb habt, und nun an ihn glaubet, wiewohl ihr nicht sehet und werdet euch freuen mit unaussprechlicher und herrlicher Freude.

Oft hört man den Ausdruck: Die Vorfreude ist die sicherste Freude. Wenn das auch stimmt, so ist es hier doch nicht anwendbar, weil Petrus von einer Freude spricht, in welcher wir uns noch einmal freuen werden, die also noch in der Zukunft liegt. Diese Freude ist:

1. Eine unaussprechliche Freude. Das ist eine Freude, die mit menschlicher Sprache nicht zu schildern ist. Menschenkunst, so hoch sie auch steigt, kommt doch dahin, dass sie nicht weiter kann. So verhält es sich mit der Zukunftsfreude. In solche Lage wurde einst Paulus entrückt (2. Korinther 12,2-4), wobei er etwas vom Unaussprechlichen wahrnahm. Der Zeitpunkt rückt immer näher und wir werden uns freuen. Dann wird unser Mund voll Lachens und unsere Zunge voll Rühmens sein (Psalm 126,2).

2. Es wird auch eine herrliche Freude sein. Wie sollte es auch anders sein? Unser Wort sagt, dass wir den Herrn nicht sehen und doch glauben, das ist schon Freude. Wie herrlich wird erst die Freude sein, wenn wir Ihn (1 Johannes 3,2-3) und seine Herrlichkeit (Johannes 17,24) sehen werden.

14. Juli

Ununterbrochene Freude

Philipper 4,4

Freut euch zu jeder Zeit im Herrn, und noch einmal sage Ich: Freut euch!

In dem Fruchtkorb in Galater 5,22 steht auch die Freude. Sie wächst da, wo allein alle Geistesfrucht entsteht, auf dem Boden des eigenen Sterbens, d.h. auf Golgatha. Wir nennen sie eine ununterbrochene, also eine, die nie und durch nichts aufhört.

1. Weil sie ihren Ursprung in der Ewigkeit hat. Alles, was aus der Ewigkeit kommt, trägt auch einen ewigen Charakter. So auch die Freude: sie trägt ein himmlisches Kleid. In diesem Gewand wohnt sie in den Herzen, Wohnungen und Gemeinden solcher Menschen, die oft von Traurigkeit umgeben sind und mit ihr zu kämpfen haben, sie aber überwinden. So bleibt die Freude ununterbrochen und geht in den Herzen immer wieder auf (siehe Psalm 97,11). Wahre Freude schwindet nicht.

2. Ein weiterer Grund, dass die Freude eine bleibende ist, ist der, dass wir unzählige Beweise in der Bibel dafür haben. Ist sie aber nicht da, so fehlt die Selbstprüfung.

3. Die Märtyrer, die mit Freuden alle Leiden getragen haben und dann lobend und preisend in den Tod gingen, sind ein weiterer Beweis dafür, dass man sich allewege freuen kann, so lange, bis wir zur ewigen Freude kommen.

15. Juli

Ewige Freude

Jesaja 35,10

Die Erlösten des Herrn werden wiederkommen und mit Jauchzen nach Zion kommen, ewige Freude wird über ihrem Haupte sein; Freude und Wonne werden sie ergreifen, und Schmerz und Seufzen werden entfliehen.

Ununterbrochene Freude genießen wir hier schon, aber um von der ewigen Freude ergriffen zu werden, müssen wir zuerst nach Zion gelangen. Wir betrachten die ewige Freude.

1. Zuerst fragen wir: Wem wird sie zuteil? Antwort: Den nach Zion gekommenen Erlösten. Hier trugen sie Erlösungsfreude im Herzen, dort wird sie ihr Haupt zieren. Hier freuen sie sich allewege, selbst wenn auch die Augen tränen und das Herz blutet, was sie daran erinnert, dass sie noch in Trübsal und Leiden sind, wo auch die schönsten Freuden noch keine ewigen Freuden sind. Dort werden ihre Häupter mit ewiger Freude gekrönt. So gibt es unter den Kronen auch eine Freudenkrone (Philipper 4,1; 1. Thessalonicher 2,19-20).

2. Was macht die Freude dort zu einer ewigen? Einmal, dass sie wie die Liebe nimmer aufhört. Aber das nicht allein. Unser Text nennt uns noch einen Grund. Freude und Wonne werden sie ergreifen. Hier wird der Christ aufgefordert, sich zu freuen, was oft Mühe mit sich bringt; dort wird er von der Freude ergriffen. Zur ewigen Freude wird sie auch dadurch, dass Schmerz und Sorgen, die es in der Ewigkeit nicht gibt, entfliehen.

16. Juli

Eine erhöhte Schlange

4. Mose 21,8

Da sagte der Herr zu Mose: „Mache dir eine eherne Schlange und richte sie an einer Stange hoch auf. Wer gebissen ist und sieht sie an, der soll leben."

Johannes 3,14

Und wie Mose in der Wüste eine Schlange erhöht hat, so muss der Menschensohn erhöht werden.

In 1. Korinther 10,9 schreibt Paulus, dass das Volk den Herrn versucht habe, worauf Gott feurige, oder giftige Schlangen unter dasselbe kommen ließ. Worin die Versuchung bestand lesen wir in 4. Mose 21,4-9. Das Volk war mit den Wegen Gottes nicht zufrieden, und murrte wider Ihn und Mose, dass sie sie aus Ägypten geführt hatten. Dafür kam die Schlangenplage.

Wieviel weniger Plagen, Not und Trübsal würde es vielleicht geben unter Gottes Volk, wenn die Gläubigen mehr vertrauen und dem Herrn folgen würden. Es ist noch gut, wenn die Plage sie zu Gott treibt. So geschah es hier, das Volk kam zu Mose und er richtete ein Zeichen zur Errettung auf.

Hätte Gott nicht die Plage ohne ein Zeichen wegnehmen können, wie die Plagen in Ägypten? O, ja! Der Herr nimmt es aber mit den Vergehungen Seines Volkes ganz anders. Schon damals handelte Er mit ihnen nach ihrem Glauben. Die Begebenheit ist ein Schatten auf das große Wesen Jesu Christi.

17. Juli

Der erhöhte Menschensohn

Johannes 3,14-15

So muss der Menschensohn erhöht werden, damit alle, die an ihn glauben, nicht verloren gehen, sondern das ewige Leben haben.

Es lag ein „muss“ vor, was die Erhöhung des Menschensohnes anbetraf. Wenn wir sie nun kurz betrachten, von welcher die Erhöhung der Schlange ein Vorbild oder ein Schatten ist, so beachten wir dabei einige Unterschiede.

1. Wenn von der Schlange gesagt ist, heißt es „eine“ Schlange. So heißt es vom Menschensohn, „der“ Menschensohn. Er ist eben nur ein Einziger, während man Schlangen mehr hätte machen können. Es ist nur ein Mittler Christus Jesus.

2. Die Schlange wurde als ein Zeichen der Errettung für ein Volk erhöht, der Menschensohn als Mittel zu Errettung für alle Völker, für alle Menschen. Die Zahl der Verlorenen ist unvergleichbar größer, so ist das Mittel auch größer.

3. Die Schlange wurde von Menschen hergestellt, der Menschensohn kam vom Himmel, von Gott, Dessen einziger Sohn Er von Ewigkeit her war. Er ist unvergleichbar.

4. Der Blick auf die Schlange brachte Rettung von einer irdischen Plage und zeitlichem Leben. Der Menschensohn brachte Heil und Rettung von Sünde und gab und gibt heute noch allen, die an Ihn glauben, das ewige Leben. Hast du es?

18. Juli

Eine Doppelkrone fürs Diesseits

Psalm 103,4

Der dein Leben vom Verderben erlöst, der dich mit Gnade und Barmherzigkeit krönt.

Petrus, Johannes und Paulus zeigen uns herrliche Kronen, die den Überwindern in jenem Leben gegeben werden sollen. Wie redet denn unser heutiges Thema von einer Krone schon für dieses Leben? Ja, so ist es und wir werden sie kurz betrachten.

1. Worin besteht diese Krone? Nicht aus Gold und Edelstein, o nein, dieses Material ist viel zu wertlos, zu arm. Sie besteht aus Gnade und Barmherzigkeit. Gnade im Blick auf die Vergangenheit und Barmherzigkeit für jeden Schritt im Glauben.

2. Wer trägt sie hier? Alle, die der Herr damit krönt. Unser Text sagt: „Der dich krönt." Es ist also Seine Sache, zu krönen. Und Er krönt jedes Haupt damit, das sich zu Ihm dazu hinneigt mit der Bitte: „Lass mich Gnade vor Dir finden und zeige mir Deine Barmherzigkeit."

3. Welche Bedeutung hat diese Krone im Verhältnis zur Ewigkeit? Sie ist die einzige Garantie für die Seligkeit. Wer sie hier nicht trägt, kommt nicht zur Seligkeit.

Nur Gnade ist es.

19. Juli

Noch eine Krone fürs Diesseits

Johannes 19,2a

Und die Kriegsknechte flochten eine Krone aus Dornen und setzten sie ihm auf den Kopf.

Philipper 2,5+8b

Denn ihr sollt so gesinnt sein, wie Jesus Christus auch war, … bis zum Tod, ja zum Tod am Kreuz.

Philipper 3,10b

Indem ich seinem Tod gleichgestaltet werde. (Dass ich seinem Tode ähnlich werde.)

Wie sie unsern Herrn verhöhnt und verspottet haben werden, nachdem sie Ihm die Dornenkrone aufs Haupt gesetzt hatten! Nun war der König der Juden fertig. Die Krone war das letzte. Paulus strebte danach, seinem Tode ähnlicher zu werden. Daher ging seine Ermahnung an alle Gläubigen. Sie gehen ja den Lammesweg und folgen Ihm, wohin Er sie führt (Offenbarung 14,4b).

Den aufrichtigen und treuen Nachfolgern fehlt es nicht an allerlei Spott und Hohn. Wie man den Herrn verfolgt hat, so auch Seine Nachfolger. Hat Christus, das Haupt, eine Krone von Dornen getragen, dieselbe liegt auch bereit für alle, die ihre Häupter dazu entblößen. Anders erhält niemand diesen Schmuck. „In der Angst der Welt will ich nicht zagen, will hier keine Ehrenkrone tragen, wo mein Herr die Dornenkrone trug.“ Das soll unsre Lebenslosung bleiben, bis Er sie uns abnimmt.

20. Juli

Drei Kronen für die Ewigkeit

2. Timotheus 4,8

Nun liegt für mich die Krone der Gerechtigkeit bereit, die mir der Herr, der gerechte Richter, an jenem Tag geben wird, nicht aber mir allein, sondern auch allen, die seine Erscheinung lieb haben.

Die Krone, die die Gläubigen schon auf Erden tragen, hatte auch Paulus getragen. Die Zeit war nun, als er diese Worte schrieb, abgelaufen. Hinter ihm lagen der Kampfplatz, die Laufbahn und das Leben im Glauben (Vers 7). Vor ihm aber winkten der Sieg, die Ruhe und das Schauen.

Über alles aber hinaus sah er noch etwas weit köstlicheres, eine Krone. Ja, er sah sie ganz deutlich. Sie war ihm bereitgelegt. Es war keine einfache Krone, sondern die Krone der Gerechtigkeit. Es ist die Gerechtigkeit, die uns Jesus gebracht hat.

O wie herrlich wird sie sein! Und dass sie ihm wirklich zuletzt werden wird, ist durch zweierlei garantiert. Zuerst, dass sie ihm beigelegt ist. Wer hat sie ihm beigelegt? Das kann nur Einer tun, Der gerechte Richter. Und Er hat sie so beigelegt, dass sie ihm bleiben wird, bis auf den Tag, wo sie ihm der gerechte Richter geben wird.

Dies ist die zweite Garantie. Hast du teure Seele, Christi Erscheinen lieb, dann ist dies auch deine Hoffnung. Kämpfe, laufe, glaube bis zum Schauen!

21. Juli

Drei Kronen für die Ewigkeit

Offenbarung 2,10b (Luther 1912)

Sei getreu bis an den Tod, so will Ich dir die Krone des Lebens geben.

Unser heutiges Wort redet von Tod und Leben. O wie gerne würden wir vom Tod nicht mehr reden, wenn es möglich wäre ihn zu umgehen. Doch das geht nicht. Wir haben gerade angesichts des Todes, das heißt, bis an den Tod, wie uns unser Text sagt, zu wirken.

Dem Engel der Gemeinde zu Smyrna wurden auch Leiden vorhergesagt. Und dabei ist es auch geblieben. Auch wir haben nicht nur zu wirken, sondern auch zu leiden. Hier geht an uns die Ermahnung zur Treue, und zwar bis an den Tod. Das ist es, was von uns geschehen muss. Es ist die Vorbereitung zur Erfüllung folgender Verheißung.

„So will ich dir die Krone des Lebens geben." Nach dem Tode können wir nichts mehr tun. Der Herr fordert auch nichts mehr. Was wir bis an den Tod nicht getan haben, bleibt für ewig ungetan. Wer dem Herrn aber treu geblieben ist, empfängt als herrliche Auszeichnung dafür die Krone des Lebens. Ja, nach dem Tode beginnt das Leben. Wie groß, das Leben einst als Krone auf seinem Haupte zu tragen!

Nur treu, nur treu! „Auf Treue warten Kronen, womit der Herr die Seinen einst wird lohnen!"

22. Juli

Eine Ehrenkrone

1. Petrus 5,4 (Luther 1912)

So werdet ihr, wenn erscheinen wird der Erzhirte, die unverwelkliche Krone der Ehren empfangen.

Eine Ehrenkrone zeigt Petrus hier den Hirten und Ältesten der Gemeinden. Wenn Petrus sich hier auch an die Hirten in der Gemeinde wendet, die nach treuem und hingegebenem Dienst diese Krone tragen werden, so wissen wir doch aus den Worten Jesu in Johannes 12,26, dass der Vater alle ehren wird, die Ihm dienen werden. Dann wären es vielleicht nicht nur die Verkündiger des Evangeliums, denen der Erzhirte bei Seiner herrlichen Erscheinung die unverwelkliche Krone der Ehre geben wird, sondern alle, die Ihm nachgefolgt sind und in völliger Hingabe gedient haben.

Bist du auch Sein Diener? Gehört dein Leben Dem, Der das Seine für dich gelassen hat? Wenn ja, dann freue dich auf die Krone der Ehren, die Petrus als eine unverwelkliche Krone hinstellt! Sie wird nie veralten. Wenn Jesus sagt: „Wer Mir dienen wird, den wird Mein Vater ehren", so ist das etwas wie alles in der Ewigkeit, das nie aufhört. Ewig geehrt zu werden, das ist die unverwelkliche Krone der Ehren. Hast du sie in Aussicht?

23. Juli

Der Kronenräuber

Offenbarung 3,11 (Menge)

Siehe, Ich komme bald, halte was du hast, dass niemand deine Krone raube.

Unter den vielen herrlichen Schätzen, die im himmlischen Lager für Heilige aufgehoben sind (Epheser 1,3) befinden sich auch die Kronen. Wenn es auch zu dem Ort gehört, wo die Diebe nicht nachgraben und stehlen, so liegt doch Gefahr vor, dass unsere Krone geraubt werden kann. Nicht das der Aufbewahrungsort unsicher wäre. Unser Wort zeigt uns einen anderen Grund. Mit großer Bestimmtheit steht es hier, dass an dem Verlust seiner Krone jeder selber schuldig ist. Die Ermahnung: „halte, was du hast", gilt jedem, der eine Krone durch den Glauben in Aussicht hat.

Halte! Aber wie und womit? So, wie wir die Krone ergriffen haben, so und nicht anders, ist sie auch zu halten. Durch die Hand des Glaubens kann sie nur ergriffen werden, so kann sie auch nur durch die Glaubenshand gehalten werden. „Ich habe Glauben gehalten", sagt Paulus und fügt hinzu: „die Krone liegt mir bereit." Stehst du fest und gesund im Glauben, brauchst du an dem Empfang der Krone nicht zu zweifeln. Sie gehört dir.

24. Juli

Mächtige Gnade

Römer 5,20

Wo aber die Sünde mächtig geworden ist, da ist die Gnade noch viel mächtiger geworden.

Wie lange wohl der Mensch in seinem glücklichen Zustand in Reinheit des Herzens und seliger Gemeinschaft mit Gott gelebt haben mag, wissen wir nicht. Da kam die Sünde und machte allem ein Ende. Durch diese Macht stürzte die ganze Menschheit in Tod und Verderben. Dort hätte er auf ewig umkommen müssen, doch da erschien die heilsame Gnade in Jesus Christus. Wir werden uns die beiden Mächte etwas anschauen:

1. Die Macht der Sünde

a) Sie trennt Gott und Menschen voneinander (1. Mose 3,15)
b) Sie verschloss dem Menschen das Paradies (1. Mose 3,24)
c) Sie brachte Feindschaft auf Erden (1. Mose 4,8)
d) Sie brachte Tod und Untergang (die Sintflut in 1. Mose 7,17)
e) Sie brachte Verwirrung (beim Turmbau zu Babel in 1. Mose 11,1-9)
f) Sie brachte die Menschen in Knechtschaft (durch das Gesetz in 2. Mose 20,1-7)

2. Die Macht der Gnade

a) Sie verbindet Gott und Menschen (Johannes 1,16)
b) Sie öffnet das Paradies (dem Schächer in Lukas 23,43)
c) Sie brachte Frieden auf Erden (Lukas 2,14)
d) Sie brachte Leben und volle Genüge (Johannes 10,10)
e) Sie brachte Ordnung und Wunder (Apostelgeschichte 2,41-43)
f) Sie brachte die Menschheit in Jesu Freiheit (2. Korinther 3,17).

25. Juli

Bedingung zum Empfang der Gnade

Sprüche 3,34

Über die Spötter wird Er spotten, aber den Elenden wird Er Gnade geben.

1. Petrus 5,5b

Umhüllt euch mit Demut, denn Gott widersteht den Hochmütigen, aber den Demütigen gibt Er Gnade.

Mit vollen Händen steht der Herr bereit, Seine herrliche und große Gnade allen Menschen zu geben. Dabei achtet Er sehr genau darauf, dass sie kein Unwürdiger empfängt. Die Empfänger dieser herrlichen Gabe hat Er in der Heiligen Schrift selber bezeichnet.

Wir entnehmen daraus nur zwei:

1. Salomo schreibt in seinen Schriften, dass es die Elenden sind. Zu diesen zählte sich auch Paulus, als er sagte (in Römer 7,24): „Ich elender Mensch!" Damit bezeichnet er seine ganze Armut, sein Unvermögen, seine Schwachheit, ja, die völlige innere Leere. Solchen Elenden gibt Gott Gnade.

2. Dem Demütigen gibt Gott Gnade. Wer sind die Demütigen? Es sind die, die in der Schule Dessen lernen, Der von sich sagen konnte: „Ich bin demütig" (Matthäus 11,29). Es sind die, die nach dem Grundsatz leben: „Er muss wachsen, ich aber muss abnehmen" (Johannes 3,30). Erfüllst du diese Bedingung, dann gehört dir die Gnade.

26. Juli

Rechtfertigende Gnade

Römer 3,24

Und werden ohne Verdienst gerechtfertigt aus seiner Gnade durch die Erlösung, die in Christus Jesus geschehen ist.

Zwei große Gegenstücke zeigt uns unser heutiges Wort: Verdienst und Gnade. Paulus schreibt an die Römer über die Rechtfertigung vor Gott. Zwar zeigt er ihnen, dass weder Juden noch Heiden etwas haben, das genügen könnte, vor Gott ihr Leben zu rechtfertigen. Ihr Verdienst, das heißt, ihre Gesetzeswerke und andere moralische Handlungen, langen nicht, um die Gerechtigkeit Dessen zu befriedigen, Der den Menschen so geschaffen hat, dass sein Wandel Ihn befriedigen konnte. Wenn die Juden dazu auch das Gesetz hatten und die Heiden sich selber ein Gesetz wurden, es war unmöglich. Alle mangelten des Ruhmes vor Gott.

Da erschien die heilsame Gnade Gottes in Christus Jesus. Er brachte Erlösung. Zuerst erlöste Er die Menschen aus dem Verderben. Dann trat Er vor Gott und bat um Gnade für alle, Juden und Heiden. Er bat, sie ohne Verdienst zu rechtfertigen aus freier Gnade. Das hat Gott getan und den Aposteln eingegeben, es uns zu schreiben. Wir werden ohne Verdienst gerechtfertigt aus seiner Gnade.

27. Juli

Genügende Gnade

2. Korinther 12,9

Und Er hat zu mir gesagt: Lass dir an meiner Gnade genügen; denn meine Kraft ist in den Schwachen mächtig.

Der Apostel Paulus hatte viel und selige Gemeinschaft mit dem Herrn, Dem er alles sagte. Bei dieser Gelegenheit bat er um Abnahme eines „Pfahles im Fleisch", wie er vielleicht ein körperliches Leiden genannt haben mag. Er meinte, dass ihm, um dem Herrn besser dienen zu können, noch etwas fehlte. Worum es sich dabei handelte, darin täuschte er sich. Es fehlte ihm tatsächlich etwas. Doch dabei wusste er zweierlei nicht, was er aber, um in größerem Segen zu wirken, wissen musste, und der Herr es ihm hier zeigte.

1. Der Herr sagte ihm auf sein dreimaliges Gebet, dass Er es weiß, dass ihm noch etwas fehle. Ja, der Herr weiß, dass Seinen Kinder noch viel fehlt, auch was ihnen fehlt. „Ich weiß wohl mein Sohn, ich weiß", sagte Jakob zu Joseph, als dieser ihm bei der Einsegnung seiner Söhne sagte: „Nicht so mein Vater" (1. Mose 48,18).

2. Das zweite, was Paulus einsah: Dass ihm für den Dienst des Herrn nicht die Abnahme eines Leidens fehlte, sondern die Gnade es zu tragen. An dieser Gnade wollen auch wir uns genügen lassen.

28. Juli

Heilsame Gnade

Titus 2,11-12

Denn die Heil bringende Gnade Gottes ist für alle Menschen erschienen und nimmt uns in Zucht, damit wir dem ungöttlichen Wesen und den weltlichen Leidenschaften absagen, und besonnen, gerecht und gottesfürchtig in dieser Welt leben.

Lange hat die Menschheit auf die Gnade gewartet. Der Wartenden wurden aber in der langen Wartezeit immer weniger. Und als die Zahl derer, die auf den Trost Israels warteten, sehr klein geblieben war, erschien sie, die heilbringende Gnade. Unser Text sagt von ihr dreierlei:

1. Paulus nennt diese Gnade eine heilbringende. Diesen Ausdruck braucht man oft in der allgemeinen Redeweise, z.B.: „Es ist für mich eine heilbringende Erfahrung, eine heilbringende Lehre." Gemeint ist, dass sie Nutzen gebracht hat. So ist es mit der Gnade. Als sie in Jesus Christus erschien, brachte sie Nutzen.

2. Wem erschien die Gnade? Allen Menschen. O, wie groß muss sie da sein! Den Bösen und Guten, den Fernen von Jesus, auch den Nahen, allen bringt sie Nutzen und Heil. Ist sie auch dir schon erschienen? Was hat sie dir gebracht?

3. Wie wirkt diese Gnade? Zuerst, dass wir verleugnen das ungöttliche Wesen, das heißt, sich davon absagen, dann aber auch gottesfürchtig leben in dieser Welt. Das vermag nur die Gnade, sie vermag es völlig.

Übergib dich ihr!

29. Juli

Nie weichende Gnade

Jesaja 54,10a

Denn es sollen wohl Berge weichen und Hügel wanken, aber meine Gnade soll nicht von dir weichen.

„Alles wankt, vergeht und fällt", singen wir so treffend in einem Lied. Und die Bibel, das Buch der Wahrheit, sagt, dass nicht nur alles in der Welt, sondern sie selbst, die Welt, vergehen und hinfallen wird. Gerichtet sind diese Worte an Einsame und Verlassene, an Witwen, d.h. an solche, denen der Herr sagen lässt: „Ich bin dein Mann" (Vers 5). Nie weichende Gnade.

1. Wir sehen sie zunächst im natürlichen, das heißt im täglichen Leben. Danach brauchen wir nicht lange zu suchen. Unser eigenes Leben hat solche Beweise genug: wo alles schwand, Glück, Gesundheit, Wohlergehen, Verdienst in der Arbeit, Achtung in der Gesellschaft und vieles andere. Wir sahen, wie eins nach dem anderen dahin fielen. Wie wäre es ausgefallen, wenn uns die Gnade nicht geblieben wäre! Sie wich nicht.

2. Meine Gnade soll nicht von dir weichen. Das sehen wir auch besonders in der Sache des Reiches Gottes. So ist es im Bau der Gemeinde, der oft durch Gericht geführt wird. Der Blutschänder (1. Korinther 5,5) wurde dem Satan übergeben, zum Verderben des Leibes, damit der Geist am Tag des Herrn Jesus gerettet wird. Wenn wir aber vom Herrn gerichtet werden, dann werden wir erzogen, damit wir nicht mit der Welt verdammt werden (1. Korinther 11,32). Er übt Gnade auch in Gericht.

30. Juli

Haltende Gnade

Psalm 94,18

Ich sagte: „Mein Fuß ist gestrauchelt; aber deine Gnade, Herr, hielt mich."

Zwei große Gedanken spricht der Herr hier aus, die wir, weil es auch unsere Erfahrungen sind, kurz betrachten wollen. Es sind folgende:

1. „Mein Fuß ist gestrauchelt." Straucheln ist nicht Fallen, führt aber, wenn niemand eingreift und hilft, zum sicheren Fall. So stand also der Psalmist in Gefahr zu fallen.

Dass man auf dem Weg strauchelt, kann aus zweierlei Gründen geschehen. Einmal kann es deshalb geschehen, dass der Weg nicht eben ist. Es befinden sich Steine auf dem Weg. Es gibt aber auch glatte Stellen, wo der Fuß ausgleitet. Beides wird auf dem Weg gewesen sein, den der Psalmist ging.

Ein anderer Grund des Strauchelns ist die Unvorsichtigkeit des Wanderers. Vielleicht führt dieser Grund mehr zum Straucheln. „Mein Fuß ist gestrauchelt."

2. „Aber Deine Gnade, Herr, hielt mich." So kam es nicht zum Fall. Im 73. Psalm wird uns von Asaph berichtet, der auf glattem Wege fast gestrauchelt wäre. Er teilt mit, wie die Gnade ihn gehalten und vor dem Fallen bewahrt hat. Das kam so: Er ging ins Heiligtum und sah dort das Ende der Gottlosen. Und dort hatte er eine segensreiche Begegnung mit der haltenden Gnade, die seinen strauchelnden Fuß vor einem schweren Fall bewahrte. Kennst du diese Gnade?

31. Juli

Reichtum der Gnade

Epheser 1,7

In ihm haben wir die Erlösung durch sein Blut, die Vergebung der Sünden, nach dem Reichtum Seiner Gnade.

Epheser 2,7

Damit Er in den kommenden Zeiten den überschwänglichen Reichtum seiner Gnade durch seine Güte gegen uns erweise in Christus Jesus.

Wenn man es auch nicht zugestehen will, dass man nach Reichtümern trachtet, so ist doch oft das Trachten vieler Christen nach Schätzen auf Erden. Der Herr Jesus redet auch von einem Schatz, den man sich im Himmel anlegen kann (Matthäus 6,20).

Wir betrachten diese Schätze, die Paulus „Reichtum der Gnade" nennt, und achten vor allem auf die Ausdrücke, die er gebraucht, um uns ihre Größe zu zeigen. Erlösung durch Sein Blut, Vergebung der Sünden.

Ja, solche Schätze sind es wert, einen überschwänglichen Schatz genannt zu werden, weil sie alle weltlichen Schätze übersteigen. Die reiche Welt ist viel zu arm, damit man sich solche Dinge aneignen könnte.

Aber wie ist es dann möglich, in Besitz derselben zu gelangen? Hier ist der Weg: Durch Christus. Es ist seine Gnade, das heißt, Er ist der einzige Besitzer derselben. Es ist keine Kompaniegesellschaft. So gibt Er sie dem, wem Er will, freiwillig und muss sie allen geben, die die Bedingungen erfüllen.

1. August

Vorrätige Gnade

Hebräer 4,16

Darum lasst uns mit frohem Vertrauen vor den Thron der Gnade treten, damit wir Barmherzigkeit empfangen und Gnade finden zu der Zeit, wenn wir Hilfe nötig haben.

Es lebt sich leichter, wenn man von den Mitteln, die man zum Leben braucht, Vorrat hat. So ist es aber nicht nur im natürlichen Leben, sondern auch im geistlichen. Von Barmherzigkeit und Gnade zu der Zeit, wenn wir Hilfe nötig haben werden, redet auch dies Wort.

Wann wird solche Zeit sein? Das wissen wir nicht, darum ist es notwendig, in ihrem Besitz zu sein und zwar allezeit. Wo sind sie zu empfangen? Am Gnadenthron, der in der Stiftshütte im Allerheiligsten stand.

Unser Wort fordert uns auf zu diesem Gnadenthron hinzuzutreten. Uns wird hier auch gesagt, wie wir hinzutreten müssen, um diese Schätze zu empfangen. Lasst uns mit frohem Vertrauen hinzutreten. Gemeint ist, frei von aller Zaghaftigkeit, Traurigkeit und Zweifel. Nur so erlangen wir diese Schätze, wodurch der Herr geehrt wird.

Die Zeit, wann uns Barmherzigkeit und Gnade besonders not sein wird, ist die, wenn der Herr erscheinen wird. Bist du im Besitz dieser vorrätigen Gnade? Halte sie fest und lass ihren Vorrat nie ausgehen.

2. August

Vergebliche Gnade

2. Korinther 6,1

Wir ermahnen euch aber als Mitarbeiter, dass ihr nicht vergeblich die Gnade Gottes empfangt.

Vergeblich! Furchtbares Wort! Es ist entsetzlich, wenn man es in irdischen Angelegenheiten anwenden muss, aber wieviel schrecklicher in Ewigkeitsfragen. Paulus ermahnt hier die Gläubigen, Gottes Gnade nicht vergeblich zu empfangen. Es handelt sich hier nicht darum, sie überhaupt nicht zu empfangen, das wäre dann nicht ihre Schuld, weil die Gnade ein Geschenk Gottes ist. Er verteilt seine Gnade allen Menschen. Ohne dieselbe kann niemand leben.

Eine andere Frage ist die, ob der Herr erreicht, was Er sich durch die Gnade vorgenommen hatte. Der Mensch kann durch die gegebene Gnade umgestaltet und zubereitet werden für die Seligkeit, er kann sich derselben auch verschließen. Dann hat er die Gnade Gottes vergeblich empfangen.

Das zeigt uns ein Bild aus der ersten Christenheit in Apostelgeschichte 4,35-37; 5,1-10: Barnabas und Ananias und Saphira. Ein und dieselbe Gnade hatten sie empfangen, aber verschieden waren die Wirkung und das Ende. Vergeben – Vergebens, waren die Worte auf zwei Denkmälern eines Friedhofes. Ein Buchstabe nur zeigt den Unterschied.

3. August

Gnade als Eintritt in Gottes Haus

Psalm 5,8 (Menge)

Ich aber darf nach deiner großen Gnade dein Haus betreten, ich darf vor deinem heiligen Tempel in Ehrfurcht vor dir mich niederwerfen.

Man könnte diese Gnade auch eine vorrechtgebende Gnade nennen, weil der Psalmist durch sie sogar ein doppeltes Vorrecht genießt. Dies schauen wir uns heute an.

1. Das erste Vorrecht besteht darin, dass er durch Gottes große Gnade Sein Haus betreten darf. Das war eine Erlaubnis vom Herrn, die nicht alle hatten. In Vers 5-7 nennt er Leute, die es nicht durften. War denn der Psalmist besser als sie? O nein, wie er, so auch kein anderer haben das Recht, ohne weiteres das Haus Gottes zu betreten, weil alle des Ruhmes mangelten, den sie vor Gott haben sollten.

Zum Betreten des Hauses Gottes hat nur der ein Recht, der von der Gnade Gebrauch macht. Sie allein ist die Tür zu diesem Haus. Heilige Wächter geben genau Acht darauf, dass keiner, der nicht sein Vertrauen auf die Gnade setzt, das Haus betritt. „So komm auf Gnade ich gestützt, mein eignes Tun mir gar nichts nützt". Die Gnadentür ist offen, komm!

2. Das andere Vorrecht: Ich darf vor Deinem Heiligtum mich niederwerfen. Auch das ist nur Gnade. Wie könnte auch ein sündiger Mensch es wagen, sich dem Heiligtum Gottes zu nahen, als nur durch Gnade!

4. August

Letzte Gnade

1. Petrus 1,13

Darum seid bereit und gefestigt in eurer Gesinnung, seid nüchtern und setzt eure Hoffnung ganz auf die Gnade, die euch bei der Offenbarung Jesu Christi gegeben wird.

„Wem Ich gnädig bin, dem bin Ich gnädig.“ Nach diesem Grundsatz handelte Gott schon in grauer Vorzeit. Bis in unsere Zeit waltet diese Gnade, so dass wir mit Paulus rühmen: „Aber durch Gottes Gnade bin ich, was ich bin“ (1. Korinther 15,10a). Jedes Geschlecht und jedes einzelne Menschenleben wird von Gnade getragen, bis die Zeit der Gnade abgelaufen ist, und der Herr bei Seiner Offenbarung eine Gnade bringen wird, die wir dann erst richtig brauchen werden.

Es handelt sich dann um die Begegnung mit dem Herrn, wozu unser Leib verwandelt werden muss. Auch das kann nur durch Gnade geschehen, die Er bei Seinem Kommen mitbringen wird. Um die letzte Gnade zu empfangen, ist von unserer Seite folgendes nötig:

1. Wir müssen umgürtete Lenden unseres Gemütes haben. Der Gurt der Wahrheit (Epheser 6,14) hält alles Flatternde fest umschlungen.

2. Die Nüchternheit des Geistes, samt Seele und Leib (1. Thessalonicher 5,23) kann die Gnade allein empfangen.

3. Die lebendige Hoffnung (1. Petrus 1,3) ist es, die dann durch den Empfang der letzten Gnade für die ganze Ewigkeit erfüllt wird. Bist du bereit sie zu empfangen?

5. August

In Jesu Gebetsschule

Lukas 11,1

Einmal war Er an einem Ort und betete. Und als Er aufgehört hatte, sagte einer seiner Jünger zu ihm: „Herr, lehre uns beten."

Der Gebetsumgang Jesu mit Seinem Vater blieb nicht ohne Eindruck auf die Jünger. Die erste Folge davon war obige Bitte einer der Jünger: „Herr, lehre uns beten." In dieser Bitte liegt zweierlei, das wir zunächst betrachten:

1. Der erste Eindruck mag bei ihnen ein schmerzlicher, fast wehmütiger gewesen sein. Sie waren Augen- und Ohrenzeugen davon gewesen. Das wäre schön, so beten zu können! Ohne Zweifel hat in solcher Atmosphäre ihr Herz etwas davon empfunden, wie es an diesem Ort sein muss, von wo ihr Meister gekommen war. Was Er hatte, fehlte ihnen. Wenn das auch weh tut, so bewirkt es dafür doch ein Verlangen und Sehnen es zu besitzen. So ging es den Jüngern.

2. Dadurch wurde bei den Jüngern das Verlangen wach, auch beten zu lernen. Das ist schön, wenn dieser Trieb zum Gebet unsre Seele erfüllt. Dabei geht es uns auch so wie den Jüngern. Auch Paulus sagt in Römer 8,26b: „Wir wissen nicht, was wir bitten sollen." Doch haben wir noch denselben Lehrer, Der versprochen hat, bei uns zu sein bis an das Ende der Welt. Durch den Geist, der uns mit unaussprechlichem Seufzen vertritt, ist Er bei uns.

6. August

Jesus lehrt beten

Lukas 11,1

Einmal war Er an einem Ort und betete. Und als Er aufgehört hatte, sagte einer seiner Jünger zu ihm: „Herr, lehre uns beten."

Wenn der Herr die Jünger und das Volk lehrte, verlangte Er, dass man Ihm zuhöre. An unserer Stelle lehrt Er sie beten, und sagt ihnen, dass sie dabei sprechen dürfen. „Wenn ihr betet, sprecht." Welch ein Vorrecht, reden zu dürfen. Bei Zusammenkünften wird Rednern das Wort gegeben. Der Redner darf nun frei auftreten und sagen, was ihm auf dem Herzen liegt. Wenn ihr betet, so sprecht. Geliebter Beter, höre es, wenn der Beter mit dem zusammenkommt, von Dem der Psalmist aus Herzensüberzeugung sagt: „Du erhörst Gebet, darum kommen alle Menschen zu dir" (Psalm 65,3). Wenn ihr betet so sprecht.

Zu wem sollten die Jünger sprechen? Der Lehrer, Der sie beten lehrte, sagt es ihnen gleich am Anfang Seiner ersten Lehrstunde: „So sprecht: Unser Vater, der Du bist im Himmel." Nur zu Ihm dürfen und wollen auch wir sprechen. Wir reden den großen Gott deshalb so an, weil wir so belehrt sind.

Was sollen wir sprechen beim Beten? Auch das sagt Jesus den Jüngern, ohne dass sie Ihn danach fragen. Im Vaterunser, dem Mustergebet, zeigt unser Lehrer den Jüngern und auch uns, dass wir über alles mit unserem Vater sprechen dürfen. Welch ein Vorrecht, mit Gott und vor Ihm sprechen zu dürfen!

7. August

Wenn ihr betet

Matthäus 6,7

Und wenn ihr betet, sollt ihr nicht viel plappern wie die Menschen, die Gott nicht kennen; denn sie meinen, sie werden erhört, wenn sie viele Worte machen.

Der Herr Jesus redet hier über das allgemeine Gebet und gibt dafür einige bestimmte Lehren, die wir uns kurz anschauen.

1. Ihr sollt nicht viel plappern. Darunter kann man zweierlei verstehen. Man kann unnötige Worte gebrauchen, wozu auch das Missbrauchen des Namens Gottes zählt. Das Gebet kann auch in die Länge gezogen werden, was zuletzt zum Plappern wird.

2. In Apostelgeschichte 4,24-31 haben wir ein Gebet der ersten Gemeinde, aus dem wir viel lernen können. Es besteht zuerst in der Anrede, „Schöpfer" für den, der alles, was wir sehen, gemacht hat. Sie halten Ihm Sein Wort vor. „Du hast gesagt." O wieviel leichter betet und lebt es sich, wenn man dem Herrn Sein eigenes Wort vorhalten kann. „Du hast gesagt." Wer gestützt auf solchen Ausspruch zu Ihm kommt, findet Erhörung.

3. Viel zu plappern ist deshalb nicht nötig, weil unser himmlischer Vater weiß, was wir bedürfen. Und doch will Er von Seinen Kindern gebeten werden. Er weiß auch, ob das Erbetene gut oder nicht gut für uns ist. So bringen wir Ihm denn gemeinschaftlich auch weiter unsere Bitten.

8. August

Wenn du betest

Matthäus 6,6

Wenn du betest, so geh in dein Zimmer und schließ die Tür zu und bete zu deinem Vater im Verborgenen, und dein Vater, der ins Verborgene sieht, wird dich öffentlich belohnen.

Im Zimmer, hinter verschlossenen Türen, ist der Ort, wo die Seele die innige Gemeinschaft mit ihrem Heiland pflegen kann. Vier schöne Ermahnungen und herrliche Trostworte enthält obiges Wort des Herrn.

1. „Geh in dein Zimmer." Das ist ein Plätzchen, das dir gehört. Hier kannst du dich bewegen, wie es deiner Seele gefällt. Hier ist der Ort, an dem dich kein Mensch beobachtet. Hier bist du zu Hause. Hier wartet Jesus auf dich, aber du musst hineingehen.

2. „Schließ die Tür zu." Das tut man, wenn man nicht gestört sein will. Der Herr Jesus wartet auf den Augenblick, bis du dich abgeschlossen hast, dann kommt auch Er. Verschlossene Türen sind Ihm kein Hindernis. Er hat das bewiesen.

3. „Und bete zu deinem Vater im Verborgenen." Du brauchst keine Kritik zu befürchten, denn niemand beobachtet dich dort. O seliger Ort! O seliger Augenblick! Mit dem Herrn allein.

4. „Er wird dich öffentlich belohnen." Wir können auch sagen, Er wird dich erhören und öffentlich geben, um was du im Verborgenen gebet hast. Hast du so ein Zimmer?

9. August

Ein Herz und eine Seele

Apostelgeschichte 4,32a

Die Menge der Gläubigen aber war ein Herz und eine Seele.

Hier haben wir das Urbild der Gemeinde Gottes auf Erden. So wie die ersten Menschen auf Erden ein Ebenbild Gottes genannt werden können, so kann vielleicht auch die erste Gemeinde ein Abbild genannt werden von der vollendeten Gemeinde Jesu Christi. Wie war sie so weit gekommen? Durch dreierlei:

1. Das erste, was sie soweit brachte, war das Gebet Jesu Christi. Im hohepriesterlichen Gebet in Johannes 17 – wie heiß und inbrünstig stiegen die Gebete um die Einheit der Gläubigen zu Gott dem Vater empor. Und die Erhörung kam. Wie sollte der Vater diese große und heilige Bitte nicht anhören? Hier ist sie.

2. Das weitere, was dazu beigetragen hatte, war die neue Fülle des Geistes, die die Herzen und Seelen nach dem Gebet der Gemeinde (Vers 24-31) erfüllte. Die Fülle des Geistes verbindet. Wo sie fehlt, gibt es Spaltungen. So war es und so ist es heute.

3. Noch eine Ursache dieses Einsseins war die, dass die Gemeinde im Gebet nicht sich, sondern die Verherrlichung Gottes im Auge hatte. Sie beteten nicht um Abwendung von Leiden, sondern um Freudigkeit zum Zeugen und um Zeichen und Wunder als Beweiskraft für ihr Wirken. Dies war die Folge.

10. August

Große Kraft und große Gnade

Apostelgeschichte 4,33

Und mit großer Kraft gaben die Apostel das Zeugnis von der Auferstehung des Herrn Jesus, und große Gnade war auf ihnen allen.

Hier handelt es sich um zwei große Dinge.

1. Große Kraft. Zuerst fragen wir, wer solche Kraft besaß. Es waren die Jünger Jesu, Seine Apostel. Sie hatten Seine Befehle befolgt und waren in Jerusalem geblieben, um auf die Kraft zu warten. Und sie kam. Die ersten Schritte auf dem großen Missionsfeld hatten sie getan. Einige herrliche Siege, aber auch ernste Zusammenstöße lagen hinter ihnen. Das trieb sie ins Gebet. Die Folge davon war neue Kraft. Die brauchten sie. Sie waren mit großen Drohungen zu den Ihrigen zurückgekehrt. Um sich aber nicht erschrecken zu lassen, brauchten sie große Kraft. Und sie kam. Wenn uns auch eine große Macht entgegentritt, so ist die Kraft, die wir zum Zeugen brauchen, größer, wenn unsere zunichte ist.

2. Große Gnade. Das ist das andere, was bei den Jüngern war. Gnade ist es, wodurch uns alles, was wir brauchen, von Gott dargereicht wird. Hier handelte es sich um große Dinge. Die Aufgabe der Apostel bestand hauptsächlich darin, von der Auferstehung des Herrn Jesus Zeugnis abzulegen. Zu dieser großen Sache brauchten sie große Gnade. Große Kraft und große Gnade waren es, die in der Gemeinde als eine Gebetserhörung vorhanden waren. Sind sie es auch bei dir?

11. August

Lobet den Herrn!

Psalm 103,20

Lobt den Herrn, ihr seine Engel, ihr starken Helden, die ihr seinen Befehl ausführt.

Hier haben wir eine Aufforderung zum Lob Gottes an die Engel. Dem Psalmisten ist es darum zu tun, dass er nicht allein bleibe, sondern viele mit Ihm den Herrn loben. In unserem Text sind es die Engel Gottes: Wer sind sie?

1. David nennt sie „Seine Engel". Ja, Gottes Engel sind sie. So werden sie auch in 1. Mose 28,12 genannt, wie sie auf der Himmelsleiter hinauf und herab stiegen. Es sind Gottes Engel, weil Er sie geschaffen hat. Sie sollen den Herrn loben.

2. „Starke Helden" nennt David diese Engel. Woher kennt er sie als solche? Sicher hat er von ihrer Stärke etwas erfahren, als er von Menschen und bösen Geistern unterdrückt wurde. „Der Engel des Herrn lagert sich um die her, die Ihn fürchten und hilft ihnen heraus." (Psalm 34,8)

3. Ausführer göttlicher Befehle. Seine Befehle – auf der ganzen Erde werden sie erteilt und ausgeführt. Die Ausführer dieser Befehle sind alle Engel, aber erteilt werden sie von Einem. Wie groß muss Er sein? Auch für dich hat Er Befehle, die beständig von den starken Engeln ausgeführt werden. Er wird auch dich nicht vergessen.

12. August

Lobet den Herrn!

Psalm 103,21

Lobt den Herrn, alle seine Heerscharen, seine Diener, die ihr seinen Willen tut!

Hier ist ein zweifacher Aufruf zum Lob Gottes. Wie der erste, so ergeht auch dieser an die Himmelswelt. Ob David etwas hineingeschaut hat in das Reich der Engel? Fast scheint es so. Wir hören noch etwas über sie:

1. „Seine Heerscharen." So gibt es also auch im Himmel Heerscharen. Ja, davon reden auch andere Bibelstellen z. B. Lukas 2,13. Dort erschienen sie den Hirten, um ihnen die Geburt ihres Heerführers anzumelden, der als Welterlöser auf diese Erde kam.

2. David nennt sie auch „Seine Diener". Auf diese Erde kam Jesus, um zu dienen, dort ist es anders. Dort dienen sie Ihm. Herrlicher Dienst! Zu Tausend mal Tausend stehen sie um Seinen Thron um zu dienen. O großer Fürst! Mit Seinen heiligen Heerscharen dürfen auch wir Ihm dienen!

3. „Die ihr Seinen Willen tut." Das ist der Dienst, in dem die Heerscharen stehen. „Dein Wille geschehe," lehrte Jesus die Jünger beten. „Denn Ich bin vom Himmel herabgekommen, nicht um meinen Willen zu tun, sondern den Willen Dessen, Der Mich gesandt hat" (Johannes 6,38). Dreimal übergibt Er in Gethsemane Seinen Willen dem Willen des Vaters. Die Erfüllung des Willens Gottes ist der größte Gottesdienst.

13. August

Lobet den Herrn!

Psalm 103,22a

Lobt den Herrn, alle seine Werke, an allen Orten seiner Herrschaft!

Eine dritte Aufforderung Gott zu loben. Hier werden keine Engel dazu aufgefordert, sondern „Seine Werke“. Wer und wo sind sie? Antwort: Alles und überall. Es sind:

1. Die Himmel (Psalm 19,2), welche die Ehre Gottes erzählen. Herrliche, wunderbare, gewaltige Werke hat Seine Hand gemacht. Werke am Himmel und auf der Erde. Gewaltige Welten bewegen und drehen sich einer um den anderen. Jahrtausende schweben sie so dahin, ohne gegeneinander zu stoßen, oder von einer Menschenhand gehalten und gelenkt zu werden. Gottes Werke, die Er geschaffen hat, und mit Seinem allmächtigen Arm trägt.

Welch ein Werk sieht unser Auge in der lebenden Kreatur! Ohne Worte erhebt alles den Schöpfer und macht Ihn groß auf Erden. Das ist das Lob, welches unser Text meint, wenn es darum heißt: „Lobt den Herrn, alle Seine Werke!“

2. Wir lesen noch, wo der Herr gelobt werden soll. Wo ist das Haus des Herrn zu loben? An allen Orten Seiner Herrschaft. Überall! Es gibt keinen Ort, wo man es nicht kann. Sind alles Orte Seiner Herrschaft, dann ist Er auch der alleinige Herrscher. Ja, Er ist groß und wert, dass man Ihn lobt und ehrt. An allen Orten Seiner Herrschaft.

14. August

Lobe den Herrn, meine Seele!

Psalm 103,22b

Lobe den Herrn, meine Seele!

In einer wunderbaren Reihe stehen sie, die zum Lob Gottes aufgefordert werden. Lassen wir sie noch einmal vorbei marschieren. David nennt sie und wir horchen. Engel, starke Helden, Ausrichter göttlicher Befehle, Heerscharen, Diener, Täter des Willens Gottes, alle Werke und meine Seele. Sie ist die letzte und im Vergleich zu allen auch die kleinste. Sie steht aber in einer Reihe mit mächtigen Geschöpfen Gottes. Sie mag vielleicht die Geringste erscheinen, wofür Menschenaugen sie halten, Gott der Herr urteilt anders.

Hat Er auch jemals zu einem der Engelfürsten gesagt: „Weil du in Meinen Augen so wert geachtet und kostbar bist und Ich dich lieb habe“ (Jesaja 43,4a)? Das sagt Er nur zu Seinem Volk, zu unsterblichen Seelen. „Lobe den Herrn meine Seele!“ Lobe Ihn vor allen! Du hast mehr Grund dazu, als alle Engel.

Du bist:

1. Das Werk Seiner Hände, das Er gemacht hat.

2. Sein Eigentum, das Er durch Sein Blut am Kreuz auf Golgatha erkauft hat. Er sagt: „Du bist mein!“ (Jesaja 43,1).

3. Der Gegenstand Seiner Fürbitte vor Gott.

4. Ser, für den der Herr Jesus eine Wohnung bereitet.

5. Der, den Er von hier abholen wird.

„Lobe den Herrn meine Seele, und vergiss nicht, was Er dir Gutes getan hat!“

15. August

In Christus Jesus

Römer 8,1a

So gibt es nun keine Verdammnis für die, die in Christus Jesus sind.

In Christus Jesus. Das Gegenteil davon ist außer Christus. So ist der Mensch geboren und zwar jeder Mensch. Außer Christus wurde Saulus, der Verfolger der Gemeinde geboren, wie auch Nikodemus, der fromme Schriftgelehrte (Johannes 3,1). Da ist keiner, der Gutes tue, auch nicht einer. Was muss geschehen, um dahin zu kommen? Der Weg dahin besteht aus drei Schritten. Das sehen wir am verlorenen Sohn. Diese drei Schritte muss jeder tun.

Es sind:

1. Der erste Schritt ist der Schritt in sich. Der verlorene Sohn dachte an sich. „Ich komme", und das war das Resultat. Viele Menschen denken weniger an ihr Elend, desto mehr aber an anderer Fehler und Sünden. So bleiben sie in ihrer alten Stellung, das heißt im Leben außer Christus.

2. Der zweite Schritt war ein fester Entschluss, seine alte Stellung zu verlassen und zum Vater zu gehen. „Ich will." Daran fehlt es noch bei vielen. Solange sie nicht wollen, bleibt alles so, wie es ist. Jesus sagt: „Wer da will, der nehme." Wer nicht will, bleibt außer Christus und muss im Elend umkommen.

3. Die Ausführung des Entschlusses ist der dritte Schritt. Er machte sich auf und kam zum Vater. Die guten Vorsätze führen in die Hölle. Die Ausführung bringt zu Christus.

16. August

Christus in euch

Kolosser 1,26-27

Es ist das Geheimnis, das seit ewigen Zeiten und Geschlechtern verborgen war. Jetzt aber ist es seinen Heiligen offenbart, denen Gott mitteilen wollte, was der Reichtum der Herrlichkeit dieses Geheimnisses unter den Nationen ist, das ist Christus in euch, die Hoffnung der Herrlichkeit.

Gott offenbart. Wir schauen hinein und sehen:

1. Ein Geheimnis. Durch die Stiftshütte und alle Heiligtümer wohnte der Herr unter Seinem Volk im alten Bund, wie Er es verheißen hatte. Durch den Heiligen Geist zog Er in Sein Volk ein.

Dies Geheimnis blieb verborgen, auch in der Zeit der ersten Christen in Jerusalem, solange, bis es dem Herrn gefiel, es Seinem dazu auserwählten Rüstzeug zu offenbaren. So trat denn Paulus mit seinem Evangelium auf, „das ist Christus in euch".

2. Der Apostel zeigt in diesen Versen, was das Geheimnis enthält. Vier Worte gebraucht er nur dazu: „die Hoffnung der Herrlichkeit." Die Herrlichkeit ist eins, das sind die Gläubigen (Johannes 17,22; Römer 8,30; 2.Thessalonicher 1,10), aber die Hoffnung darauf ist allein in Christus. Sie gehören zusammen, die Gläubigen in Christus Jesus und Christus in ihnen. So sind sie nicht nur frei von aller Verdammnis, sie sind Gegenstände der Herrlichkeit.

17. August

Die Gedanken Gottes

Psalm 139,17-18a

Aber wie köstlich sind vor mir, Gott, deine Gedanken! Wie ist groß ist ihre Summe! Sollte ich sie zählen, so wären sie mehr als der Sand.

Da steht der Mann nach dem Herzen Gottes (Apostelgeschichte 13,22) und versucht, in die unzähligen Gedanken Gottes hineinzuschauen. Dabei entdeckt er hautsächlich zweierlei:

1. Das erste, was er entdeckt ist, dass die Gedanken Gottes köstlich sind. Wie wurde er das inne? Es gibt viel Köstliches und Schönes auf Erden. Eins übertrifft das andere an Schönheit in dem Grade, wie man sich darin vertieft und sich damit beschäftigt. Und je köstlicher einem das eine wird, desto mehr verlieren andere ihren Wert, und umgekehrt. Ob es David nicht so mit den Gedanken Gottes gegangen ist? Er hat in sie so lange hineingeschaut, bis er nicht mehr anders konnte, als zu sagen: „Wie köstlich!“

2. Er sah in den Gedanken Gottes auch: eine große Summe, ihrer waren so viel, wie des Sandes am Meer. Wie der nicht zu zählen ist, so sind auch die Gedanken Gottes nicht zu zählen. Welche Gnade ist es und welche Seligkeit, sich mit den Gedanken Gottes beschäftigen zu dürfen! Je mehr wir es tun, desto größer werden sie uns, und desto mehr werden wir vor eignen, oft so schmutzigen Gedanken bewahrt.

18. August

Stricke, Seile und Falle am Wege

Psalm 142,4b

Sie legen mir Stricke auf dem Weg, auf dem ich gehe.

Psalm 140,6

Die Hochmütigen legen mir Stricke und spannen Seile aus zum Netz für mich und stellen mir Fallen an den Weg.

Nichts mag der Feind unserer Seele denen, die ihm entronnen sind, so gerne verhindern, als ein gesundes Vorwärtsschreiten. Dazu gebraucht er oben genannte Instrumente, die er ihnen in ihrem Glaubensleben aufstellt. Uns sind solche Netze, die man zum Fischen und Fangen von Vögeln und Fallen zum Fangen größerer Tiere gebraucht, bekannt. Wir haben sie gesehen, die armen Wesen, die da hineingelaufen waren, wie sie in ihrem Gefängnis zappelten und liefen, aber nicht frei werden konnten. Das ist ein trauriges Bild vieler Gläubigen, die entweder noch nie richtig frei waren, oder aufs Neue gefangen wurden.

Was ist zu tun, um von den Fallen und Stricken des Feindes nicht gefangen zu werden? Da ist Vorsicht notwendig. Wandelt vorsichtig! Durch einen gleichgültigen Wandel kamen Männer Gottes in solche Fallen, zum Beispiel David. O wären sie vorsichtig gewesen! Oft sind es verdeckte, geheime Schlingen, die auf uns lauern. Da ist doppelte Vorsicht nötig. Bist du in einer Schlinge, aus welcher du nicht loskommst? Komm zu Jesus, denn „wen der Sohn frei macht, der ist recht frei!“

19. August

Glückliches Volk

Psalm 33,12

Wohl dem Volk, dessen Gott der Herr ist, dem Volk, das Er zum Erbe erwählt hat!

Hier ist ein Volk, das seliggepriesen wird. Es liegt sogar ein zweifacher Grund vor. Wir betrachten sie:

1. „Wohl dem Volk, dessen Gott der Herr ist!" Als Gott sich Sein Volk in den drei Erzvätern erwählte; war es Sein Vorhaben, ihr Gott zu sein. Er wollte der alleinige Gott sein. Wenn es auch so anfing, so kam doch das Volk so weit, dass es andere Götter erwählte, und Gott klagen musste: „Denn so zahlreich, wie deine Städte, sind deine Götter, Juda" (Jeremia 2,28). Das brachte sie aber nur ins Unglück.

Dein Glück, o Volk, besteht darin, wenn der Herr dein Gott ist. „Wer ist der Herr?" (2. Mose 5,2). So fragte auch Pharao, und zu seiner Zeit wurde dieser Name erst bekannt (2. Mose 6,2). Mose wurde vom Herrn „Gebieter" zu ihm gesandt. Und wenn ein Volk einen Gebieter als Gott hat, dann ist es wirklich selig zu preisen. Ist dein Gott ein solcher?

2. Wohl dem Volk, das Er zum Erbe erwählt hat. Das ist die zweite Seligpreisung. Gottes Volk – Sein Erbteil. O welche Tiefe! Das trifft besonders auf das neutestamentliche Gottesvolk. Die Heiligen sind dem Sohne vom Vater gegeben (Johannes 6,37-39). Er erhielt sie als ein Geschenk zum ewigen Erbteil. Welche Wahl! Bist du schon ein Erbteil?

20. August

Gotteskinder

Johannes 1,11-12

Er kam in sein Eigentum, und die seinen nahmen ihn nicht auf. Aber allen, die ihn aufnahmen, denen gab Er das Recht, Gottes Kinder zu werden, denen, die an seinen Namen glauben.

Gotteskinder: Welche hohe Stellung. Sind denn nicht alle Menschen Gotteskinder? Wir wollen hören, was unser Text darauf antwortet, den wir kurz nach allen Seiten betrachten.

1. Er kam. Wer? Vor allem war es der von Gott dazu Verordnete. Es war auch Der, auf welchen die Menschheit schon lange wartete. Es war Der, welcher allen die Gotteskindschaft bewerkstelligen kann. Er kam, weil die Zeit erfüllt war.

2. In Sein Eigentum. Er war also kein Fremder, sondern ihr Eigener. Da sollte doch der Empfang und die Begrüßung recht herrlich gewesen sein. Wir sehen aber, dass die Seinen Ihn nicht aufnahmen, also nicht Gotteskinder waren.

3. Einige nahmen Ihn aber auf. Und sie werden es nie bedauern. Ihnen wurde dafür die höchste Auszeichnung gegeben. Sie wurden Gotteskinder. Das kann kein sterblicher Mensch aus sich selber tun, wie auch niemand sich selber das natürliche Leben geben und ein Kind werden kann.

4. Er aber, Den man aufnimmt, gibt auch die Macht Kinder Gottes zu werden. Nikodemus konnte das gerade nicht verstehen. Das fasst nur der Glaube.

21. August

Gotteserben

Römer 8,17

Wenn wir Kinder sind, dann sind wir auch Erben, nämlich Erben Gottes und Miterben Christi, wenn wir wirklich mitleiden, damit wir auch mitverherrlicht werden.

Alles ist auf dem Boden des Glaubens wunderbar. Einmal heißt es, dass Gottes Volk Sein Erbteil ist, das Er sich erwählt hat und dann wieder, dass die Kinder Gottes Seine Erben und Miterben Jesu Christi sind. Beide Ausdrücke sprechen, ohne jeden Widerspruch, vielleicht doch eine köstliche Wahrheit aus. Jedenfalls liegt hier kein Widerspruch vor.

Die große Aussicht, ein Miterbe Christi zu werden, steht zwischen zwei Bedingungen. Die erste lautet: „Wenn wir Kinder sind." Wenn wir im Grunde genommen auch nichts dazu tun können, um ein Gotteskind zu werden, so muss doch unser Glaube dabei tätig sein, durch den wir Gotteskinder werden. Aus Gottes Kraft durch den Glauben (1. Petrus 1,5).

Die andre Bedingung ist die: Wenn wir wirklich mitleiden. Wer den Leiden aus dem Wege geht, geht seinem Erbteil aus dem Wege. Sind beide Bedingungen erfüllt, dürfen wir uns auf unser Erbe freuen.

Was steht uns bevor, mit Christus erben, oder ohne Ihn sterben? O Herr, sei uns allen gnädig!

22. August

Loben – Rühmen – Preisen

Psalm 34,2-4

Ich will den Herrn allezeit loben; für immer soll sein Lob in meinem Munde sein. Meine Seele soll sich des Herrn rühmen, sodass es die Elenden hören und sich freuen. Preist mit mir den Herrn, und lasst uns miteinander seinen Namen erheben.

Wovon das Herz voll ist, dessen geht der Mund über. So ging es David, als er diese Worte aussprach. Was sein Herz erfüllte und überfließen machte, war dreierlei, das der Beachtung wert ist:

1. Loben. Das kann nur der, der am Herrn etwas Lobenswertes gefunden hat. Ein anderer Mund wird schweigen. Das konnte David nicht. Die mannigfaltigen Erfahrungen waren so köstlich und zahlreich, dass er den Herrn allezeit loben wollte, und Sein Lob immerdar in seinem Munde war. Sein Lob ging ohne Unterbrechung. Lobst du Ihn auch so?

2. Rühmen. Das tut man, wenn man etwas hat oder kann. Die mit dem Herrn in Verbindung stehen, rühmen. „Wir haben einen Gott, Der hilft!" (Psalm 68,21). „Mit meinem Gott kann ich über Mauern springen" (Psalm 18,30). Diesen Ruhm sollen die Elenden hören, die sich noch nicht so rühmen können und sich darüber freuen, dass sie es können.

3. Preisen. David mag sich zu schwach gefühlt haben, allein den Herrn zu preisen, so fordert er andere auf, es mit ihm zu tun. Wie wird es sein, wenn sie nun alle vor Ihn treten und gemeinsam beten? Lobet, rühmet und preiset den Herrn allezeit!

23. August

Den Herrn suchen und auf Ihn schauen

Psalm 34,5-6

Da ich den Herrn suchte, antwortete Er mir und errettete mich aus meiner Furcht. Welche auf ihn sehen, die werden erquickt und ihr Angesicht wird nicht zuschanden.

Hier ist in einigen Sätzen das Geheimnis eines glücklichen und gesegneten Glaubenslebens gezeigt. Von uns wird zweierlei erwartet, woran der Herr Segen knüpft.

1. Den Herrn suchen. Jede Seele, ob sie es zugibt oder nicht – viele wissen es nicht einmal – sucht den Herrn. Diesen Zug hat Gott in die Menschen hineingelegt. Dieses Suchen ist schwer zu unterdrücken. Selbst bei denen, die ferne von Gott sind, zeigt es sich. Und wie stellt sich der Herr dazu? Unser Text sagt: „Er antwortete mir." Wie? Durch Suchen und Anklopfen. Er kam ja, um zu suchen und selig zu machen, was verloren ist. Eine weitere Antwort ist, dass Er mich rettet aus aller meiner Furcht. Das weitere Leben ist dann furchtlos vor Leiden, vor Tod und Gericht.

2. „Welche auf Ihn sehen." Das beginnt für alle, die Ihn gefunden haben. Lasset uns aufsehen auf Jesus. Er lässt es auch hier an Antwort nicht fehlen. Es heißt: „die werden erquickt." Jeder Blick auf Jesus bringt neue Erquickung. „Und ihre Angesichter werden strahlen." (Menge) So ging es Mose, als er mit dem Herrn allein gewesen war.

24. August

Errettung aus der Not

Psalm 34,7

Da dieser Elende rief, hörte der Herr und half ihm aus allen seinen Nöten.

Die Rede ist von einem Elenden, und vom Herrn. Es ist der Herr der Herrlichkeit. Weil diese beiden so schön zusammenpassen, wollen wir versuchen, sie kurz nebeneinander zu betrachten. Zusammengestellt hat sie der Heilige Geist.

1. Dieser Elende. Von ihm hören wir zuerst, dass er rief. Das tun viele Menschen. Sie tun es nur aus verschiedenen Gründen. Was mag diesen Elenden wohl dazu bewogen haben? Nichts anderes wahrscheinlich, als das Elend. Deshalb rief auch Paulus unter seiner Last: „Ich elender Mensch!“ Der Liederdichter singt schweren Herzens: „Mein Sündenelend ist so groß.“ Fühlst du auch etwas von diesem Elend? Dann ruf auch du! Verschweige es nicht.

2. Der Herr als Retter. Von Ihm wird zuerst gesagt, dass Er hört. Der eine ruft, der andere hört. Wie soll Er, der das Ohr gepflanzt hat, nicht hören? Weiter heißt es, dass Er aus allen Nöten errettet. Wie Bienen umschwirren die vielen und verschiedenen Nöte oft das Haupt der Elenden. Kaum ist die eine Not vorüber, so beginnt auch schon eine neue. „Größer als der Helfer ist die Not ja nie.“ Rufe nur unablässig. Er wird hören und retten, und zwar aus allen Nöten.

25. August

Der freundliche Herr

Psalm 34,9

Schmeckt und seht, wie freundlich der Herr ist. Wohl dem, der auf ihn vertraut.

Hier zeigt uns unser teures Bibelbuch den Herrn als einen Freundlichen. Er ist es wert, dass wir Ihn etwas anschauen und uns an Seiner Freundlichkeit freuen.

1. Wie können wir Seine Freundlichkeit wahrnehmen? Wir werden durch unser Wort belehrt, es auf eine zweifache Weise zu tun. Zunächst durch Schmecken. Dazu haben wir im Natürlichen den Geschmack. Auf geistlichem Gebiet ist es nicht anders. David vertiefte sich im Geist in das Wort Gottes und rief aus: „Dein Wort ist süßer, als Honig!" Vertiefe dich in den Herrn und du wirst ausrufen: „Er ist der Schönste unter den Menschenkindern."

2. Das andere, wodurch wir erkennen, wie freundlich der Herr ist, ist das Sehen. Dazu müssen wir erleuchtete Augen haben (Epheser 1,17-18), Augen, die da taugen.

3. Es ist eine Seligpreisung derer, die dieser Freundlichkeit vertrauen. Das Wort „freundlich" ist eine Ableitung von dem schönen Wort „Freund". Aus freundschaftlicher Liebe gab Er sich für uns dahin, als wir noch Feinde waren. Nun dürfen wir uns diesem freundlichen Herrn anvertrauen. Er, der einst dem Laban gebot, mit Jakob nicht anders als freundlich zu reden, wird es auch mit uns tun.

26. August

Ein Engelslager

Psalm 34,8

Der Engel des Herrn lagert sich um die her, die ihn fürchten, und hilft ihnen heraus.

Die Bibel berichtet uns viel von Engeln. Sie zeigt uns ihre hohe Stellung und Arbeit in der Reichgottessache. Sie nennt uns ihre Namen, von denen jeder seine Bedeutung hat. Unser heutiges Wort redet von Engeln des Herrn. Wer ist dieser Engel? Wir begegnen ihm schon im Alten Testament im Leben der Väter, Propheten und Richter unter dem Namen „der Engel des Herrn". Es wird angenommen, dass der Engel des Herrn dasjenige Wesen gewesen sei, durch welches sich Gott der Menschheit zeigte und mit ihr in nähere Beziehungen trat.

Dafür, dass der hier erwähnte Engel kein gewöhnlicher gewesen sein kann, sondern ein mehr selbständiges Wesen war, scheint dreierlei zu reden.

1. „Er lagert sich." Die Engel gingen, um ihre Befehle auszuführen und kehrten zurück an ihren Ort. „Er lagert sich", erinnert an Bleiben (Matthäus 28,20; Johannes 14,16). Der Tröster, der da bleibt ewiglich.

2. „Die Ihn fürchten." Die Bibel fordert viel zu Gottesfurcht auf, nie aber in diesem Sinne vor Engelfurcht.

3. „Und hilft ihnen heraus." Wenn auch oft Engel den Menschen Hilfe gebracht haben, so waren sie dabei immer nur im Auftrag Gottes tätig. So geschah es bei der Stärkung Jesu im Kampfe am Ölberg. Fürchten wir uns, dann erfahren wir Seine Hilfe.

27. August

Keinen Mangel

Psalm 34,10-11 (Luther 1912)

Fürchtet den Herrn, ihr seine Heiligen! Denn die ihn fürchten haben keinen Mangel. Reiche müssen darben und hungern; aber die den Herrn suchen, haben keinen Mangel an irgendeinem Gut.

„Habt ihr je Mangel gehabt?" So fragte Jesus einst die Jünger, die von ihrer Missionsreise zurückgekehrt waren. Und obwohl sie ohne jeglichen Mund- und Kleidungsvorrat ausgezogen waren, mussten sie dem Herrn doch antworten: „Nie, keinen." Auch unsere Verse reden von einem mangelfreien Leben, aber unter zwei Bedingungen, die wir erfüllen müssen. Hier sind sie:

1. „Die den Herrn fürchten." Was heißt den Herrn fürchten? Die Ihn fürchten, die glauben Seinem Wort, die achten und ehren den Herrn und vertrauen Ihm, wie ein Kind dem Vater. In 1. Mose 3,8-11 sehen wir ein anderes Bild. Adams Worte zeigen Furcht und Schrecken, bestraft zu werden. Deswegen floh und versteckte er sich.

2. „Die den Herrn suchen." Die Ihn nicht suchen, sind übel dran. Wenn sie auch ohne Ihn meinen auszukommen, so ist doch ihre Lage jämmerlich. Mögen sie sich auch als Reiche wähnen, in Wirklichkeit darben sie und hungern. Sie haben es notwendig den Herrn zu suchen. Dazu muss man von sich absehen. Fürchtest du Gott, und suchst du Ihn, dann übernimmt Er es, dich nicht nur von Mangel zu befreien, sondern mit Gütern zu füllen.

28. August

Ein neues Lied

Psalm 40,4

Er hat mir ein neues Lied in meinen Mund gegeben, um unsern Gott zu loben. Das werden viele sehen und den Herrn fürchten und auf den Herrn hoffen.

Ein neues Lied hören wir gerne. Hier wird eins gesungen. David singt es. Aber das ist nicht zu hören. David sagt, dass es viele sehen werden. Wenn wir es nun etwas näher betrachten, so wird es uns klar werden, was wir hier verstehen können. Wir betrachten dazu fünf Punkte.

1. Zuerst merken wir auf den Inhalt des Liedes. David nennt es ein Loblied: „um unsern Gott zu loben." Jedes Lied, ob es gehört, oder gesehen wird, erreicht oder erfüllt den Zweck erst dann, wenn es zu Lob und Ehre des großen Gottes beiträgt.

2. Wir sehen weiter, wann David mit dem Singen dieses Liedes anfing: als er aus der grausamen Grube gezogen war. Das neue Leben, der neue Wandel, das ist dieses neue Lied.

3. Dieses Lied singt ein großer Chor. Im Kristallpalast in London soll einst ein Chor von 4000 Sängern gesungen haben. Dieses Lied singt ein Chor aller Heiligen auf Erden. Alle Sprachen, Nationen, Hautfarben und Stände singen dies neue Lied.

4. Wozu wird es gesungen? Das werden viele sehen und den Herrn fürchten. Ist dein Lied zu sehen? Wird Gott dadurch gepriesen?

5. Zuletzt richten wir einen Blick auf den Dirigenten dieses Chores. Es ist derselbe, der die Jünger aus der Grube gezogen und ihre Füße auf einen Fels gestellt hat.

29. August

Kraft, die wir brauchen

Apostelgeschichte 1,8

Sondern ihr werdet Kraft empfangen, wenn der Heilige Geist auf euch kommen wird, und werdet Zeugen für mich sein in Jerusalem und in ganz Judäa und Samarien und bis an das Ende der Erde.

Durch diese Worte sagt Jesus den Jüngern, was sie für den Weg, den sie zu gehen hatten, brauchen werden: „Kraft“. Er sagte ihnen aber noch mehr. Wir wollen hören, denn das Gesagte gilt uns nicht weniger als den Jüngern.

1. Vor allem weist Er sie auf die einzige Quelle der Kraft hin: Der Heilige Geist. Es ist eine göttliche Quelle, denn sie liegt oben hoch über allem Menschlichen. Auch die Kraft ist göttlich, weil die Gemeinschaft, der die Jünger entgegen zogen auch eine übermenschliche war.

2. In diesen Worten wird angedeutet, wie man zu dieser Kraft gelangt: „Wenn der Heilige Geist auf euch kommen wird.“ Wie einfach und anders auch unmöglich! Er kam selber. Was hatten denn die Jünger zu tun? Sehr viel. Auf Ihn zu warten, Ihn im Glauben aufzunehmen und gehorsam zu sein. So bleibt die Kraft.

Der Herr sagt zuletzt auch noch, wozu die Jünger solche Kraft brauchen: „Und werdet Zeugen für Mich sein.“ Zwei große Dinge vertraute Er ihnen an: Das Zeugenamt. Zeugen für Jesus, wie groß! Das andere ist der Ort zum Zeugen: Bis an das Ende der Erde.

30. August

Kraft ist vorhanden

Epheser 1,19-20

Und was die überwältigende Größe seiner Kraft an uns ist, die wir glauben, nach der Wirksamkeit seiner mächtigen Stärke. Durch sie hat Er in Christus gewirkt, als Er ihn von den Toten auferweckt und ihn an seine rechte Seite in den himmlischen Welten gesetzt hat.

Hier lässt uns Paulus ein wenig durch die Türspalte seines Gebetskämmerleins blicken und hören, worum er für die Heiligen betete. Er betete um erleuchtete Augen (Vers 18), um die bestehende Kraft zu erkennen. Wir sehen sie uns etwas näher an und unterscheiden dabei dreierlei:

1. Es ist Gottes Kraft. Es heißt hier: Überschwängliche Größe Seiner Kraft, Wirkung Seiner mächtigen Stärke. Wie Gott selbst der Ewigkeit angehört, so ist auch diese Kraft derselben Quelle entsprungen. Kein Atom kommt ihr gleich.

2. Wir sehen weiter, wobei Gott diese Kraft anwandte. Zweierlei wird uns hier gesagt: Bei der Erweckung Christi von den Toten und bei seiner Versetzung zur Rechten Gottes im Himmel. Wie ohnmächtig sind dazu doch alle irdischen Kräfte.

3. Die Kraft darf nicht geringer an uns sein, die wir glauben. Sie ist vorhanden. Wenn sie auch eine verborgene ist, so tritt doch ihre Wirkung an die Öffentlichkeit, zum Beispiel: Saulus wird zu Paulus. Ja, Kraft ist vorhanden. Hast du sie? Warum nicht?

31. August

Kennst du diese Kraft?

Philipper 3,10

Damit ich ihn und die Kraft seiner Auferstehung und die Gemeinschaft seiner Leiden erkenne.

Es ist wenig nütze zu wissen, dass ich Kraft brauche und dass sie vorhanden ist, wenn uns dasselbe nicht antreiben kann, sie zu suchen und zu ergreifen. Obige Worte des Paulus zeigen nicht seinen Wunsch, diese Kraft zu erkennen, sondern sie zeigen den Weg, der uns dieselbe finden lässt. Wenn es auch ein sehr einfacher Weg ist, finden ihn doch nicht alle und bleiben ohne Kraft. Wir wollen folgendes beachten.

Vor allen Dingen ist es unbedingt nötig, einige Vorteile fahren zu lassen. In den Versen 4-6 nennt der Apostel sieben Dinge, derer er sich hätte rühmen können. So ruhmreich sie auch erschienen, so waren sie doch ein Hindernis für diese Kraft und mussten dran gegeben werden. Prüfen wir unser Herz.

Paulus achtete alles, was ihm Gewinn war, für Schaden und Kot. Warum? Um Kraft zu gewinnen? Denselben Fehler beging Simeon, der Zauberer, der dem Apostel Geld anbot, um die Gabe zu empfangen, den Heiligen Geist anderen durch Gebet zu übermitteln. Paulus gab alles um Christi Willen dran, um Christus zu gewinnen und gewann Ihn auch. Mit Christus lernte er auch die Kraft Seiner Auferstehung kennen. Kennst du sie auch? Lerne sie kennen.

1. September

Ein elender Mensch

Römer 7,24

Ich elender Mensch! Wer wird mich von diesem Leib des Todes erlösen?

So rief ein Mensch aus, der mit sich nicht fertig wurde. In ihm kämpften zwei Mächte, wobei die eine beständig unterlag. Diese beständigen Niederlagen pressten ihm obige Stoßseufzer aus. Weil viele mit ihm seufzen, bleiben wir ein wenig stehen.

Wir sehen zuerst, worin dieses Elend bestand. Das sagt uns der Apostel Paulus selber in unserem Abschnitt. Er konnte nicht, was er wollte, und musste, was er nicht wollte. Gibt es wohl ein größeres Elend? Man ist nicht Herr über sich, sondern ein richtiger Sklave.

Wie war er in dies Elend hineingekommen? Durch das Licht des Gesetzes. Das Gesetz vermag den Menschen ins Elend zu führen, aber leider nicht daraus zu erretten. So ist es mit dem Lichte des Wortes Gottes, dass es manche so weit bringt, dass sie die elendsten Wesen werden.

Fand Paulus Errettung aus seinem Elend? Wo fand er sie? In Christus Jesus (Vers 25). So verhasst ihm auch dieser Ausweg aus seinem Elend erschienen sein mag, so fand auch er in keinem anderen Heil und Befreiung aus dem Elend.

Bist du frei aus deinem Elend? Danke Ihm, deinem Erretter dafür. Wenn nicht, warum nicht? Komme zu Ihm, Er rettet dich.

2. September

Nichts unmöglich

Philipper 4,13

Ich vermag alles durch den, der mich stark macht, Christus.

So rühmte derselbe Mann, der einst in seinem Elend jammerte und seufzte. Was war denn mit ihm vorgegangen, das solche Veränderung bewirkt hatte?

Das Gesetz, der Zuchtmeister auf Christus, brachte den Apostel ins Elend. Diese Zucht war an ihm vergebens. Er wurde aus dem Elend durch Christus in den Stand gesetzt, alles zu vermögen. In Christus fand er die Quelle der Kraft, durch die es für ihn keine Unmöglichkeit mehr gab. War jenes ein Stoßfeuer, dieses ist ein Triumph.

Das Geheimnis in solch einem Vermögen zu bleiben, liegt sehr nahe. „Wie ihr nun den Herrn Jesus habt angenommen, so wandelt in Ihm." Vielen geht es wie den Galatern, denen Paulus schrieb: „Im Geist habt ihr angefangen, wollt ihr im Fleisch enden?" Sie kommen wieder zurück ins Elend. Und das ist oft noch größer.

Was wird bei denen, die alles vermögen, heraus kommen? Sehr viel. Sie werden den Herrn dadurch preisen: Sie singen dadurch das neue Lied, das viele sehen und auch den Herrn preisen (Psalm 40,4). Sie werden überwinden und alles erben (Offenbarung 21,7). Hier alles überwinden, dort alles ererben!

3. September

In Schwachheit stark

2. Korinther 12,9

Und Er hat zu mir gesagt: „Lass dir an meiner Gnade genügen; denn meine Kraft ist in den Schwachen mächtig."

Das war Gottes Antwort auf des Apostels dreimaliges ernstes Gebet. Wie ganz anders erwartete er sie. Vielleicht, meinte er, für seinen Beruf müsse auch ein kräftiger, gesunder Körper notwendig sein? Der Herr denkt anders als wir, denn Seine Gedanken sind nicht unsere Gedanken (Jesaja 55,8). Hier war es auch so. Er wusste, dass Sein auserwähltes Rüstzeug seine hohe Aufgabe ohne Seine Kraft nicht tun würde. Dazu musste Er Seine Kraft einsetzen.

Wie er aber in der ganzen Reichgottesgeschichte dazu das Niedrige und Geringe erwählte, so tat Er es auch hier – in den Schwachen mächtig.

Nicht die schönen und starken Söhne Isais musste Samuel zum König salben, sondern den Jüngling. Nicht durch Sauls Waffenrüstung fiel Goliath, sondern durch einen der fünf glatten Steine, welche die Hand eines Knaben ihm in die Stirn schleuderte, der zu ihm im Namen des Herrn kam. Nicht durch starke Männer wurde die damals bekannte Welt mit dem Evangelium besät, sondern durch ungelehrte Fischer und zuletzt durch einen erwählten alten Paulus (1. Korinther 15,10).

Nimm Christus in dein Leben auf und du hast Kraft in Schwachheit!

4. September

Ihr wart – Ihr seid

1. Petrus 2,25

Denn ihr wart wie irrende Schafe, aber nun seid ihr zu dem Hirten und Wächter eurer Seelen bekehrt.

1. Ihr wart – ihr seid. Vergangenheit – Gegenwart. Im Leben jedes Menschen treffen diese beiden Perioden zu, aber nicht alle haben das vielsagende „aber" erlebt, das im Leben der Zeitgenossen von Petrus eine große Wendung brachte. „Ihr wart." Wie? Unser Wort sagt, „wie irrende Schafe".

Irgendwo habe ich mal gehört, dass kein Tier so anhänglich sein soll, wie ein Schaf, aber auch keines so hilflos, wenn es verirrt. Ob es sich so verhält, will ich nicht behaupten. Eins aber ist sicher, wenn eine Seele verirrt, kommt sie ohne Hilfe nicht wieder zurecht. So ging es allen auf Erden. Aber wohl allen, bei denen dies „ihr wart" hinter ihnen liegt und sie von Herzen singen können: „Einst war ich gar weit von dem Heiland."

2. Ihr seid nun bekehrt. Das ist die Erfahrung aller, die einst im einzigen Schafstall, die einen guten Hirten haben, sein werden. Ihr seid bekehrt. Viele sind bekehrt, aber leider nicht zum Herrn. Petrus schreibt, dass seine Leser zum Hirten bekehrt waren. Dann waren sie in guten und sicheren Händen, aus denen sie niemand reißen kann. Bekehrt zum Wächter unsrer Seelen, dem Erzhirten, dem die Vollmacht über die Gemeinde gegeben ist.

5. September

Wir werden sein

Psalm 126,1-2

Wenn der Herr die Gefangenen Zions erlösen wird, dann werden wir sein wie die Träumenden. Dann wird unser Mund voll Lachen und unsere Zunge voll Jubel sein. Da wird man unter den Völkern sagen: „Der Herr hat großes an ihnen getan.“

Dies zeigt, was wir in Zukunft sein werden.

1. Wie die Träumenden werden wir sein. Israel war in Gefangenschaft, aber nicht ohne Hoffnung. Es gibt Träume im Leben, so schön, wie sie in Wirklichkeit nicht zu erwarten sind. Was wir dort erleben werden, wird man kaum für Wirklichkeit halten.

2. Der Mund wird voll Lachen sein. Es bewahrheitet sich ein Sprichwort: „Wer zuletzt lacht, lacht am besten.“ Das werden die Erlösten sein. Ihre Traurigkeit hat aufgehört. Aufgehört hat auch das Lachen der Gottlosen, die heulen dann. Wir dagegen werden lachen.

3. Die Zunge wird voll Jubel sein. Viel Seufzen und Klagen lag auf den Zungen der Gläubigen in der Zeit ihrer hiesigen Gefangenschaft. Dort sind sie erlöst. Die Gefangenschaft ist zu Ende. Mit ihr hört auch alles Seufzen auf und macht dem Ruhm Platz.

4. Wir werden Gegenstände der Bewunderung sein. Das erlöste Volk des Herrn wird vor den Engeln Gottes, vor welchen das Haupt seine Gemeinde einst ohne Flecken, Makel und Runzeln stellen wird, der Gegenstand der größten Bewunderung sein. Und alles wird Ihm zugeschrieben werden. Der Herr hat Großes an ihnen getan.

6. September

Immer wieder aufgehendes Licht

Psalm 97,11 (Luther 1912)

Dem Gerechten muss das Licht immer wieder aufgehen und Freude den frommen Herzen.

Licht und Freude. Ja, das passt zusammen und ist eigentlich nicht voneinander zu trennen. Es ist ein Element, in dem alle gern weilen. Indem wir diesem Worte etwas näher treten, bleiben wir bei drei Punkten stehen.

1. Die Rede ist von Gerechten und Frommen. Das sind nicht die, die im Tempel stehen und vor Gott ihre Gerechtigkeit rühmen, oder in ihren Gebeten und Almosen vor den Leuten fromm scheinen. Es sind die, die durch den Glauben gerecht geworden sind (Römer 5,1). Solche, die mit Simeon das Jesuskindlein, auf das sie warten, auf ihre Arme nehmen und in Frieden dahin fahren.

2. Auch den Gerechten und Frommen, ja gerade ihnen muss Licht und Freude aufgehen, weil es auch ihnen untergeht. In Jesaja 50,10 ist die Rede von denen, die in Finsternis wandeln, denen kein Licht scheint, und das sind solche, die den Herrn fürchten und Seiner Stimme gehorchen. Auch Jesus, dem Licht der Welt, verdunkelte es, aber es ging auch wieder auf.

3. Ihnen muss das Licht immer wieder aufgehen. Es geht also nicht anders. Warum nicht? Weil sie Kinder des Lichtes sind und ihr Angesicht auf das Licht gerichtet ist. Und da kann es nicht anders gehen, es muss aufgehen.

7. September

Gott für uns. Christus für uns

Römer 8,31-32

Ist Gott für uns, wer kann gegen uns sein? Der auch seinen eigenen Sohn nicht verschonte, sondern ihn für uns alle dahingegeben hat: Wie sollte Er uns mit ihm nicht alles schenken?

Unser Text enthält ein zweimaliges „für uns", dem wir heute etwas näher treten werden. Für uns. Was ist er für uns?

Wir betrachten das zweite zuerst, weil es in der Vergangenheit liegt. Es heißt: „Ihn für uns alle dahingegeben hat." Wir waren nach Römer 1,24-26 dahingegeben in Sünde und Schande. Darin wäre die ganze Menschheit untergegangen. Dazu hatte Gott sie aber nicht gemacht. Um sie zu retten, musste jemand sein, der alle Ketten der Sünde zerbrach und die Menschheit befreite. Auf Erden fand sich niemand dazu, denn es konnte kein Bruder den anderen erlösen. Im Himmel aber gab es Einen, der einzige Sohn des Vaters. Den riss Er sich von Herzen los und gab Ihn für uns alle. Nun braucht niemand zu sterben.

Und nun ist Gott für uns. Eine kleine Weile ließ der Herr Seine Jünger allein, dann kam Er im Heiligen Geist zu ihnen, um ewig bei ihnen zu bleiben. Nun ist Er für uns und wer mag gegen uns sein? Glückliches Leben! In jeder Lage haben wir jemanden, der für uns ist.

8. September

Gott war mit Joseph

Apostelgeschichte 7,9

Und die Erzväter waren neidisch auf Josef und verkauften ihn nach Ägypten. Aber Gott war mit ihm.

Hier haben wir den Schlüssel zum Geheimnis eines segensreichen Lebens. Wir staunen und freuen uns oft über das Glaubensleben gewisser Männer und Frauen, wie es so angefüllt war mit Geistesfrüchten. „Gott war mit ihm." Das löste alle Fragen. Wir betrachten hauptsächlich zweierlei:

1. Die Bedingung: Gott war mit Josef, weil Josef mit Gott war. Das war die Bedingung. Das zeigt das Leben Josefs von Kindheit an. Wenn auch seine Brüder ihn nicht verstanden und sogar beneideten, so war das nur deshalb, weil Gott mit ihm war. Gott ist mit allen, die mit Ihm sind. „Naht euch zu Gott, dann naht Er sich zu euch" (Jakobus 4,8). So handelt Gott auch heute.

2. Die Folge eines solchen Lebens ist eine dreifache: Vor allen Dingen wird der Herr dadurch verherrlicht. Das tritt Schritt für Schritt durch Joseph hervor. Sein Lebenszweck wurde dadurch erfüllt. Eine weitere Folge war die, dass man alles Leid ertragen kann. Wenn Gott mit uns ist, fragen wir nach weiter nichts (Psalm 73,25). Uns kümmert kein Neid der Brüder, keine Trennung von den Lieben, keine Gefangenschaft. Noch eine Folge ist Sieg in den großen Versuchungen der Sünde und Weisheit für sein tägliches Werk für den Herrn.

9. September

Unsere Liebe zu Gott

Römer 8,28

Wir wissen aber, dass denen, die Gott lieben, alle Dinge zum Besten dienen, denen, die nach dem Vorsatz berufen sind.

Die Bibel ist das Buch, das zu uns von Gottes Liebe, aber auch von unserer Liebe zu Gott redet. Unser Text hat uns heute etwas über die letztere zu sagen. Dabei betrachten wir:

1. Die Quelle dieser Liebe. Um es kurz zu sagen: bei uns ist sie nicht. Lange nicht alles, was wir Liebe nennen, ist Liebe. Liebe ist eine Frucht des Geistes (Galater 5,22). Sie kann nur da ihren Ursprung haben, wo die Liebe Gottes zu einer verlorenen Welt aufs Höchste gestiegen ist, Golgatha (Johannes 3,16). Es gibt nur eine Quelle dieser Liebe: das Kreuz. Wer mit all seinem Hang zur Weltliebe und Eigenliebe nicht auf Golgatha war, um mit dem alten Wesen abzubrechen, kann von keiner Liebe zu Gott aus Erfahrung sprechen, weil er noch nie bei der Quelle war.

2. Um uns über diese ernste und viel bedeutende Frage nicht hinweg zu täuschen, zeigt unser Wort uns einen Gradmesser, an dem wir uns prüfen können. Wer Gott liebt, erlebt in allen seinen Erfahrungen nur Gutes. Widerfährt ihm Freude und Glück, das viele von Gott abbringt, die Liebe zu Gott wird es verhüten und alles zum Guten gereichen lassen. Auch Trübsal und Leiden haben schon viele von Gott entfernt. Wessen Herz aber in Liebe an Gott hing, wurde dadurch noch näher gezogen.

10. September

Gottes Liebe zu uns

Römer 8,38-39

Denn ich bin gewiss, dass weder Tod noch Leben, weder Engel noch Fürstentümer, noch Gewalten, weder Gegenwärtiges noch Zukünftiges, weder Hohes noch Tiefes, noch irgendeine andere Kreatur uns von der Liebe Gottes zu Scheiden vermag, die in Christus Jesus ist unserem Herrn.

„Wir wissen", begann unser gestriges Losungswort, „ich bin gewiss", das heutige. Das hat große Ähnlichkeit miteinander. So viel größer ist dafür der Unterschied in den beiden Gegenständen, die es zum Ausdruck bringt. Wenn wir nun dem heutigen Thema „Gottes Liebe zu uns", etwas näher treten, richten wir unsre Aufmerksamkeit zuerst auf die Quelle derselben. Sie liegt weit zurück in der Ewigkeit. Noch hat sie niemand entdeckt. Sie ist die Quelle, aus welcher die Quelle unserer Liebe zu Gott entspring. „Ich weiß einen Strom dessen herrlichen Flut, fließt wunderbar stille durchs Land."

Wie jeder Strom, so hat auch dieser eine Mündung, das Meer der Ewigkeit. Bei seinem Durchzug dorthin zu diesem Meer, streift er die Zeit, in welcher die Menschheit lebt. Der Zweck dieses Stromes, d. h. der Liebe Gottes zu uns, ist erfüllt. Die von Gott entfernte Menschheit ist in den Bereich der Liebe zurückgebracht (Johannes 3,16), aus dem, wie unser Text sagt, sie nichts mehr zu scheiden vermag. Der Mensch kann von Gott weggehen (Johannes 6,67), aber von Seiner Liebe zu scheiden vermag ihn auch die zehnfache Macht unseres Textes nicht. O welche Liebe, so mächtig und groß!

11. September

Freuet euch

Philipper 4,4

Freut euch zu jeder Zeit im Herrn, und noch einmal sage ich: Freut euch!

Unser Wort fordert uns heute zu einer zweifachen Freude auf. Da muss doch wohl etwas dahinter sein. Die Aufforderung Paulus' hatte einen dreifachen Grund.

1. Es ist eine Freude, zu der er alle auffordern konnte. Jeder Christ darf daran teilnehmen. Freude ist eine Geistesfrucht, die an jedem von selbst wächst, der in Christus Jesus gewurzelt ist. Hier ist eine Aufforderung, dass wir uns freuen sollen. Viele können es deshalb nicht, weil ihnen Hindernisse vorliegen, z. B. Ungehorsam, eine bewusste Sünde, die beseitigt werden muss. Tue es und die Freude wird die Folge sein.

2. Es war eine Freude, deren Grund der Herr ist. Freuet euch in dem Herrn. Was heißt das? Wir sollen uns freuen darüber, dass wir einen Herrn haben. O ja, da gibt es viel Ursachen zur Freude. Denken wir an alles, was uns Sein Kommen ins Fleisch brachte! Und vergessen wir nicht, was Sein Kommen in Herrlichkeit uns bringen wird! Dann kann das Herz nicht freudenleer sein.

3. Wer sich im Herrn freut, freut sich zu jeder Zeit, d. h. in jeder Lage. Scheint die Sonne am Glaubenshimmel, er freut sich. Bedecken ihn Wolken, die Blitze und Donner herbringen, er freut sich. Seine Freude ankert in Jesus.

12. September

Freude als Quelle der Kraft

Nehemia 8,10

Die Freude am Herrn ist eure Stärke.

Wir treffen auf unserer Reise nach Kanaan mit Männern und Frauen zusammen, die besondere Kraft und Stärke im Glaubensleben offenbaren. Woher kommt dies? Sind sie etwa besondere Menschen? Unterschiede unter den Menschen gibt es wohl, aber in dieser Hinsicht sind sie alle gleich. Allen fehlt diese Kraft. Sie ist aber da. Wo? Unser Text sagt es uns. In der Freude am Herrn. Was heißt das? Darauf gibt es eine sehr vielseitige und umfangreiche Antwort. Wir geben sie kurz nach zwei Seiten hin.

1. Alles aus Gottes Hand nehmen. Man sagt zu allem „Ja". Und weiter nichts. Es gibt Christen, die noch ein „aber" hinzufügen. Das ist manchmal auch ganz am Platz, wie zum Beispiel bei der kananäischen Frau: „Ja, Herr, und doch …" (Matthäus 15,27). Anders war es im Leben eines Mannes, den Jesus in Seine Nachfolge rief: „Herr, erlaube mir, dass ich zuvor hingehe und meinen Vater begrabe" (Lukas 9,59). Hier fehlte die Freude am Herrn, und auch die Stärke.

2. Alles in Gottes Hand legen. Alles aus Gottes Hand nehmen, heißt mit allem einverstanden sein, während alles in Seine Hand zu legen völlige Hingabe bedeutet. Wer etwas zurückhält, der hat dadurch keine Freude am Herrn, dem fehlt auch die Kraft und Stärke. „Will gar nichts mehr sein, nichts wollen." Habe deine Lust an dem Herrn, der wird dir Kraft und Stärke geben.

13. September

Was dein Herz wünscht

Psalm 37,4

Habe deine Lust am Herrn, Er wird dir geben, was dein Herz wünscht.

Meint Er das so, wenn Er sagt, dass Er geben will, was unser Herz wünscht? Ja, gerade so meint Er es. Gott meint es immer so, wie Er es sagt. Aber, so hört man sagen: „Warum werden meine Wünsche nicht erfüllt?" Die Antwort:

Vielleicht deshalb nicht, weil du deine Lust nicht am Herrn hast. Viele verstehen nicht, was damit gemeint ist. Sie meinen, wenn sie um Vergebung ihrer Sünden gebeten, getauft und in die Gemeinde aufgenommen sind, Almosen geben und sonst Gutes tun, hätten sie das Ihre getan und der liebe Gott müsse nun tun, was Er versprochen hat und ihre Herzenswünsche erfüllen. Um dieses zu tun, was Er gerne würde, muss von uns noch etwas geschehen. Darüber später.

Bei andern Seiner Lieben erfüllt Er deshalb ihre Wünsche nicht, weil es für sie nicht gut wäre. Paulus sagt dem Herrn dreimal in seinen Gebeten, dass er den Wunsch hätte, vom Pfahl im Fleisch befreit zu werden. Doch der Herr wusste, dass er dann hochmütig werden würde und ließ seinen Wunsch unerfüllt. In solchen Fällen gibt Er seinen Kindern aber etwas Besseres. Paulus zum Beispiel gab Er Gnade im vermehrten Maße und Kraft.

14. September

Was dein Herz wünscht

Psalm 37,4

Habe deine Lust am Herrn, Er wird dir geben, was dein Herz wünscht.

Etlichen kann der Herr ihre Wünsche nicht erfüllen, weil sie nicht an das glauben, was sie bitten. In Markus 11,24 sagt der Herr Jesus: „Alles, was ihr bittet in eurem Gebet, glaubt nur, dass ihr es bekommt, dann werdet ihr es erhalten.“ O, wie reich könnten viele Kinder Gottes sein, wenn ihr Glaube es nehmen würde, worum sie bitten. Jakobus sagt: „Ihr habt nichts, weil ihr nicht bittet; ihr bittet und empfangt nichts, weil ihr übel bittet“ (Jakobus 4,2-3). In Seiner Vaterstadt konnte Jesus nicht viele Wunder tun, weil die Leute nicht glaubten. Um des Unglaubens Willen konnte Josua das Volk nicht zur Ruhe einführen. So ist auch der Unglaube eines der Hindernisse für den Empfang des Erbetenen. Ja, viel Heil geht verloren, weil wir nicht glauben.

Noch ein Grund, weshalb der Herr unsere Wünsche nicht erfüllt, sind unsere Untugenden und Sünden. In Jesaja 59,1-2 lesen wir, dass Gottes Hand nicht zu kurz ist, um zu helfen, sie erfüllt und reicht aus der oberen Schatzkammer bis auf die Erde, wo wir mit allen unseren Wünschen wohnen. Auch sind Seine Ohren nicht hart geworden, dass Er nicht höre. Nein, Gott sei Dank! Er kann und will. Er wird aber durch Untugend und Sünden gehindert. Räume sie hinweg, dann wirst du deine Lust an dem Herrn haben und Er wird dir geben, was dein Herz wüscht.

15. September

Was dein Herz wünscht

Psalm 37,4

Habe deine Lust am Herrn, Er wird dir geben, was dein Herz wünscht.

„Habe deine Lust am Herrn." Wie kommt man dazu? Ehe wir jedoch kurz dabei stehen bleiben, fragen wir was das heißt Lust am Herrn zu haben? An etwas Lust haben kann man nur, wenn man Wohlgefallen daran gefunden hat. Vom Herrn sagt uns die Bibel, dass Er Lust an den Menschenkindern hat (Sprüche 8,31) und zwar deshalb, weil Er Wohlgefallen an ihnen gefunden hat (Lukas 2,14). Ja, wenn man an etwas seine Lust haben will, muss man zuerst Wohlgefallen haben. Der Pharisäer hatte Wohlgefallen an sich selbst und sprach sich darüber in seinem Gebet aus (Lukas 18,11). Er hatte dadurch auch Lust an sich. Der reiche Jüngling hatte Wohlgefallen und Lust an seinem Geld (Matthäus 19,22). Die Lust am Herrn aber fehlte ihm. Abraham liebte den Isaak, aber als die Aufgabe kam, ihn zu opfern, verdrängte die Lust am Herrn bei ihm alles andere und Gott gab ihm, was sein Herz wünschte, den Isaak.

„Was dein Herz wünscht." Warum bleiben so viele Wünsche unerfüllt? Gott sagt: „Ich gebe dir, was dein Herz wünscht." Die Drangabe aller eigner Wünsche, das Ablegen alles Wohlgefallens, Lust an sich selber, der völlige Glaube, die Reinigung von Untugenden und Sünden bringt das Herz in solche Übereinstimmung mit Gott, dass es nichts anderes mehr wünscht, als gerade das, was Er geben will.

16. September

Dem Herrn anbefohlene Wege

Psalm 37,5

Befiehl dem Herrn deine Wege, und hoffe auf ihn; Er wird es wohl machen.

Solche Wege haben drei Vorteile.

1. „Befiehl dem Herrn deine Wege.“ Wer das getan hat, der hat den Vorteil, dass er sich um die Sorgen seiner Wege, die er zu gehen hat, nicht schwer machen braucht, die hat er dem Herrn übergeben. Etliche machen dabei leider einen großen Fehler. Sie meinen, ihre Wege dem Herrn übergeben zu haben, die sie selber erwählt und eingeschlagen haben und dann bitten sie, Gott möchte Seinen Segen dazu geben.

2. „Und hoffe auf Ihn.“ Das ist wieder ein großer Vorteil. Es gibt im Leben viele kleine Entscheidungen, die man dem Herrn anbefohlen hat. Wenn der Psalmist sagt: „hoffe auf Ihn“, dann meint er doch wohl, dass sie alle Ihm anbefohlen seien und damit verbunden, dass wir davon frei sind. Diese beiden Vorteile stehen im engen Zusammenhang. Wer seine Wege dem Herrn anbefohlen hat, darf mit kindlichem Vertrauen hoffen, dass Er alles weitere entscheidet. Welch ein großes, seliges Vorrecht!

3. „Er wird es wohl machen.“ Wir haben im ersten Teil den Vorteil darin gesehen, unsere Wege dem Herrn zu übergeben und zwar jeden Weg bei seinem Beginn. Sehen wir im zweiten Teil in den einzelnen Fällen den Fortgang des Weges, so sehen wir im dritten Teil im Abschluss: „Er wird es wohl machen.“

17. September

Der Herr ein Wegweiser

Psalm 32,8

Ich will dich unterweisen und dir den Weg zeigen, den du wandeln sollst; Ich will dich mit Meinen Augen leiten.

An Kreuzwegen stehen oft so genannte Wegweiser. An einem Pfosten befinden sich vier nach den Richtungen der Wege hinweisende Täfelchen. An diesen sieht man eine Menschenhand mit ausgestrecktem Zeigefinger. Darunter die Worte: Der Weg führt nach Rosenort, usw., wohin die Wege eben führen. Wie dankbar ist wohl jeder Wanderer, der zum ersten Mal durch diese fremde Gegend zieht.

Wir beide du und ich, mein treuer Mitpilger, sind solche Reisende. Die Gegend, durch die wir reisen, ist unbekannt. Es befinden sich aber Fußspuren auf demselben, die uns sagen, dass auch vor uns hier schon Leute gezogen sind. Auch befinden sich auf unserem Wege viele Wegweiser, bei denen sie, wie die Fußspuren es sagen, stille gestanden haben, um zu erfahren, wohin sie sich zu wenden hatten.

Wir haben nur einen Wegweiser, Der aber an allen Wendungen dem Wanderer zuruft: „Ich will dir den Weg zeigen, den du gehen sollst." Sein Wort, Sein Geist, Seine Zeugen sind Stimmen des Wegweisers. Eins aber müssen beide tun: stille stehen und Seinen Augen, durch die Er uns leitet, folgen und auf den Wergweiser schauen.

18. September

Dies ist der Weg

Jesaja 30,21

Und deine Ohren werden hinter dir her das Wort hören, wenn ihr nach rechts oder nach links geht: „Dies ist der Weg; den geht!"

Diese Worte galten einst dem Volk Gottes, das der Herr von seinem Irrweg erretten wird. Auch wir sind aus der Irre, in die uns die Sünde brachte, durch Jesus errettetet worden. Er führte auf den rechten Weg. Damit sind wir aber noch nicht außer Gefahr, wieder abzuirren. Das beweisen uns viele Beispiele der Menschengeschichte. Unser Text zeigt uns, wie Gott dies verhüten kann.

Vor allem verhütet Er es dadurch, dass Er jeden Menschen auf seinem Wege beobachtet und kommandiert. Das sagen uns die Worte: Du wirst hinter dir die Worte hören: „Dies ist der Weg, den geht!" Die Wege, die wir gehen, hat Seine Hand bereitet, und für uns bestimmt, deshalb weiß Er auch, ob wir auf dem für uns bestimmten Wege sind.

Bileam war nicht auf dem richtigen Weg, auch das sagte ihm der Herr mit den Worten: „Dein Weg ist verkehrt vor dem Herrn." Gott sei Dank für solche Zurechtweisungen! Genügen sie nicht, da versucht der Herr den Weg mit Dornen zu versperren. Die Wege werden schwer. Ein verkehrter Weg ist immer ein schwererer, aber der Herr hilft auch da hindurch.

19. September

Der große Kinderfreund

Matthäus 19,14

„Lasst die Kinder und verwehrt ihnen nicht, zu mir zu kommen; denn solchen gehört das Himmelreich."

Wie gerne vertrauen Eltern ihre Kinder solchen Leuten an, von denen sie wissen, dass sie Kinderfreunde sind, das heißt, dass sie sie lieben, für sie sorgen und nur auf ihr Bestes bedacht sind. Solche Freunde gibt es aber oft nur wenige. Hier ist Einer, wie es einen Zweiten eigentlich nicht gibt. Wir wollen sehen, wie Er seine Freundschaft zeigt.

1. Er ruft und zieht sie zu sich. So machte Er es, als er auf Erden unter ihnen wandelte. Damals gab es Hindernisse, die Er zuerst beseitigen musste, aber Er tat es und sammelte sie alle um sich. Auch heute tut Er noch dasselbe.

2. Er herzte sie. Er legte die Hände auf sie. Er segnete sie. Was wird das für die Kinder gewesen sein, sich so unter den Händen des Heilandes zu befinden, die sie herzten, indem Er sie an Sein Herz drückte. Selige Kinder, auf deren Haupt segnend Jesu Hände lagen, Der für sie betete!

3. Die Freundschaft, die Jesus ein für allemal an Kindern bewiesen hat, besteht darin, dass Er sie als Himmelserben erklärte: „Ihnen gehört das Himmelreich." Die reichsten Millionäre der Erde sind dagegen doch nur sehr arm, wenn sie weiter nichts haben.

20. September

Aus der Tiefe

Psalm 130,1-2

Aus der Tiefe rufe ich, Herr, zu dir. Herr, höre meine Stimme, lass deine Ohren auf die Stimme meines Flehens lauschen!

In den bergigen Gegenden führt der Weg den Wanderer bald in die Tiefe, bald in die Höhe, das heißt, bergauf, bergab. Das ist auch des Christen Weg. In unserem Psalm befindet sich der Psalmist in der Tiefe. Wir wollen einen Blick in die Tiefe tun und fragen dabei:

1. Was brachte ihn in diese Tiefe? In Vers 3 sagt er selber: „Wenn du, Herr, Sünden zurechnen willst, Herr, wer wird bestehen?“ Sünde hatte ihn dahin gebracht. O ja, Sünde bringt immer in die Tiefe. Bis der Mensch dort unten ist, sieht alles oft reizend aus, dort aber ist Elend.

2. Was sah er in der Tiefe? Das sagt uns der Psalmist im Vers 3. Er sieht sich vor dem Herrn, Der ihm seine Sünden zurechnet, vor Dem er aber nicht bestehen kann. Er bestand nicht. Auch wir bestehen nicht vor Ihm. Das trieb ihn dann auch dazu, einen Ausweg aus der Tiefe zu suchen.

3. Gab es für ihn einen Ausweg aus der Tiefe? Gott sei Lob und Dank, ja. Hier ist er. Der Glaube, den er auch in der Tiefe an die Vergebung aller Sünden besaß, stellte ihn nicht nur zum Rufen an, sondern verlieh ihm Kraft zu harren, zu hoffen und zu warten (Vers 5-6). Tue das gleiche!

21. September

Aus der Höhe

Psalm 18,17

Er streckte seine Hand von der Höhe herab, ergriff mich und zog mich aus großen Gewässern.

Wer mit dem Psalmisten aus der Tiefe gerufen hat, wird mit ihm Gottes Hilfe auch aus der Höhe erfahren. Diese Hilfe war eine vielfache.

1. „Er streckte Seine Hand von der Höhe herab." O welch ein Erbarmen leuchtet aus diesen Worten! Wie die Mutter auf das Schreien ihres Kinder herbeieilt, so streckte der Herr auf das Rufen Seines Kindes die Hand aus, die nicht zu kurz ist zu helfen (Jesaja 59,1). So tief ist keine Tiefe, dass sie zu kurz ist!

2. „Und zog mich." Welche Gnade, uns zu ziehen, weil aus der Tiefe niemand mit eigener Kraft herauskommen kann, sie ist zu tief. Diese Hand ergriff auch den Saulus von Tarsus (Philipper 3,12), der sich in fast bodenloser Tiefe befand (Römer 7,24).

3. „Und zog mich aus großen Gewässern", in denen er mit Fluten rang und dem Ertrinken nahe war (Psalm 93,3-4). Grausame Wasser der Sünde, des Unglaubens, der Zweifel und Anfechtungen sind es, aus denen die Hand des Herrn die versunkene Menschheit heraus zieht.

4. „Er errettete mich von meinen starken Feinden" (V.18). Oft haben sie sich verborgen und überfallen uns unverhofft. Die Errettung bringt uns in die Sicherheit für Zeit und Ewigkeit.

22. September

Nichts Gutes

Römer 7,18

Denn ich weiß, dass in mir, das heißt in meinem Fleisch, nichts Gutes wohnt. Den Willen habe ich wohl, aber das Gute zu vollbringen schaffe ich nicht.

Lange nicht alle Menschen wollen das von sich zugeben. Hören wir einmal, was sie von sich selber sagen.

1. Einige finden an sich nur Gutes. So ging es dem Pharisäer, der im Tempel stand und im Gebet dem Herrn sagte, dass in ihm nichts Böses sei. Ja, freilich in meinem Nachbar, der fast immer betrunken ist und ein Leben führt, wie die Zöllner, ist nichts Gutes.

2. Wir sind ja allzumal Sünder, sagen andere, aber so schlecht, wie du es meinst, bin ich doch nicht. „Ich habe eine große Sünde begangen“, sagte ein Mann, „und die ist allen bekannt, sonst habe ich nur kleine Sünden.“

3. Noch andere geben zu, dass sie noch viel Gebrechen und Schwachheiten an und in sich haben, aber hier und da etwas Gutes sehen, was sie bei anderen Gläubigen vermissen. Es dauert oft lange, bis es dem Heiligen Geist gelingt uns zu zeigen, dass…

4. … in meinem Fleische nichts Gutes wohnt. Wer aber auf diese Stufe hinab gestiegen ist, hat die höchste Höhe erreicht. Auch Christi Weg ging hinab (Philipper 2,5-8), dafür wurde Er aber auch von Gott erhöht. Das ist auch dein Weg.

23. September

Nichts Verdammliches

Römer 8,1

So gibt es nun keine Verdammnis für die, die in Christus Jesus sind, die nicht nach dem Fleisch leben, sondern nach dem Geist.

Es gab eine Zeit in des Apostels Leben, in der er in sich nichts Gutes fand, so dass er ausrufen musste: „Ich elender Mensch!"

Das blieb aber nicht dabei. Unser heutiges Wort lässt uns gerade das Gegenteil hören. Wenn er sich auch nicht direkt nennt, „an denen nichts Verdammliches mehr ist", so zeigt uns das doch sein Leben und seine Lehren, die er uns durch Eingabe des Heiligen Geistes gegeben hat. Ein glücklicher Zustand, und wir fragen:

1. Wie kommt man dazu? Oben steht es geschrieben. „Die in Christus Jesu sind", ja, die sind ebenso wenig anzutasten, wie der Hiob, den der Satan antasten wollte, aber zurücktreten musste, weil Gott ihn umzäumt hatte (Hiob 1,10).

2. Wie bleibt man in solchen Zustand? Die Frage ist leicht beantwortet; aber wird von vielen schwer ausgeführt. In 1. Johannes 2,28. heißt es: „Und nun, Kinder, bleibt in Ihm." Das ist alles? Ja, aber ohne das ist es unmöglich.

3. Wir wollen nur noch auf die Frage „wohin" uns kurze Antwort geben. Wohin führt dieser Zustand? In den Himmel schon hier auf Erden und in den Himmel nach dieser Erde.

24. September

Ein Wandel nach dem Fleisch

Römer 8,5-6

Denn die fleischlich sind, streben nach dem, was der menschlichen Natur entspricht, ... Aber fleischlich gesinnt sein bedeutet Tod.

In Galater 5,16-17 schreibt Paulus von einem Kampf zwischen Geist und Fleisch. Je nachdem, wie der Kampf ausfällt, so wird dann auch der Wandel sein. Heute reden wir vom Wandel im Fleisch. Dabei unterscheiden wir zweierlei:

1. Unser Wort zeigt uns, woran man die Fleischlichen erkennt. Es ist ein sicheres unfehlbares Kennzeichen: Ihre Gesinnung. Es gibt der fleischlichen Gelüste so viele: Augenlust, Fleischeslust, hoffärtiges Leben, Geldliebe, Ehrsucht, Parteiwesen und viele andere, welche die Bibel uns nennt, darauf wir nun auch die Gesinnung richten. Wer Geld liebt, wird seine Gedanken dahin richten. Ein Augenlüstiger wird alles Schmutzige sehen. Wie jeder gesinnt ist, so ist seine Gesinnung.

2. Das andere, was unser Text uns über den Wandel im Fleisch zu sagen hat, ist sein Ende: der Tod. Sehr bestimmt sagt Paulus: „aber fleischlich gesinnt sein, bedeutet Tod", der nach Hebräer 9,27 allen Menschen bestimmt ist. Es ist vielmehr ein allmähliches Absterben der besseren Gesinnung, Gefühle, Empfindungen des Geistes im Menschen, ein Sterben im Leben. O, möge der Herr uns vor solchem Tod bewahren!

25. September

Ein Wandel nach dem Geist

Römer 8,5-6

Die aber geistlich sind, streben nach dem, was des Geistes ist. … und geistlich gesinnt sein bedeutet Leben und Frieden.

Neben den Fleischlichen gab es allezeit Geistliche, es sind solche, die mit dem Fleisch gebrochen haben. Heute wollen wir ihnen ebenfalls etwas näher treten. Auch bei dieser Betrachtung soll uns ein zweifacher Gedanke beschäftigen.

1. Auch für die Geistlichen gibt es ein bestimmtes Kennzeichen, das in ihrer Stellung keine Täuschung zulässt. Unser Wort sagt: „die aber geistlich sind, streben nach dem, was des Geistes ist." Ihre Gedanken, ihre Werke, ihre Handlungen – alles ist auf das Ewige gerichtet. Ihr Wandel ist im Himmel. Ihre Sehnsucht ist auf Jesus gerichtet, Den sie erwarten. Im Hause und außerhalb des Hauses, auf Arbeit und auf anderen öffentlichen Plätzen sehen sie nicht auf das Ihre, sondern stets auf das, was des anderen ist. Mit großer Vorsicht achten sie darauf, niemandem Anstoß zu geben, sondern den Herrn zu verherrlichen.

2. Die Folge der geistlichen Gesinnung ist Leben und Friede. Das sind zwei unzertrennliche Stücke. Es ist Leben, von dem Jesus in Johannes 7,38 redet: Ströme des lebendiges Wassers und der Friede, wie ein Wasserstrom (Jesaja 48,10). Gieße aus in unsre Herzen dieses geistliche Leben und lasst uns Geistesmenschen sein!

26. September

Fleischliche Gesinnung

Römer 8,7-8

Denn die Gesinnung des Fleisches ist Feindschaft gegen Gott, weil sie dem Gesetz Gottes nicht untertan ist; denn sie kann es auch nicht. Denn die ihrer menschlichen Natur entsprechend leben, können Gott nicht gefallen.

Ein ernstes Wort schreibt der Apostel Paulus den Römern, und auch uns: Fleischliche Gesinnung und zwar unter Gläubigen. Sie war damals vorhanden und ist es leider auch heute noch. Wie schaut die Bibel darauf? Nicht anders als Paulus damals lehrte. Zweierlei ist es:

1. Unser Wort sagt zunächst, dass fleischliche Gesinnung, und zwar in jeder Form, Feindschaft gegen Gott ist. Es ist ein Unterschied zwischen der Feindschaft, in welcher die ganze Menschheit durch den Sündenfall gegen Gott stand, und der von Paulus hier erwähnten. Von jenen lesen wir, dass Er die Welt mit Ihm selber versöhnte (2. Korinther 5,19; Römer 5,10). Durch fleischliche Gesinnung bei den Gläubigen wird von ihrer Seite neue Feindschaft gegen Gott erhoben. Das ist gefährlich.

2. Die aber fleischlich sind, können Gott nicht gefallen. Das ist das zweite. Christi Kommen auf Erden brachte Gottes Wohlgefallen an den Menschen mit, aber fleischliche Gesinnungen gefallen Ihm nicht. Lege sie ab und du gefällst Gott!

27. September

Wohnt Gottes Geist in euch

Römer 8,9

Ihr aber lebt nicht gemäß eurer menschlichen Natur, sondern im Geist, wenn Gottes Geist wirklich in euch wohnt. Wer aber Christi Geist nicht hat, der gehört auch nicht zu ihm.

Das ist eine ernste Frage, von der allein unsere richtige oder nicht richtige Stellung zu Gott abhängt. Paulus setzte voraus, dass die Römer nicht fleischlich, sondern geistlich seien. Damit sie sich aber darüber nicht selbst täuschen, gab er ihnen ein bestimmtes Kennzeichen, an dem sie sich prüfen sollen: „wenn Gottes Geist in euch wohnt". Auch hier ist wieder ein großer Unterschied, den wir nebeneinander halten.

1. Menschen, in denen Gottes Geist wohnt. Von solchen sagt unser Wort: „Ihr seid nicht fleischlich, sondern geistlich gesinnt." Wie kam es dahin, dass aus fleischlich Gesinnten geistlich Gesinnte wurden? Der Geist Gottes hat Wohnung in ihnen gemacht. Das schließt dann jegliche fleischliche Gesinnung aus. Daran kann sich jeder prüfen, ob der Geist in ihm wohnt, oder nur zu Besuch ist.

2. Wer aber Christi Geist nicht hat, der ist nicht Sein. Wieder ein Prüfstein. Zu Jesu Eigentum macht uns nur Sein Geist, keine Gefühlserfahrungen, nicht die Taufe und Zugehörigkeit zur Gemeinde, sondern die Innenwohnung des Geistes Gottes.

28. September

Kommt her – gehet hin

Matthäus 25,34

„Kommt her, ihr Gesegneten Meines Vaters, erbt das Reich, das euch von Grundlegung der Welt an bestimmt ist!"

Matthäus 25,41

„Geht weg von mir, ihr Verfluchten, ins ewige Feuer, das dem Teufel und seinen Engeln bestimmt ist!"

Als eine große Gesellschaft geht die Menschheit über unsere Erde. Sie teilen sich Freud und Leid, verrichten gemeinsam ihre Arbeit, hören gemeinsam die Einladung: sich für die Ewigkeit vorzubereiten durch die Boten des Herrn, die Seinen Ruf wiedergeben: „Kommet her zu Mir alle, die ihr mühselig und beladen seid, Ich will euch erquicken." So wird es gehen, bis das eintritt, was in Matthäus 25,31-41 gesagt ist. Dann gibt es unter allen Menschen eine Wende. Unter der bis dahin gemeinsam ziehenden Menschheit gibt es immer auch Spaltungen, welche die Menschen selber verursachen. Dann aber wird der Herr alle Völker in zwei Lager teilen.

1. Lager: Jesus zieht zu sich: „Kommt her!"
Ihr Name: „Gesegnete meines Vaters"
Ihr Los: „Das Reich"
Der Grund: „Ihr habt getan"

2. Lager: Jesus treibt sie von sich: „Geht weg!"
Ihr Name: „Ihr Verfluchten"
Ihr Los: „Ewiges Feuer, bestimmt dem Teufel"
Grund: „Ihr habt nicht getan"

Zu welchem von diesen beiden Lagern wirst du gehören?

29. September

Was machst du mit Jesus?

Matthäus 27,22a

Pilatus sagte zu ihnen: „Was soll ich denn mit Jesus machen, von dem gesagt wird, Er sei Christus?"

Die Frage des Pilatus wird auch heute noch von vielen Menschen gestellt. Wenn man sie auch nicht hört, so sieht man es doch sehr deutlich, dass viele in ihrem Leben beweisen, dass sie mit Jesus nichts anzufangen wissen. Einen Gott lässt man noch gelten, Der alles geschaffen hat und zu Dem man auch, wenn es mal recht schwer wird, seufzt, aber mit Jesus weiß man nichts anzufangen. Wie traurig, dass Der, in Dem die Fülle der Gottheit wohnt, so beiseite gestellt ist, dass Er fast als übrig erscheint.

Ein Dichter sagt mit Recht: „Wer mag sagen und ermessen, wieviel Heil verloren geht; wenn wir nicht zu Ihm uns wenden und Ihn suchen im Gebet." Es ist in keinem anderen das Heil, als in Jesus. Und wer nicht weiß, was man mit Ihm machen soll, muss ohne Heil verloren gehen. Bei Ihm allein kann die Seele erquickt und ihr Durst gestillt werden (Matthäus 11,28; Johannes 7,37-38).

Wer Ihn nicht brauchen kann, muss umkommen. Er ist das Brot des Lebens, wer davon nicht isst, wird Hungers sterben. Ja, Er ist uns alles. Was machst du mit Jesus?

30. September

Von der Erde erhöht

Johannes 12,32-33

„Und Ich, wenn Ich erhöht bin von der Erde, dann werde Ich alle zu Mir ziehen." Das sagte Er, um anzudeuten, durch welchen Tod Er sterben würde.

Mit diesen Worten sagte der Herr Jesus dem Volk voraus, dass Er am Kreuz sterben werde. Das verstand damals niemand. Wir aber verstehen es und stehen unter Seinem Kreuz still, um zweierlei zu betrachten:

1. Seine Erhöhung von der Erde. Die Zeit von 33 Jahren, die für Jesus auf dieser Erde bestimmt waren, lief ab. Nun musste Er von dieser Erde hinweg genommen werden. Der Anfang davon geschah bei der Erhöhung an das Kreuz. Davon redet schon Jesaja 53,8. In diesem Kapitel sehen wir den Leidensweg Jesu (V. 4-7), die Kreuzigung (V.8), Beerdigung (V.9). Die Erde stieß Ihn aus und der Himmel schloss sich Ihm zu, so hing Er zwischen Himmel und Erde allein.

2. Der Grund der Einheit aller Kinder Gottes. „Und Ich, wenn Ich erhöht werde, will Ich sie alle zu Mir ziehen." Da haben wir eine Anziehungskraft, der kein noch so starker Magnet gleich kommt. Viel wird heute vorgenommen, um die Gläubigen zu vereinigen, und dergleichen mehr, und was ist das Resultat? Es gibt nur ein Mittel, alle zusammen zu bringen: der am Kreuz erhöhte Jesus. Lass dich ziehen!

1. Oktober

Von Gott erhöht

Philipper 2,9-11

Darum hat Gott ihn auch hoch erhöht und hat ihm einen Namen gegeben, der über allen Namen ist, damit im Namen Jesu sich jedes Knie beuge, von allen, die im Himmel und auf Erden und unter der Erde sind, und jede Zunge bekenne, dass Jesus Christus der Herr ist, zur Ehre Gottes, des Vaters.

Erhöht kann das werden, was niedrig ist und das zeigen uns die vorhergehenden Verse von Jesus, Der sich selbst erniedrigte. Die Erhöhung am Kreuz geschah zwar durch Menschen, aber nach Gottes Plan und nach Seinem vor Grundlegung der Welt gefassten Rat (Apostelgeschichte 4,28). Eine weit größere Erhöhung ist die, von welcher unser Text redet. Das werden uns einige kurze Gedanken zeigen, die unser obiges Wort enthält.

1. Und hat Ihm einen Namen gegeben, der über alle Namen ist. Wie mag der wohl lauten? Nach Offenbarung 3,12 wird es ein neuer, für uns ein noch geheimnisvoller sein, aber zuerst wird es der Name Jesus sein, der Ihm bei Seiner Erhöhung von Gott gegeben wird. Hier trug Er den allgemeinen Namen Jesus von Nazareth. Als solcher half Er den Notleidenden, als solcher wurde Er auch hingerichtet.

2. Im Namen Jesus werden bei Seiner Erhöhung alle, ob Freund oder Feind, alle im Himmel, auf Erden und unter der Erde, ihre Knie vor Ihm beugen und Ihn anbeten. So hoch wird Gott Ihn erhöhen, dass alles, auch der Höchste auf Erden, im Himmel und unter der Erde zu Seinen Füßen zurückbleibt.

2. Oktober

Der Harnisch Gottes

Epheser 6,10-11

Zuletzt, meine Brüder, seid stark im Herrn und in der Macht seiner Stärke. Zieht die ganze Waffenrüstung Gottes an, damit ihr gegen die listigen Anläufe des Teufels bestehen könnt.

Gottes Streiter kämpfen gegen den Teufel und brauchen dazu auch Gottes Harnisch. Wir betrachten dreierlei:

1. Gottes Streiter.

a) Wer sind sie? Paulus schrieb den Gläubigen in Ephesus und diese meinte er auch. „Brüder" nennt er sie. Alle Kinder Gottes sind solche (Hebräer 12,1-2).

b) Ihr Beruf: Für den Herrn streiten.

c) Weil es ein Gotteskampf ist, gibt Er uns auch Seine Waffenrüstung. Hier ist sie: Wahrheit, Gerechtigkeit, Friede, Glaube, Heil, Gottes Wort, eine siebenfache vollkommene Ausrüstung.

2. Ziehet an. Das ist unsere Sache. In der Rüstkammer unseres Heerführers Jesus Christus ist alles zu haben, aber hineingehen und anziehen müssen wir selber. Im Kämmerlein allein befinden sich die Waffen, aber dort sind sie in Fülle.

3. Unser Text nennt auch den Feind: Teufel, das heißt Widersacher. Er geht immer gegen die Sache, die wir führen. Und weil seine Anläufe so sehr listig sind, brauchen wir auch sehr notwendig eine tüchtige Ausrüstung. Die folgenden Blätter werden sie zeigen.

3. Oktober

Der Gurt der Wahrheit

Epheser 6,14

So steht nun, an euren Lenden mit Wahrheit umgürtet und mit dem Panzer der Gerechtigkeit bekleidet.

Wie zum Wandern, so auch zum Streit ist es besser, wenn um die Lenden ein Gürtel sitzt, der das Gewand zusammen hält. Man ist dann viel sicherer. Auch im Geistlichen ist das so. Als erstes Stück in der Waffenrüstung Gottes ist die Wahrheit genannt. Was ist Wahrheit? So fragen wir heute mit Pilatus und antworten:

1. Wahrheit ist das Gegenteil von Unwahrheit, also Lüge. Ein Sprichwort lautet: „Lügen haben kurze Beine." Das will sagen, dass man durch Unwahrheit nicht weit kommt. Johannes freute sich, wenn er sah, dass seine Kinder in der Wahrheit wandelten (2. Johannes 4). Im Kampf mit dem Teufel, der die verkörperte Lüge ist, kann nur die Wahrheit siegen. Den Aufrichtigen lässt Gott es gelingen. Wollen wir siegen, dann lasst uns unsre Lenden des Gemüts, das heißt der Gedanken und Gesinnungen mit dem Gurt der Wahrheit fest umgürten, damit sie nicht im Wind der Lehre und Anfechtungen umherflattern.

2. Noch notweniger als diese Wahrheit brauchen wir im Kampf gegen die listigen Anläufe des Teufels die Wahrheit, welche uns der Herr Jesus in Johannes 14,6 nennt, wo Er sagt: „Ich bin die Wahrheit." Paulus redet von „Christus anziehen". Hüllen wir uns ganz in Ihn ein, so dass von uns nichts zu sehen bleibt, und ziehen in den Streit und wir werden in unsern Hütten Siegeslieder singen!

4. Oktober

Panzer der Gerechtigkeit

Epheser 6,14b

Und mit dem Panzer der Gerechtigkeit bekleidet.

Der Panzer, den der Krieger anlegte, war aus Metall und schützte den Oberkörper gegen die feindlichen Pfeile. Auch der Gottesstreiter muss ihn haben, damit der Oberkörper, in dem das Herz sitzt, geschützt wird vor den Pfeilen des Bösewichts. Es ist die zweifache Gerechtigkeit.

1. Jesus Christus ist uns von Gott gemacht zur Gerechtigkeit (1. Korinther 1,30). Das ist der Panzer, der uns sicheren Schutz bietet. In diesem Panzer eingehüllt ist unser Herz in voller Sicherheit. Kein giftiger Pfeil, der uns unfehlbar den Tod bringen soll, kann hindurch, der Panzer schützt. Satan zielt auf uns und verdammt die Heiligen. Gott tritt dagegen auf und sagt: „Meinen Sohn habe Ich zur Gerechtigkeit dahingegeben, die Schuld trug Er." O, welch ein Panzer, kein noch so scharfer Pfeil ist im Stande durchzudringen. Bist du mit Ihm bekleidet?

2. Dieser Panzer nützt nur denen, die ihn anlegen. Wie geschieht das? Paulus sagt in Römer 5,1 dass es durch den Glauben geschieht. Und Jesus sagt in Lukas 18,13, dass Selbsterkenntnis und Buße, wie sie sich bei dem Zöllner zeigte, dem Glauben voran gehen müssen. Gehe in die Rüstungskammer und lege an den Panzer der Gerechtigkeit!

5. Oktober

Bereitstehende Friedensboten

Epheser 6,15

… dazu an den Füßen beschuht mit der Bereitschaft zur Verkündigung des Evangeliums des Friedens.

Gehört auch dies zur Waffenrüstung Gottes? Wir wollen mal sehen. Unser heutiges Thema enthält drei Stücke, von denen wir das letzte zuerst betrachten.

1. Friedensboten. Hört sich das nicht fast wie ein Widerspruch an, wenn wir diese beiden nebeneinander stellen? Die Bibel zeigt uns Männer, die Friedensboten und zugleich tüchtige Gottesstreiter waren. Paulus. Sein Leben zeigt uns, wie selten ein anderes, dass das Evangelium des Friedens ebenso in die Waffenrüstung Gottes gehört, wie der Gurt der Wahrheit.

2. Unser Text redet von gestiefelten Friedensboten. Die Stiefel sind für den Kämpfer zunächst deshalb notwendig, um gewisse Schritte zu tun, ohne zu fürchten, die Füße zu verletzen. Das Stiefeltragen war für den Kämpfer vorteilhafter als Schuhe, die man leicht von den Füßen verlieren kann. Vielen ist es leider so gegangen. Weil die Füße bloß geworden waren, konnten sie nicht mehr sicher auftreten, strauchelten und unterlagen.

3. Von bereitstehenden Friedensboten spricht unsere heutige Losung. Solche waren Philippus (Apostelgeschichte 8,26-39) und Ananias (Apostelgeschichte 9,10-19). Gehörst du auch zu ihnen? Komm! Der Herr wartet.

6. Oktober

Der Glaubensschild

Epheser 6,16

Vor allem aber ergreift den Schild des Glaubens, mit dem ihr alle feurigen Pfeile des Bösen auslöschen könnt.

Unter den sieben Stücken der Waffenrüstung Gottes steht der Schild des Glaubens in der Mitte. Paulus sagt, dass wir ihn vor allem ergreifen sollen. Ob es das wichtigste und notwendigste Stück in der Waffenrüstung ist? Vielleicht. Eins aber ist sicher: Er ist unentbehrlich. Wir sehen:

1. den Schild selber, und stellen uns eine Scheibe vor, die mit einem Griff versehen ist, an dem man ihn hält. Auf diese Weise versteckt sich der Krieger hinter ihm vor den fliegenden Geschossen des Feindes. Das kleine Stück ist nur ein kleines Abbild von dem großen Schild, hinter den sich die Gottesstreiter aller Zeiten verstecken (1. Korinther 10,16). Er bot und bietet ihnen und auch uns völligen Schutz und Sicherheit.

2. Wozu dient der Schild? Unser Wort sagt: „Damit ihr auslöschen könnt alle feurigen Pfeile des Bösewichts." Der Glaube kann es nicht verhindern, dass die Pfeile fliegen, die der Bösewicht von allen Seiten auf uns schießt, er kann sie aber unschädlich machen, auslöschen. Erinnert uns das nicht an die Glaubenshelden in Hebräer 11? Bist du geborgen?

7. Oktober

Der Helm des Heils

Epheser 6,17a

Und nehmt den Helm des Heils.

So steht der Gottesstreiter da, mit Wahrheit ist er umgürtet, in Gerechtigkeit gepanzert, an den Füßen gestiefelt, mit fester Hand den Glaubensschild haltend. Das Haupt aber ist noch unbedeckt und den feindlichen Geschossen ausgesetzt. In der Rüstungskammer unsers Heerführers gibt es auch eine Hauptbedeckung: einen Helm. Unser Wort nennt ihn „Helm des Heils". Was wäre die Waffenrüstung des Christus für einen Streiter ohne diesen Helm? Man könnte statt Heil auch Errettung sagen. Wo ist dieses Heil? Außer Jesus nirgends.

Die Bibel bezeugt das so schön, wenn Paulus von der erschienenen Gnade schreibt, die allen Menschen Heil bringt (Titus 2,11). „Diesem Hause ist heute Heil widerfahren" (Lukas 19,9), sagte Jesus zu Zachäus, nachdem Er bei ihm eingekehrt war. O, wunderbares Heil, unser Helm im Streit!

Und wie harmonisch singen erst die Liederdichter davon: „O Heil ohne Schranken, o Ozean der Gnad!" „Doch bringt der die Hilfe uns nah, das Heil das wundergroße. Es ist das Kreuz von Golgatha, Heimat für Heimatlose!" „Wir singen Dir, du Heil der Welt, Herr Jesu, Gottes Sohn!"

Decken und schützen wir unser wehrloses Haupt mit diesem Helm und wir sind von den feurigen Pfeilen in Sicherheit.

8. Oktober

Das Schwert des Geistes

Epheser 6,17

Und nehmt … das Schwert des Geistes, welches das Wort Gottes ist.

Das Schwert des Geistes. Ja, ohne dasselbe zieht kein Kämpfer in den Streit aus. Es würde ihm dort übel ergehen. Eben so übel ergeht es jedem Christ, der auf dem großen Kampfplatze ohne Gottes Wort steht. Wir betrachten dies Wort nach zwei Seiten.

1. Das geschriebene Wort. Von diesem Wort sagt ein Dichter so überzeugt: „Mir ist nicht um tausend Welten, aber um Dein Wort zu tun.“ Das Wort ist für uns sehr viel: Speise, Spiegel, Hammer, Same und vieles mehr. Heute betrachten wir es als Schwert, das innerlich wirkt, scheidet und trennt. Es schlägt den Feind wie nichts anderes. Mit diesem Schwert in der Hand stritten die Apostel, Reformatoren und alle Glaubensmänner. Mit diesem Schwert allein können auch wir siegen.

2. Die Bibel redet auch von Jesus als dem Wort. Er ist das lebendige Wort, durch welches nicht nur alles geschaffen ist, sondern durch das alles besteht. Er ist es auch, durch Den allein wir siegen können. Ergreife Ihn und du wirst das Feld behalten!

9. Oktober

Das Gebet eine Waffe

Epheser 6,18

Und betet allezeit mit allem Gebet und Flehen im Geist, und wacht eben dazu mit allem Anhalten und Flehen für alle Heiligen.

Sechs herrliche Stücke hat uns der Geist Gottes in unseren Versen gezeigt. In diesem kommt noch als siebentes das Gebet. Alle sieben zusammen bilden die Waffenrüstung Gottes. Wie wir diese Waffen zu gebrauchen haben, sehen wir.

1. In allen Anliegen. Sehr verschieden sind unsere Anliegen. Bald sind es unsere eigenen, bald unserer Brüder und Schwestern. Ein anderesmal sind es Anliegen der Gemeinde, die wir vor Gott bringen.

2. „Mit Gebet und Flehen im Geist." Es gibt viele Beter, nicht alle aber beten im Geist. Der Vater will aber solche Anbeter. Sie sind beständig im Geist. So kämpfen sie.

3. „Und wacht dazu." Ist es denn möglich, beim Beten zu schlafen? Zeigen davon nicht Jesu drei Mitbeter im Garten Gethsemane etwas? Und was sehen wir in unserem eigenen Gebetsleben? Jeder wahre Kämpfer wacht.

4. Mit allem Anhalten. Das anhaltende Gebet ist es, das die größten Siege erringt. Das sehen wir im anhaltenden Ringen Jesu in Gethsemane, wo Er den Tod besiegte.

10. Oktober

Die Waffen unseres Kampfes

2. Korinther 10,4-5

Denn die Waffen unseres Kampfes sind nicht menschlich, sondern mächtig vor Gott zur Zerstörung von Festungen; wir zerstören damit kluge Anschläge und jede Höhe, die sich gegen die Erkenntnis Gottes erhebt, und nehmen alles Denken gefangen unter den Gehorsam Christi.

Die Waffen, mit denen wir kämpfen, sind nicht menschlicher Art, sondern starke Gotteswaffen. Das ist der erste Gedanke unseres Textes, der uns einen großen Unterschied zeigt.

Zwei Arten von Waffen finden wir auch schon in der Geschichte Davids. Schwert, Spieß und Schild des Goliaths waren menschliche oder auch fleischlichen Waffen. Fünf glatte Steinchen am Bach aufgelesen und in der Hand eine Schleuder, die dem David vielleicht seine Mutter genäht hatte, das waren die andere Art.

Unser Text nennt sie „mächtige Gotteswaffen". Welches sind die Waffen, mit denen du dem Feind entgegen ziehst? Vertrauen auf sich, eigene Kraft, eigene Weisheit, eigene Gerechtigkeit und vieles andere sind fleischliche Waffen Goliaths und Davids, in denen heute noch viele Gläubige sich eingehüllt haben.

„Ich komme zu dir im Namen des Herrn" ist immer noch die starke Waffe Gottes, mit denen sich die Männer und Frauen nach Gottes Herzen versehen.

11. Oktober

Die Waffen unseres Kampfes

2. Korinther 10,4-5

Denn die Waffen unseres Kampfes sind nicht menschlich, sondern mächtig vor Gott zur Zerstörung von Festungen; wir zerstören damit kluge Anschläge und jede Höhe, die sich gegen die Erkenntnis Gottes erhebt, und nehmen alles Denken gefangen unter den Gehorsam Christi.

Noch einmal wenden wir uns diesen Waffen zu, um hauptsächlich zu sehen wozu sie uns vom Herrn gegeben sind. Unser Text nennt uns besonders zweierlei: Zerstören und gefangen nehmen.

1. Zu zerstören Befestigungen, oder Bollwerke. Wir fragen zunächst, welches diese Bollwerke sind. Zweierlei wird uns hier genannt: „Kluge Anschläge und jede Höhe." Wogegen werden diese Bollwerke aufgeführt? Unser Wort sagt uns: „Die sich gegen die Erkenntnis Gottes erhebt." Der Glaube des Apostels ist doch wohl der: Durch die Verkündigung der Heilsbotschaft, die er und seine Mitarbeiter trieben, sollten die Leute zur Erkenntnis Gottes geführt werden. Dagegen erhoben sich Anschläge und Höhen menschlicher Theorie und Wissenschaft, die nur durch mächtige Waffen zerstört werden konnten, denselben aber auch völlig unterliegen müssen.

2. „Und nehmen gefangen", nämlich durch diese Waffen. Die Gefangenen nennt der Text „alle Vernunft." Sie waren gefangen unter „den Gehorsam Christi." Ein großes Werk ist es, wozu Gott uns Seine mächtigen Waffen in die Hand gegeben hat.

Bist du daran beteiligt?

12. Oktober

Stufenweise Gesetzlosigkeit

Römer 6,19b

Denn wie ihr eure Glieder zum Dienst der Unreinheit und der Gesetzlosigkeit hingegeben habt zur Gesetzlosigkeit, so gebt nun eure Glieder zum Dienst der Gerechtigkeit zur Heiligung hin.

Wir nehmen mit Schmerzen manchmal wahr, wie es dem Feind gelingt, aus Geschöpfen nach Gottes Ebenbild Sklaven der Sünde zu machen, die, statt über die Sünde zu herrschen, ihr als hingegebene Knechte dienen. Von Knechten der Sünde redet auch der Apostel in unserem Wort. Soweit bringt es die Macht der Sünde. Wir betrachten kurz zweierlei, wie es so weit kommt.

1. „Wie ihr eure Glieder hingegeben habt zum Dienst der Unreinheit." Hingegeben. Ja, so kam es. So sind also diese armen Sündendiener schuldig an ihrem traurigen Los. Noch trauriger ist es, dass diese Armen, anstatt Hilfe und Rettung bei Jesus suchen, sich immer tiefer in Gesetzlosigkeit und zwar aus einer Gesetzlosigkeit in die andere stürzen.

2. Das andere ist noch viel schrecklicher: dass der Herr, ihr einziger Retter, sie preisgegeben hat, ihre eigenen Leiber an sich selbst zu schänden (Römer 1,24-26). So kommen sie weiter und weiter und tiefer und tiefer von Ihm in die Sünde ab, das heißt von einer Gesetzlosigkeit in die andere.

13. Oktober

Die Herrlichkeit des Herrn

2. Korinther 3,18

Wir alle aber sehen mit unverhülltem Gesicht die Herrlichkeit des Herrn wie in einem Spiegel und werden in dasselbe Bild verwandelt von Herrlichkeit zu Herrlichkeit, ganz so wie der Geist des Herrn wirkt.

Mit Freuden sehen wir bei vielen Gotteskindern ein bestimmtes Wachstum im Glauben. Paulus nennt es in unserem Text ein Verwandeln. Dabei zeigt er auch in zwei Gedanken, wie das geschieht.

1. „Wir alle aber, die wir mit unverhülltem Angesicht die Herrlichkeit des Herrn sich in uns spiegeln lassen." So lauten die Worte unseres Textes nach der Menge-Übersetzung. Sie zeigen uns, was von unserer Seite geschehen muss, um in des Herrn Herrlichkeit verwandelt zu werden. Es ist nur eines nötig, die Herrlichkeit des Herrn anzuschauen. Aber dazu gehört, dass wir zuerst unsre Augen vom allem abwenden, und die Folge davon wird dann die sein, dass die Herrlichkeit sich in uns spiegelt.

2. Wir werden verwandelt. Das ist das große Werk, das der Herr an uns durch den Heiligen Geist tut. Es beginnt nach unserer Bekehrung und endet bei unserer Verwandlung zur Entrückung. Der fortschrittliche Erfolg dieses Werkes hängt von unserem Gehorsam und der Drangabe alles dessen ab, was hindert.

14. Oktober

Ein fünfzackiger Verheißungsstern

Jesaja 58,11

Der Herr wird dich immerdar führen und deine Seele sättigen in der Dürre und deine Gebeine stärken; und du wirst sein wie ein bewässerter Garten und wie eine Wasserquelle, der es nie an Wasser fehlt.

Sterne sind manchmal als Reichswappen gebraucht worden. Diese haben nicht alle die gleiche Zahl, was die Zacken anbetrifft, sondern sie sind darin verschieden. Auch das Reich Gottes hat ein Wappen. Ist es auch ein Stern? Unser Wappen ist das Kreuz Christi mit fünf Wunden, aus denen sein heiliges unschuldiges Blut floss um die in die Sklaverei der Sünde verkaufte Menschheit loszukaufen.

Unser Thema lautet: Ein fünfzackiger Verheißungsstern. Wie alle anderen Verheißungen in der Bibel, gelten auch diese uns, wenn wir auf die Bedingungen eingehen, an die sie geknüpft sind. Diese finden wir in den Versen 1-10 unseres Kapitels. Ihr Inhalt ist in kurzen Worten folgender: In Vers 2 wird das Volk daran erinnert, dass es mit Gott rechtet. Das muss abgelegt werden.

Die Verse 3-5 reden von falschem, fleischlichem Fasten. Das muss umgewandelt werden in ein Fasten, das dem Herrn gefällt (V. 6-10). Nur wer auf solche Bedingungen eingeht, hat ein Recht, sich die obigen Verheißungen anzueignen, die wir auf folgenden Blättern betrachten werden.

15. Oktober

Der erste Zacken des Verheißungssterns

Jesaja 58,11a

Der Herr wird dich immerdar führen.

Die Rede ist hier vom Führen. Dazu müssen mindestens zwei sein, der Führer und derjenige, der geführt werden muss. Unser Text zeigt uns die Beiden und wir wollen sie kurz betrachten.

1. Wir betrachten zunächst den Führer. Das Wort nennt uns seinen vollen Namen: Der Herr. Dieser Name zeigt Ihn uns als den Gebieter. Das ist Er auch, und zwar über alles. Das zweite, was wir von Ihm hören, ist, dass Er uns immerdar führt. Das bedeutet, zu allen Zeiten. Der Heiland sagt: „alle Tage" (Matthäus 28,20). In Josua sagt Gott in Kapitel 1,5: „Ich will dich nicht verlassen…" Immerdar heißt auch überall, auf allen noch so schweren Wegen. Noch eins ist von Ihm gesagt: Er wird dich führen. Ein Führer muss ganz nahe bei dem sein, den er führt.

Nun haben wir ein wunderbares Bild von unserm Führer. Schauen wir es uns noch einmal an. Der Herrscher über alles wird zu jeder Zeit und an jedem Ort in unserer Nähe sein. Darf uns wohl mit einem solchen Führer bangen?

2. Wo ein Führer ist, muss auch jemand sein, der der Führung bedarf. Unser Wort redet auch davon, und nennt ihn auch: dich. Das ist alles, was wir von ihm hören. Das ist sehr wenig. Aber was ist von dir und mir, die wir darunter gemeint sind, noch mehr zu sagen?

„Nichts hab ich zu bringen, alles Herr bist Du!"

16. Oktober

Der zweite Zacken am Stern der Verheißung

Jesaja 58,11

Und deine Seele sättigen in der Dürre.

Wieder eine Verheißung, die wir uns aneignen dürfen und die wir nun betrachten wollen. Wie in der ersten Verheißung, so redet auch diese wieder von zwei Personen. Eine ist die wirkende, die andere, an der gewirkt wird, das heißt, die aktive und tätige und die passive, erduldende.

1. Der Tätige. Es ist derselbe Herr, von Dem die erste Verheißung redet. Dort sahen wir Ihn als Führer, hier als Versorger. Davon rühmt auch David im 23. Psalm: „Der Herr ist mein Hirte, mir wird nichts mangeln." Von diesem Herrn wird uns weiter gesagt, mit einem Hinweis auf Seinen Reichtum. Und noch eines vernehmen wir von Ihm, nämlich, dass Er auch in der Dürre die Fülle hat und alles Hungrige sättigt. Ein großer Versorger!

2. Der andere Teil ist der Untätige. Unser Wort nennt ihn „deine Seele". Jeder von uns weiß davon, wie diese Seele, gleich einem schreienden Hirsch, zu Gott schreit (Psalm 42,1).

Kennst auch du dieses Schreien? Dann gehörst du zu denen, die der Herr in Matthäus 5,6 seligpreist, die Er sättigen wird. Nichts in dieser Welt kann unsere Seele befriedigen. Er wird sie sättigen, auch in der Dürre.

17. Oktober

Der dritte Zacken des Sterns

Jesaja 58,11

Und wird deine Gebeine stärken.

Handelte es sich in der letzten Betrachtung um die Seele, als das Wesen, das nicht stirbt, sondern nach ihrer Trennung vom Leib in die Ewigkeit hinübergeht, so handelt es sich hier um den Leib. Der Prophet nennt ihn „Gebeine". Auch hier finden wir wieder zweierlei: Den Stärkenden und den, der gestärkt wird. Es lohnt sich, auf beide etwas zu achten.

1. Der Stärkende ist derselbe Herr, Herrscher und Gebieter, Den wir zuerst als Führer und dann als Versorger in der Dürre sahen. Ihm ist auch darum zu tun, dass Seine Kinder auch starke, gesunde Gebeine oder Leiber haben. In 2. Mose 15,26 zeigt der Herr Seinem Volk den Weg, nicht unter die Krankheiten Ägyptens zu kommen. Im 53. Kapitel sieht Jesaja den Knecht Gottes, Der auch die biblischen Krankheiten auf sich nahm. Diese Verheißung erfüllte sich auch in Matthäus 8,17 und Jakobus zeigt auch uns den Weg, damit unsere Gebeine gestärkt werden (Jakobus 5,14-15). Erfüllen wir die Bedingung, dann tut Gott, was Er verheißen hat, und wird die Gebeine stärken.

2. Von denen, die gestärkt werden, ist wieder fast nichts gesagt. Wer sind diejenigen? Das, was wir von ihnen sehen, ist, dass sie schwach sind und Stärkung brauchen. Wir auch.

18. Oktober

Der vierte Zacken am Stern der Verheißung

Jesaja 58,11

Und du wirst sein, wie ein bewässerter Garten.

Vom Herrn haben wir dreierlei gehört. Er wird führen, sättigen, stärken. „Nichts hab ich zu bringen, alles Herr bist Du." Wir haben und sind auch nichts. Hier gibt es eine Wende. Ein kleines Wörtchen, das Bindewort „und", am Anfang unseres Textes, verbindet auch hier zweierlei. Es verbindet den Gott, der alles ist, mit dem Menschen, der nichts ist.

Und was kommt dabei heraus? Das sagen die ersten drei Worte unseres heutigen Textes: „Und wirst sein." Ja, in Verbindung mit dem allmächtigen Gott fängt auch der ohnmächtige Mensch an, etwas zu sein. Eine große Wahrheit, die uns einige Bilder aus dem Leben und der Bibel bestätigen.

1. Was war Mose mit seinem Stab in der Hand ohne den Herrn? Nichts! Er wurde aber etwas, als er vor das Volk und den König trat und sagte: „Der Ich Bin hat mich gesandt."

2. Den Goliath hätte David mit seiner Schleuder nicht niedergestreckt, aber in Verbindung mit dem „ich komme zu dir im Namen des Herrn" geschah das Große.

3. Nichts hätte Saulus durch seine Vorzüge (Philipper 3,5-6) erreicht, aber mit dem, der ihm sagte: „Ich werde mit dir sein" (Apostelgeschichte 18,10) besäte er die ganze damals bekannte Welt mit dem Evangelium. Verbinde dich mit Gott und du wirst etwas sein!

19. Oktober

Ein bewässerter Garten

Jesaja 58,11

Und du wirst sein, wie ein bewässerter Garten.

Einen Garten, wer sollte ihn nicht lieben? Hier ist aber die Rede von einem bewässerten Garten. Ja, das ist etwas anders. Dabei denke ich an den Garten eines Bruders, durch den er mich einst führte. Er hatte ihn selber angelegt und mit geschickter Hand gut gepflegt. Die Bewässerung hatte er so eingerichtet, dass er unabhängig von anderen zu jeder Zeit wässern konnte.

Es war Sommer. Obstbäume, Beerensträucher, Weinranken, alles stand da mit Frucht beladen. „Und du wirst sein, wie ein bewässerter Garten." Zweierlei habe ich in meines Freundes Garten gelernt, was Gott an Seinen Kindern sehen will, wenn Er sie mit einem Garten vergleicht.

1. Als ich mit dem Bruder durch seinen Garten ging, schien es mir, als neigten sich die beladenen Äste vor ihrem Herrn und Gärtner, der sie gepflanzt und gepflegt hatte. „Wie ein bewässerter Garten." „Auf dass wir etwas seien zum Lob Seiner Gnade und Herrlichkeit" (Epheser 1,6.12).

2. Das andre war der reiche Segen, den der Garten spendete. Im Schatten der Bäume konnte man ruhen und die Frucht derselben bot Genuss und Erquickung. „Und du sollst ein Segen sein" (1. Mose 12,2).

Wie ein Garten.

20. Oktober

Eine Wasserquelle, die immer rinnt

Jesaja 58,11

Und wie eine Wasserquelle, der es nie an Wasser fehlt.

Die Verbindung mit dem Herrn macht ein Gotteskind zu einer Wasserquelle. Wir bleiben bei der Wasserquelle ein wenig stehen und denken darüber etwas nach.

1. Was ist eine Wasserquelle? Es ist ein kleiner Ort auf der großen Erdoberfläche, an dem sich die ungeheuren Wasservorräte in der Erde durchbrechen. An irgendeinem verborgenen Ort entdeckt man oft solchen Durchbruch und nennt ihn eine Quelle.

So ist es im geistlichen Sinne. In Gott ist die Fülle alles Lebens, das in Jesus Christus zum Durchbruch kam und Ihn zur Quelle des Lebens machte. Durch Abraham, Elia, Daniel, Stephanus und alle Gotteskinder brach dieses Wasser sich hindurch und machte sie zu Quellen.

Bist du auch eine?

2. Unser Text redet von einer Quelle, welcher es nie an Wasser fehlt. Es kommt vor, dass in den Brunnen das Wasser knapp wird, ja dass sie austrocknen. Eine gründliche Reinigung hat oft wieder Wasser hervorgebracht. Einer Wasserquelle, die aus Gottes Brünnlein quillt, wird es nicht nur nimmer an Wasser fehlen, sondern sie wird, weil sie hinab fließt, ihre Habe vermehren.

21. Oktober

Dienen – Warten

1. Thessalonicher 1,9b-10

... um dem lebendigen und wahren Gott zu dienen, und seinen Sohn vom Himmel zu erwarten, den Er von den Toten auferweckt hat, Jesus, der uns aus dem zukünftigen Zorn errettet.

Wunderbar passend und schön hat der Heilige Geist diese beiden Tätigkeiten zusammengestellt. Nicht nur ihre Zusammengehörigkeit ist richtig. Ebenso richtig ist auch die Reihenfolge: erst dienen, dann warten, nicht umgekehrt. Betrachten wir beides.

1. „Dem lebendigen und wahren Gott zu dienen." Das ist Gottes erste Absicht, wenn Er einen Sünder zu sich bekehrt. Um Ihm zu dienen hielt Er den Apostel Paulus auf seinem Wege der Verfolgung aller Gläubigen auf (Galater 1,13). Um dem lebendigen Gott zu dienen, bekehrte Er die Thessalonicher von den toten Göttern (Vers 9). Zu keinem anderen Zweck sind auch wir bekehrt, als zuerst dem Herrn auf Erde zu dienen.

2. „Und Seinen Sohn vom Himmel zu erwarten." Wir wollen uns im Dienst nicht darüber zerstreuen, wann das geschehen wird. Das versuchten auch die Jünger und bekamen die kurze, abschneidende Antwort: „Es gebührt euch nicht, Zeit oder Stunde zu wissen, die der Vater in seiner eigenen Autorität festgesetzt hat" (Apostelgeschichte 1,7). „Darum wacht, denn ihr wisst weder Tag noch Stunde, in welcher der Menschensohn kommen wird" (Matthäus 25,13).

22. Oktober

Saul in der Einsamkeit

Galater 1,16-17

... da besprach ich mich nicht sofort mit Fleisch und Blut, ging auch nicht hinauf nach Jerusalem zu denen, die vor mir Apostel waren, sondern reiste nach Arabien und kehrte wieder nach Damaskus zurück.

Arabien, eine Provinz, in die der junge, das heißt eben wiedergeborene Bruder Saulus den Weg einschlug. Dieser reich bevölkerte Landflecken wurde ihm zur Einsamkeit. Wir stellen zwei Fragen:

1. Was beabsichtigte der Herr damit, dass Er ihn in die Einsamkeit führte? Sagt Paulus es nicht selber in unserem heutigen Wort? Diese Verse enthalten dreierlei: Zuerst redet er hier von seiner Aufgabe: Den Sohn Gottes durchs Evangelium unter den Nationen zu verkündigen (Galater 1,16). Dann davon, dass der Sohn Gottes in ihm zuerst offenbart werden müsse (Vers 16). Und zuletzt, wie ihm diese Offenbarung wurde (Vers 12).

2. Was ist die Folge solcher Offenbarung in der Einsamkeit? Eine überaus große. Es wurde ein Geheimnis kund, das über 4000 Jahre verborgen war. Ein Geheimnis, in das auch die Engel gerne Einblick hätten (1. Petrus 1,12) und die Fürstentümer und Gewalten hinab schauen, um Gottes Weisheit zu sehen (Epheser 3,10). Gott offenbart dieses nur in der Einsamkeit.

23. Oktober

Paulus in der Einsamkeit

2. Timotheus 4,16-17a

Bei meiner ersten Verteidigung stand mir niemand bei, sondern sie verließen mich alle. Es sei ihnen nicht angerechnet. Aber der Herr stand mir bei und stärkte mich.

Ungefähr 14 Jahre waren vergangen (Galater 2,1) seit jener Einsamkeit. Vieles war anders geworden: Saulus war zu Paulus geworden, sein Werk war beendet, seine Freunde hatten ihn verlassen, aus einem freien Mann war ein Gefangener geworden, der aus Gemeinschaft in die Einsamkeit versetzt worden war. Ja, da war in seinem Leben alles anders geworden. Eins aber war geblieben. Davon sah die Umgebung freilich nichts. Er sagt es hier mit den trostreichen Worten: „Aber der Herr stand mir bei und stärkte mich."

1. „Aber der Herr stand mir bei." Das war ein Anwalt. Die muss man oft teuer bezahlen. Auch Jesus erwartet für Sein Amt als Fürsprecher etwas. Paulus hatte gezahlt und deshalb stand Er ihm bei. Er hatte sich selbst dem Herrn übergeben. Er stand ihm nun bei. Das genügte dem Apostel. Das ist Segen und Freude der Einsamkeit.

2. „Und tröstete mich" (Luther 1912). Trost brauchen Traurige. Das Alleinsein machte den Apostel nicht nur einsam, sondern auch traurig. Das sah der Herr und stellte sich neben ihn. Jesu Nähe bringt immer Trost. Gib dein Leben Ihm und Er ist mit Seinem Trost bei dir!

24. Oktober

Petrus, Jakobus und Johannes in der Einsamkeit

Markus 9,2

Nach sechs Tagen nahm Jesus Petrus, Jakobus und Johannes mit Sich und führte sie abseits auf einen hohen Berg, sie allein, und Er wurde vor ihnen verklärt.

1. Wo befand sich die Einsamkeit? Ein hoher Berg war es. Wir wissen nicht wie hoch er war, aber wir wissen, dass das Bergsteigen schwer ist. Auch in die Einsamkeit geführt zu werden ist oft nicht leicht. Die Jünger gingen aber nicht allein, Jesus ging mit ihnen, und dann war es leichter. Er erleichtert alles Schwere.

2. Wie kamen sie in die Einsamkeit? Jesus führte sie dorthin, sagt unser Wort. „An Jesu Hand lässt sich so herrlich gehen, denn sie führt gut." Auch in die Einsamkeit. Petrus antwortet darauf mit den Worten: „Hier ist gut sein" (Vers 5). Wo Jesus ist, da ist immer gut sein. Auch in der Einsamkeit. Das erlebten die drei Männer im Feuerofen.

3. Was brachte ihnen die Einsamkeit? Mancherlei. Vor allem einen kleinen Blick in das Reich Gottes. Sie waren es, von denen Jesus in Vers 1 sagte, dass etliche nicht sterben werden, sondern das Reich Gottes kommen sehen werden. Sie sahen Jesu Herrlichkeit auf dem Berg (Vers 2). Die Einsamkeit lässt immer etwas zurück (siehe 2. Korinther 4,16-17).

Bist du einsam? Dann warte auf einen besonderen Segen!

25. Oktober

Petrus nochmals in der Einsamkeit

Apostelgeschichte 10,9

Am nächsten Tag, als sie unterwegs waren und sich der Stadt näherten, stieg Petrus um die sechste Stunde auf das Dach hinauf, um zu beten.

Es war zwölf Uhr mittags, Gebetszeit. Einmal war es ein hoher Berg, auf den Jesus Seine Jünger in die Einsamkeit führte, hier ist es der Söller, ein Obergemach des Hauses. Beide Male musste Petrus hinauf steigen. O selige Höhe der Einsamkeit! Wer sie erklimmt, steigt von dort nicht ohne Segen hinab. Auch Petrus kam mit großen Schätzen aus dieser Verborgenheit. Was brachte er mit?

1. Tiefere Heils- und Gotteskenntnis. Schon im alten Bund musste Gott über Mangel an Gotteserkenntnis unter Seinem Volk klagen (Hosea 4,1). Auch Jesus klagte darüber: „Du kennst mich nicht, Philippus?" (Johannes 14,9). Die Lektion Petrus' war, dass Jesus Christus der Retter der Juden und Heiden ist. Wer in der Gotteserkenntnis wachsen will, muss die Einsamkeit im Kämmerlein fleißiger aufsuchen. Große Gottesmänner weilten viel im Gebet.

2. Petrus bekam dort auch einen weiten Blick und ein weites Herz für seine Mitmenschen. Gott zeigte ihm, dass er niemanden gemein oder unrein halten sollte. Niemand ist des Heils unwürdig. Wie engherzig und kurzsichtig sind oft Kinder Gottes! Es würde bei ihnen bald anders werden, wenn sie die Stille, die Einsamkeit im Kämmerlein mehr aufsuchen würden.

26. Oktober

Johannes nochmals in der Einsamkeit

Offenbarung 1,9

Ich, Johannes, der ich auch euer Bruder und Mitgenosse an der Bedrängnis und an der Königsherrschaft und an der Ausdauer in Jesus Christus bin, war auf der Insel, die Patmos heißt, wegen des Wortes Gottes und des Zeugnisses von Jesus Christus.

Eine kleine Insel im Meer ist dieses Mal der einsame Ort, zu dem der Herr einen seiner Lieblinge führte. Auch hier hatte Er bestimmte Absichten dabei, die wir zuerst betrachten. Die Hauptsumme Seiner Absichten nennt uns der Seher auf Patmos selber: Um seinen Knechten zu zeigen, was in der Kürze geschehen soll (Offenbarung 1,1). Wie groß muss uns der Herr darin erscheinen, Seine Knechte wissen zu lassen, was Er vorhat zu tun. So war es schon zu Abrahams Zeiten, als Er diesem Sein Vorhaben mit Sodom und Gomorra kundtat (siehe 1. Mose 18,17). Durch Paulus, dem Er das große Geheimnis des Leibes Christi offenbarte, lässt Er den Ephesern und auch uns sagen, dass wir Mitwisser göttlicher Geheimnisse sind (Epheser 1,9).

Wie ist es dem Herrn doch so sehr darum zu tun, Seine Knechte auf dem Laufenden zu halten. Warum? Damit sie Ihm besser dienen können.

Um dieses kund zu tun, musste Johannes in die Einsamkeit. Dort war er also nicht um seinetwillen. Bist du vielleicht auch um anderer willen in Einsamkeit?

Harre aus!

27. Oktober

Josef in der Einsamkeit

Apostelgeschichte 7,9

Und die Erzväter waren neidisch auf Josef und verkauften ihn nach Ägypten. Aber Gott war mit ihm.

Es gab keine Zeiten, in welchen Gott Seine Kinder nicht in die Einsamkeit führte, und niemand hat es bereut, dass sie Ihm dorthin folgten. Wir wollen versuchen zu sehen, was diese Einsamkeit dem Joseph brachte.

1. „Gott war mit ihm", lautet unser Text. Ein Liedervers heißt so schön: „Wenn die Menschen alle mich verlassen ... – mein Herr verlässt mich nicht." In der Grube war Gott mit Joseph. Er zog nach Ägypten, Gott war mit ihm. Im Hause Potifars, im Gefängnis, Gott war mit ihm. Bist du in Einsamkeit? Gott ist mit dir!

2. Die Einsamkeit rückte ihn seinem Gott näher und diese brachte ihm großen Nutzen. Kraft gegen die Versuchung zu stehen; Verständnis für die Lage seiner Mitgefangenen; Weisheit ihnen ihre Zukunft zu zeigen. Fürchte nicht die Einsamkeit, denn mit ihr gibt Gott Seinen Kindern nur Gutes und viel Segen!

3. Durch die Einsamkeit bereitete Gott ihn für einen hohen Beruf vor. Er wurde der Versorger des ganzen Landes. Die Gläubigen werden für einen noch höheren Beruf vorbereitet. Sie sind es, die als Gehilfin des Christus, als Haupt für alle Ewigkeit, Ihm zur Verfügung stehen werden. Dazu werden sie in der Einsamkeit dieser Zeit vorbereitet. Halte nur stille!

28. Oktober

Kommen zu Jesus

Matthäus 11,28-30

„Kommt her zu mir alle, die ihr mühselig und beladen seid; Ich will euch erquicken. Nehmt mein Joch auf euch und lernt von mir; denn Ich bin sanftmütig und von Herzen demütig; so werdet ihr Ruhe finden für eure Seelen. Denn mein Joch ist sanft, und meine Last ist leicht."

Die Sünde hat die ganze Menschheit von Gott getrennt und entfernt. Jeder Mensch, so hat einmal jemand gesagt, wird mit dem Rücken zu Gott geboren und geht, je länger er lebt, immer weiter von Gott ab.

Das ist ein doppelter Verlust: Der Herr, als Schöpfer, verlor das wertvollste, die Krone Seiner wundervollen, herrlichen Schöpfung, und der Mensch, als Geschöpf für die Ebenbildlichkeit, für den Himmel und das ewige Leben, verlor alles und sank in den Tod.

Ein Dichter sagte so treffend: „Hättest Du Dich nicht an mich gehangen, ich wär von selbst Dich wohl nie suchen gangen." Und damit begann der Herr schon im Paradiese, als Er rief: „Adam, wo bist du?" Er suchte weiter durch die heiligen Männer des Alten Testaments. Dann kam Er selber in der Person Jesu Christi und rief: „Kommt her zu Mir alle, die ihr mühselig und beladen seid."

Zuletzt übergab Er diese Sache Seinen Jüngern, die sie auch heute noch tun. Hast du den Ruf gehört? Bist du schon zu Ihm gekommen? Beteiligst du dich an dieser schönen Arbeit?

29. Oktober

Fortgehen von Jesus

Johannes 6,68-69

Deshalb sagte Jesus zu den Zwölfen: „Wollt ihr auch weggehen?“ Da antwortete ihm Simon Petrus: „Herr, zu wem sollen wir gehen? Du hast Worte des ewigen Lebens; und wir haben geglaubt und erkannt, dass Du der Christus bist, der Sohn des lebendigen Gottes.“

Eine ernste Frage enthalten diese Worte Jesus‘ an solche, die dem Ruf „Kommt her!“ gefolgt waren. Wir haben aber auch die Antwort gleich daneben. Wir bleiben kurz dabei stehen.

1. „Wollt ihr auch weggehen?“ Die Veranlassung zu solcher Frage war das Fortgehen vieler von Jesus. Wie das Kommen zu Jesus andere mit sich zieht, so auch das Fortgehen von Ihm. Auch die Jünger standen in dieser Gefahr. Die Frage des Herrn brachte sie zur Entscheidung. Vor solchen stehen die Gläubigen auch heute. Vielen sind die Reden Jesu zu hart. So genau können sie es im Leben nicht nehmen. Ein wenig darf man doch mitmachen. Da gehen sie denn lieber zurück. Willst du auch gehen?

2. „Herr, wohin sollen wir gehen?“ Die Antwort des Petrus enthält zugleich eine Gegenfrage an den Herrn. Die Jünger legen hier ein Glaubensbekenntnis ab. Artikel eins: „Du hast Worte des ewigen Lebens.“ Von Dir weggehen, hieße in den Tod gehen. Artikel zwei: „Du bist Christus, der Sohn des lebendigen Gottes.“ Von Dir, dem Sohn Gottes, als Retter, weggehen, hieße ins Verderben gehen. Willst du auch weggehen?

30. Oktober

Nicht so mein Vater

1. Mose 48,17-18

Als Josef sah, dass sein Vater die rechte Hand auf Efraims Kopf legte, missfiel es ihm, und er fasste die Hand seines Vaters, um sie von Efraims Kopf auf Manasses Kopf zu wenden.

Und Josef sagte zu seinem Vater: „Nicht so, mein Vater, denn dieser ist der Erstgeborene; lege deine rechte Hand auf seinen Kopf."

Hier sehen wir Josefs Unzufriedenheit mit dem Tun seines Vaters, der nach Gottes Befehl mit seinen Söhnen handelte. Das kommt auch heute noch vor. Vielleicht kommt es auch in deinem Leben vor? Dann lerne von Josef, wie unschön das war. Es half ihm auch nichts, denn sein Vater ließ sich doch nicht aufhalten. Josef tat vier Fehltritte. Unser Text sagt.

1. Die Handlung des Vaters missfiel Josef. Gott sagt aber in Sprüche 23,26: „Lass deinen Augen Meine Wege wohlgefallen." Der Anfang von Verirrungen war oft Unzufriedenheit.

2. Er fasste seines Vaters Hand. Dadurch versuchte er seines Vaters Werk aufzuhalten. Wie ernst sagt Jesus von solchen: „Wer nicht mit Mir sammelt, der zerstreut" (Matthäus 12,30b).

3. Um sie von Efraims Haupt auf Manasses Haupt zu wenden. Josef hielt die Sache seines Vaters nicht nur auf, er handelte direkt dagegen.

4. Und sagte: „Nicht so, mein Vater." Und nun eine Zurechtweisung an den Vater. Viele Gebete gleichen ihr, so wie Marthas Worte in Lukas 10,40.

31. Oktober

Ich weiß wohl, mein Sohn

1. Mose 48,19

Aber sein Vater weigerte sich und sagte: „Ich weiß wohl, mein Sohn, ich weiß wohl."

Nun war es an Jakob, seinem Sohn zu antworten, und er tat es auf sehr liebevolle, recht väterliche Weise. „Ich weiß wohl, mein Sohn", das war vorläufig alles. Dann erklärte er ihm weiter in Bezug auf seine Kinder, dass der Herr für beide einen bestimmten Plan hat, den Josef noch nicht kannte. In der Antwort Jakobs „Ich weiß wohl", liegen einige Lehren für uns.

1. „Ich weiß wohl, mein Sohn", dass du das beste Teil für deine Kinder suchst. Wenn der Herr sieht, dass Seine Kinder der Stadt Bestes wollen, dann wird Er ihnen beistehen und sie liebevoll zurechtweisen. Er nimmt dann den guten Willen an.

2. „Ich weiß wohl, mein Sohn", dass du es nicht besser verstehst, aber ich will es dich lehren. Den Aufrichtigen lässt es der Herr gelingen. Jakob gab Josef tiefere Erkenntnis. Der Heilige Geist führt die Gläubigen durch die Bibel immer tiefer, wenn sie das Erkannte ausleben.

3. „Ich weiß wohl, mein Sohn", sprach Jakob, dabei weigerte er sich. Durch sein Weigern machte er den Fehler gut, den Josef begangen hätte. Wie viel hat der Herr in unserem Leben nicht zugelassen, dadurch, dass Er sich weigerte, d.h. uns unsere Bitten nicht erfüllte. Er wusste wohl, dass das für uns nicht gut sein würde. Und einst werden auch wir es wissen und Ihm dafür danken.

1. November

Er hat gesagt

Hebräer 13,5; (Josua 1,1-7) (Luther 1912)

Denn Er hat gesagt: „Ich will dich nicht verlassen noch versäumen."

Bei diesen Worten, die Er gesagt hatte, kommen wir auf drei Fragen, die uns dies Wort verständlich machen.

1. Wer hat dies Wort gesagt? Wenn wir die Stelle in Josua 1 antworten lassen, dann vernehmen wir, dass es der Herr ist, dem Mose bis zu seinem Tod diente. Es war der Herr, der Seinem Volk ein Reich verhieß und bei der Einnahme desselben ihnen Seine Hilfe versprach. „Er ist ganz derselbe heut." Er ist es, von dem unser Wort heute zu uns redet.

2. Wem wurden diese Worte gesagt? Zuerst galten sie Josua, dem Sohn Nuns. Dann eignete der Schreiber des Hebräerbriefes sich dieselben an. Zuletzt galten sie auch allen Lesern, zu denen auch wir gehören. So ist dieses Wort auch zu uns geredet: „Ich will dich nicht verlassen." Niemals allein. „Ich will dich nicht versäumen", das heißt, nicht vernachlässigen, sondern versorgen.

3. Wozu sagt der Herr diese Worte? Dreierlei wollte Er an Josua durch sie erreichen: Sei unverzagt, getrost und freudig! Solche Leute kommen viel besser und leichter durch die Welt. Ihre Freunde lieben sie und machen ihnen Platz zum Durchzug. Ihre Feinde aber fürchten sich vor solchen und weichen ihnen aus. Der Herr hat dir dies Wort der Aufmunterung gesagt. Glaube es!

2. November

Wir dürfen sagen

Hebräer 13,6

Sodass wir getrost sagen können: „Der Herr ist mein Helfer, ich will mich nicht fürchten; was sollte ein Mensch mir tun?"

Unser heutiges Thema enthält zwei große Gedanken, die in obigem Worte liegen und die wir uns jetzt etwas anschauen.

1. Sodass wir auch sagen. Wir haben durch den schweren Sündenfall viel, eigentlich alles verloren. Darunter auch, dass wir mit einer Erwartung vor Gott treten. Der Apostel nimmt sich scheinbar das Recht, folgende Worte nicht als Bitte auszusprechen, sondern als etwas selbstverständliches. Weil er gesagt hat: „Ich will dich nicht verlassen." „Ich will dir nie meine Hilfe versagen."

2. Sagen auch wir sehr bestimmt und auf Grund dessen, was er gesagt hat:

a) „Der Herr ist mein Helfer"

b) „Ich will mich nicht fürchten"

c) „Was sollte mir ein Mensch tun?"

Welch ein glückliches, sorgenfreies Leben ist es, so nicht nur zu sagen, sondern es in Wirklichkeit zu erleben! „Der Herr ist mein Helfer." Weiter sagt der Apostel: „Ich will mich nicht fürchten." Warum sollte er das auch? Der Herr hat doch gesagt: „Ich will dich nicht versäumen." O ja, dann haben auch wir das Recht zu sagen: „Was sollte ein Mensch mir tun?" Er hat es gesagt, darum sage es auch du.

3. November

Ein langer dunkler Weg

Psalm 13,2-3

Herr, wie lange willst Du mich so ganz vergessen? Wie lange verbirgst Du dein Angesicht vor mir? Wie lange soll ich in meiner Seele Sorgen haben und mich täglich in meinem Herzen ängstigen? Wie lange soll sich mein Feind über mich erheben?

Jeder Weg, den wir gehen, teilt sich in bestimmte Wegstrecken, die ab und zu länger oder kürzer sind, bald leichter, bald schwerer. Dieser Weg besteht aus vier Strecken, die David ging. Vielleicht auch du?

1. Erste Strecke: Von Gott vergessen. „Wie lange willst Du mich vergessen?“ David war von Gott zum König bestimmt und durch Samuel dazu auch gesalbt worden. Als Flüchtling kam es ihm vor, als habe Gott das vergessen.

2. Zweite Strecke: Von Gott entfernt. „Wie lange verbirgst Du Dein Antlitz vor mir?“ Alles Suchen des Antlitzes Gottes schien vergebens zu sein. Von Gott vergessen zu sein erscheint fast unerträglich. Viel entsetzlicher ist der Eindruck, dass die Gebete nicht vor Gottes Antlitz gelangen.

3. Dritte Strecke: In Sorgen: „Wie lange soll ich mich sorgen in meiner Seele und mich ängstigen in meinem Herzen täglich?“ Sorgen und Angst sind schon deshalb so drückend, weil man so allein gelassen ist (Vers 1-2), das heißt sich allein überlassen ist. Unser Text sagt, dass David sich täglich in solcher Angst befand. Die Länge trägt die Last. Geht es dir auch so?

4. November

Ein einsamer Wanderer auf diesem Wege

Psalm 13,4-5

Schau doch her und erhöre mich, Herr, mein Gott! Erleuchte meine Augen, damit ich nicht im Tod entschlafe, damit sich mein Feind nicht rühmt, er habe mich überwältigt, und meine Widersacher sich freuen, wenn ich unterliege.

Von David wollen wir lernen, wie wir auf diesem Weg wandeln müssen, um vorwärts zu kommen und das Ziel des Weges zu erreichen und nicht in Dunkelheit zu irren. David ging.

1. Er ging diesen Weg betend: „Schau doch her und erhöre mich, Herr, mein Gott!" So rief er den Herrn an und bat Ihn, über ihn offene Augen und Ohren zu haben. Er bat Ihn, seinen Weg zu betrachten, damit er auf demselben nicht strauchle. „Erleuchte meine Augen", so betete er weiter, „damit ich nicht im Tod entschlafe." Wer betend seinen Weg geht, findet immer Bahn gemacht. Bete auch du auf deinem Wege, auch wenn er sich verdunkelt! Halte an am Gebet!

2. Er ging diesen Weg, indem er auf die ihm drohenden Gefahren achtete. Im Vers 5 sieht er ihrer zwei: „Damit sich mein Feind nicht rühmt, er habe mich überwältigt." Das ist die eine Gefahr, sie besteht darin, dass der Feind Macht über uns gewinnt. „Und meine Widersacher sich freuen, wenn ich unterliege", das heißt, dass ich niedergestürzt bin und nicht mehr aufkomme. Das ist die zweite Gefahr. Ihrer aber gibt es sehr viele. David sah sie und weil er allein gegen sie nicht stehen konnte, legte er sie vor dem Herrn, dass Er sie aus dem Weg räume. Mache es auch du so und du kommst ans Ziel!

5. November

Das herrliche Ziel einer schweren Reise

Psalm 13,6 (Luther 1912)

Ich hoffe aber darauf, dass Du so gnädig bist: mein Herz freut sich, dass Du so gerne hilfst. Ich will dem Herrn singen, dass Er so wohl an mir tut.

Das ist ein herrliches Los für jeden mutigen Wanderer, auch wenn er noch so dunkle Wege gehen muss, wenn er seinen Blick auf seinen Führer richtet und Ihm folgt. Es sind die Hütten der Gerechten, in denen man vom Sieg singt. Wir denken dabei nicht an das Ziel unserer Lebensreise, sondern an die erreichten Ziele einzelner Strecken unseres Weges durch diese Zeit.

Solcher mühevoll erreichten Ziele nennt David hier drei. Es sind:

1. Gnade. „Ich hoffe aber darauf, dass Du so gnädig bist." Hoffnung war es, was den Psalmisten durchbrachte. Wenn die Hoffnung nicht wäre, dann lebte man nicht mehr. Halte auch du fest an dieser Hoffnung und endlich wirst du auch die Gnade als Ausgangsziel rühmen.

2. Hilfe. „Mein Herz freut sich, dass Du so gerne hilfst." Hier ist es Freude, die David in aller Dunkelheit nicht untergehen ließ. Es war die Freude am Herrn, die auch dann tröstet, wenn uns Traurigkeit umhüllt. Das Endziel ist das Rühmen der Hilfe.

3. Wohltun. „Ich will dem Herrn singen, dass Er so wohl an mir tut." Wie unbegreiflich das Handeln des Herrn auch sein mag, wer auf den Ausgang der Wege Gottes sieht, wird Ihm singen, wenn auch mit tränenden Augen. Und der letzte Reim dieses Liedes wird sein: „Der Herr hat alles wohl gemacht!"

6. November

Des Vaters Haus ist unsere Heimat

Johannes 14,2-3

Im Haus meines Vaters sind viele Wohnungen. Wenn es nicht so wäre, dann hätte Ich es euch gesagt. Ich gehe hin, um euch einen Platz vorzubereiten. Und wenn Ich hingehe und euch einen Platz vorbereitet habe, dann will Ich wiederkommen und euch zu mir nehmen, damit auch ihr seid, wo Ich bin.

Dies ist das Endziel der Wanderer nach der oberen Heimat. Viele sind schon am Ziel und immer neue gehen ein zu den Toren des großen Vaterhauses. Auch wir kommen ihm täglich etwas näher. Bald ist es erreicht. Wir betrachten fünf Gedanken.

1. Des Vaters Haus. Das war auch des Sohnes Haus. Er hatte es aber verlassen und war zu denen hinab gestiegen, die ihr Haus durch die Sünde verloren hatten, um sie zu suchen.

2. Die Wohnungen des Hauses. Zuerst sagt Jesus ihnen, dass es viele sind. Sie werden ausreichen. Dann sagt Er, dass Er sie bereitet. Vielleicht geschieht dies der Treue der Jünger entsprechend?

3. Jesu Wiederkunft. Wichtig ist zunächst, dass Er selber kommt. Um Seine Botschaft auszurichten, braucht Er Boten, aber dieselben abzuholen kommt Er selbst. Dies geschieht, wenn ihr Werk vollendet ist und steht in enger Verbindung mit der Vollendung jedes einzelnen Werkes.

4. Er holt sie zu sich. Bei Jesus – welch ein wunderbares Ziel! Auch Paulus hatte dies Ziel, als er sagte: „Ich habe Lust abzuscheiden und bei Christus zu sein.“ Einst war er im dritten Himmel, aber das war nicht bei Jesus.

5. Wo Jesus, da auch die Jünger. Ewige Vereinigung und unzertrennliche Verbindung. Wo Ich bin, sollt auch ihr sein. Du auch!

7. November

Ein nahender Tag

Hebräer 10,25

Und unsere Versammlung nicht versäumen, wie es einige zu tun pflegen, sondern einander ermahnen; und das um so viel mehr, als ihr seht, dass sich der Tag nähert.

Ja, die Tage eilen hin. Einer nach dem andern kommen sie und gehen wieder. Es ist, als ob einer den anderen jagt. Und immer näher kommt auch der Tag. Du fragst, welcher? Höre es!

1. Es ist der Tag, der uns das größte Ereignis auf Erden bringt. Dieser Tag bringt uns den Herrn Jesus. Wie immer, so wird auch dieser Tag beginnen. Alles wird seinen gewöhnten Gang gehen, da wird Er unerwartet alle, die darauf warten, wegnehmen. Es ist der Tag, der dir deinen gebrechlichen Leib in einen herrlichen verwandeln wird. Es ist der Tag, der dich für ewig in das himmlische Wesen versetzt. Dieser Tag, der allem deinem Tun und Treiben ein Ende macht, also dein letzter Tag auf Erden. Dieser Tag mahnt dich sehr ernst, die Versammlungen nicht zu versäumen, wo wir reichlich unterwiesen werden, wie wir uns für diesen Tag vorbereiten sollen.

2. Wie dieser Tag der letzte auf Erden sein wird, so wird er der erste in der Ewigkeit sein. Noch sind wir in der Zeit, darum lasst uns untereinander ermahnen: „Seht, der Tag naht!" Wie viele Tage mögen noch geblieben sein? Ruft ihr einander fleißig zu: „Seid wacker, fromm und treu!"? Tut es mit Ernst, Liebe und Fleiß!

8. November

Der alles offenbarende Tag

1. Korinther 3,13

So wird das Werk eines jeden offenbar werden, denn der Tag wird es klar machen, weil es im Feuer offenbar wird. Und von welcher Art das Werk eines jeden ist, wird das Feuer zeigen.

Dem Tag, der mit Eile herannaht, folgt auf dem Fuß ein zweiter, der alles offenbart. Was? Antwort:

1. Offenbar wird werden, welches Material wir beim Bauen gebraucht haben. Paulus sagt, dass wir Bauleute sind und dass das Material, welches wir dabei verwenden, tauglich oder untauglich ist. Hier wird gebaut durch Gutestun, Gedichte aufsagen, Singen im Chor, durch Predigen usw. Alles sieht so schön aus, wie Gold, Silber, Edelsteine. Geschieht es in echter Liebe, wird es bleiben. Ist Selbstgefallen, Eigenliebe, Menschengefälligkeit dahinter, so wird der Tag es durchs Feuer offenbaren.

2. Offenbar wird auch, was in Finsternis verborgen ist (1. Korinther 4,5). Wo im Herzen statt Liebe (Johannes 3,34) verborgener Neid, Unversöhnlichkeit, versteckter Hochmut, Rechthaberei und dergleichen mehr sind, der Tag wird es offenbaren, auch was vor Menschen verborgen bleibt. Dazu kommt noch alles Richten und Afterreden.

3. Offenbar werden auch alle verborgenen Gedanken des Herzens (Hebräer 4,12; 1. Timotheus 5,24). Tief, tief verborgen liegen sie, die oft nicht schönen, unreinen Gedanken. Kein Mensch kann sie sehen. Viele Gedanken bleiben verborgen, bis auf den Tag, der alles offenbart.

9. November

Lohn oder Schaden

1. Korinther 3,14-15

Wird jemandes Werk, das er darauf gebaut hat, bleiben, dann wird er Lohn empfangen. Wird aber jemandes Werk verbrennen, dann wird er Schaden erleiden; er selbst wird zwar gerettet werden, doch so wie durchs Feuer.

Eins von beiden: Lohn oder Schaden. Solange der Mensch auf Erden lebt, kann er wählen. Er wählt zwischen Gutem und Bösem. Er wählt sich einen Freund oder eine Freundin. Er wählt Seligkeit oder Verdammnis. Dort hört das auf. Dort fängt das Empfangen an. Unser heutiges Wort zeigt es uns in sehr ernster Weise. Es redet von Lohn empfangen und Schaden leiden.

1. Lohn empfangen. Lohn ist die natürliche Folge fleißiger Arbeit. Glücklicher Erfolg mancher schweren Arbeit ist der beste Lohn. Das ist hier schon so und wird auch dort nicht anders sein. Dort ist die Wahl aufgehoben, auch den Lohn wählt dort niemand mehr. Es heißt: „So wird er Lohn empfangen“, ohne sein Zutun. Welche Krone (2. Timotheus 4,8) wird der Herr, der getreue Richter, geben? „Empfangt das Reich.“

2. Schaden erleiden. Auch den Schaden erwählt sich dort niemand. Er wird auch nicht ausgeteilt, wie der Lohn. Schaden ist etwas, was sich jeder, der ihn leiden wird, selber bereitet hat. Es ist sehr schwer, hier selbst bereiteten Schaden zu tragen, wo er noch gut zu machen ist. Wie wird es sein, solchen Schaden ewig zu leiden?

10. November

Ein reichlicher Eingang

2. Petrus 1,10-11

Darum, Brüder, bemüht euch um so mehr, eure Berufung und Erwählung festzumachen; denn wenn ihr das tut, werdet ihr niemals straucheln, und so wird euch der Eingang ins ewige Reich unseres Herrn und Heilandes Jesus Christus in reichem Maß gewährt werden.

Das ist ein anderer Eingang als der, den wir in der vorigen Betrachtung sahen: Unser Wort zeigt dreierlei:

1. Was ist zu solchem Eingang erforderlich? Ein zweifaches: Zunächst die Berufung fest zu machen und dann die Erwählung. Das haben wir zu tun. Und wie geschieht das? In den Versen unseres Textes sehen wir, wozu wir erwählt und berufen sind. Einer schönen Kette gleich, deren Glieder eins in das andere greifen, werden uns die Tugenden gezeigt, die im Wandel auszuleben heißt, Berufung und Erwählung zu befestigen. Um das zu erreichen gehört Fleiß dazu.

2. Zweitens sehen wir kurz auf die Eingehenden. Hier ist ihre Charakterisierung: „Wenn ihr das tut." Wieder eine Bedingung. Dann „werdet ihr niemals straucheln." Alle, die solchen Eingang haben, kommen herbei, indem sie feste Tritte mit ihren Füßen tun. Ein fester Tritt ist der rechte Eingang.

3. Wohin führt dieser Eingang? In das Reich. Petrus nennt den Eigentümer des Reiches mit einem vierfachen Namen: Herr – Gebieter. Heiland – Erretter, Jesus – Seligmacher, Christus – Gesalbter. Ihm gehört das Reich, zu dem wir eingehen.

11. November

Ein kluger Mann

Matthäus 7,24-25

„Darum, wer diese meine Rede hört und sie tut, den vergleiche Ich mit einem klugen Mann, der sein Haus auf einen Felsen baute. Als nun ein Platzregen fiel und die Wasserströme kamen und die Winde wehten und rüttelten am Haus, fiel es doch nicht; denn es war auf einen Felsen gegründet."

Wer hat nicht gerne Umgang mit einem klugen Mann? Wie wirken seine Worte und seine Taten so angenehm und wohltuend und manches kann man von ihm lernen! Hier ist ein kluger Mann, dessen Klugheit der Herr Jesus nach zwei Seiten hin zeigt: Hören und tun, das heißt, das Gehörte ausleben.

1. Wir sehen zuerst seine Klugheit im Hören der Worte Jesus'. Er hörte, um etwas zu lernen. Das ist wahre Klugheit. Er hörte und dachte dabei an die Zukunft wie ein Mann, der sein Haus auf den Felsen baute. Viel Segen und großen Nutzen haben alle, die beim Hören des Wortes Gottes an die Zukunft denken, wie sie es in Anwendung bringen.

2. Ein kluger Mann beweist seine Klugheit in seinem Tun. Was tat denn dieser Besonderes? Er rechnete durch das Haus, das er baute, für sich und seine Nachkommen etwas zu gewinnen. Das andere war, dass er das Gewonnene in Sicherheit brachte. Der Fels brachte Sicherheit. Zweifache Klugheit. Tue auch so!

12. November

Ein törichter Mann

Matthäus 7,26-27

„Und wer diese meine Rede hört und sie nicht tut, der ist einem törichten Mann gleich, der sein Haus auf den Sand baute. Als nun ein Platzregen fiel und die Wasserströme kamen und die Winde wehten und rüttelten am Haus, da fiel es ein, und sein Einsturz war gewaltig."

Wer mag mit einem törichten Manne etwas zu tun haben? Ich nicht, sein törichtes Reden und Tun, sein törichter Wandel ist oft so schwachsinnig, sogar abstoßend! Das kommt nicht nur bei schwachsinnigen Menschen vor. Diese Torheit, von der unser Wort redet, findet sich auch bei Menschen mit gesundem Verstand. Lernen wir nun von ihnen, worin ihre Torheit besteht.

1. Die Torheit dieses Mannes bestand zuerst darin, dass er Jesu Worte hörte, und sich nicht weiter darum kümmerte. Die Vögel unter dem Himmel pickten die Körnlein des Wortes weg. Weiter bestand die Torheit des Mannes darin, dass er nur an die Gegenwart dachte, an Essen, Trinken, gutes Leben usw. Er baute sein Haus auf Sand.

2. Ein törichter Mann ist der, der in seinem Tun nichts ändert. Wie er lebte, so lebt er weiter. Warum soll man sich darüber das Herz zerbrechen? Warum soll man alles so genau nehmen? So möchte auch der törichte Mann gedacht haben, den Jesus erwähnt, bis ein Platzregen fiel und die Winde am Haus rüttelten. Dann war alles zu spät und verloren. Das ist die Folge der Torheit.

Gottes Liebe

Epheser 3,18-19

Auf dass ihr begreifen möget mit allen Heiligen, welches da sei die Breite und die Länge und die Tiefe und die Höhe; auch erkennen die Liebe Christi, die doch alle Erkenntnis übertrifft, auf das ihr erfüllet werdet mit allerlei Gottesfülle.

„Gottes Liebe, sie hat keine Grenzen, tiefer ist sie, als das tiefste Meer. Höher reicht sie, als die Sterne glänzen, weiter als die Nebel zieht einher." Welch ein gewaltiger Bereich der Liebe Gottes ist es, in den Gott Seine Kinder versetzt hat.

1. An Breite und Länge, sagt unser Liedervers, ist der Raum so weit, wie der Nebel zieht einher. Und der zieht durch die Täler und über die Berge, durch Wälder und Wiesen, über alle Flüsse und Ozeane, also über die ganze Erde.

2. Die Tiefe erwähnt unser Text und der Vers sagt: „Tiefer als das tiefste Meer." Sie reicht hinab bis unter die Meeresgründe, wo kein Lebewesen mehr sein kann. Sie reicht bis in die unterste Örter der Erde, wohin Jesus ging, um auch dort das Evangelium zu predigen.

3. Auch in die Höhe erhebt sich der Raum der Liebe Christi und zwar höher, als die funkelnden Sterne glänzen. Bis auf den Mond und die Sterne sind die Menschen gekommen, aber Gottes Liebe steigt noch höher.

Hier sind die Grenzen des Reiches der Liebe Christi.

14. November.

Bleibt in meiner Liebe

Johannes 15,9

Wie mich der Vater geliebt hat, so habe Ich euch auch geliebt. Bleibt in meiner Liebe!

Unser Wort für heute schließt sich eng an das gestrige. Es enthält drei köstliche Wahrheiten, die wir kurz betrachten:

1. Das erste ist des Vaters Liebe zu Jesus, Seinem Sohn. Ob die Jünger von dieser Liebe wohl etwas gesehen haben? Der tägliche Umgang ihres Meisters, den sie nun drei Jahre gesehen hatten, gab ihnen ein deutliches Bild von dieser Liebe, so dass Jesus sie nicht erst davon überführen brauchte, sondern mit den Worten: „Wie Mich Mein Vater geliebt hat“, sagt Er: „Ihr wisst, wie der Vater Mich liebt.“ Und nun geht er weiter.

2. „Also liebe Ich euch auch.“ Auch das müssen die Jünger in dieser Zeit gesehen haben. Seine Hilfe, Sorge, Schutz und Beistand. Ja, ihr ganzes Zusammensein war eine wirkliche Bestätigung, dass Jesus sie liebte, wie Er geliebt wurde. Das ist auch heute noch so, darum:

3. „Bleibt in Meiner Liebe.“ Wenn auch die Grenzen der Liebe Gottes in Christus Jesus unabsehbar sind, so ist es vielen Gläubigen doch zu eng in ihnen, sie können sich nicht nach ihren Begierden bewegen und bleiben nicht darin. Die Gefahr dazu ist sehr groß. Jesus ermahnt, ja bittet sogar darum: „Bleibt in Meiner Liebe.“

Starkes Geschrei

Hebräer 5,7

Er hat in den Tagen seines irdischen Lebens Gebet und Flehen mit starkem Geschrei und Tränen dem dargebracht, der Ihn vom Tod erretten konnte; und Er ist auch erhört worden, weil Er Gott in Ehren hielt.

Die Rede ist hier von Jesus, dem großen Hohenpriester, Der in das Allerheiligste eingegangen ist. Aaron durfte ohne Opfer nicht in das Allerheiligste eingehen. Auch Jesus ging mit einem Opfer hinein. Unser Wort nennt uns ein vierfaches Opfer. Er war ja eigentlich selbst ein Opfer. Diese vier Stücke sind vier Bestandteile, die zu dem großen Opfer gehören, durch welches die ganze Menschheit versöhnt wurde. Sie wurden in Gethsemane gebracht.

1. Gebet. Nachdem Er mit den Jüngern die letzte Gemeinschaft im Passah- und Abendmahl gehalten hatte, von ihnen Abschied genommen und vor und mit ihnen das hohepriesterliche Gebet gesprochen hatte, ging es in den Gebetskampf in Gethsemane.

2. Flehen. Wie einer seinen Vater um etwas bittet, was er gerne hätte, und doch damit einverstanden ist, wenn der Vater absagt.

3. Starkes Geschrei. Die Evangelisten berichten uns nichts davon, dass Jesus dort stark geschrien habe. Ob sie gerade geschlafen haben? Dafür hat aber Sein Vater Ihn gehört und Ihn erhört.

4. Mit Tränen. O heilige Tränen! Heiliger Bestandteil zum Opfer des großen Hohenpriesters! Für uns wurde dieses Opfer gebracht.

16. November

Meine Seele schreit

Psalm 42,2

Wie der Hirsch nach frischem Wasser schreit, so schreit meine Seele, Gott, zu dir.

Wer Leiden durchgemacht hat, kann solche verstehen, die in Leiden stehen. So kann unser Heiland alle verstehen, deren Seelen zu Ihm schreien. Wir betrachten eine schreiende Seele, hören auf ihr Schreien und fragen:

1. Aus welchen Gründen schreit sie? David nennt hier einige Gründe. Durst nach Gott (Vers 3) war der erste Grund. Die Welt hat für solches Schreien kein Ohr. Der nächste Grund war die Sehnsucht, Gottes Angesicht zu schauen (Vers 3). Unter all den Sehenswürdigkeiten dieser Welt ist nichts, was die Sehnsucht stillt. Die Tränen bei Tag und Nacht (Vers 4) sind ein weiterer Grund. Findest du bei dir solche Gründe? Dann schreie!

2. Wie schrie Davids Seele? Höre es: „Ich schütte mein Herz bei mir selbst aus" (Vers 5). Das ist dasselbe, was er in Psalm 32,3-5 sagt. Er offenbarte, was im Herzen versteckt war und ihn quälte. Die Seele ist oft so bedrückt, dass sie ganz taub ist, und man laut schreien muss. Tue es auch!

3. Zu wem schrie seine Seele? Zum lebendigen Gott (Vers 3). Die Baalpriester schrien auch zu ihrem Gott, aber der hörte nicht, denn er war tot. Unser Gott ist ein lebendiger Gott. „Er hat das Ohr gemacht, sollte Er nicht hören?" Sollte Er nicht helfen? Er, der selber geschrien hat, hört auch dein Schreien!

17. November

Der Tag naht

Hebräer 10,25b

Ihr seht, dass sich der Tag nähert.

Das sind sieben Worte aus dem Zusammenhang des 25. Verses im 10. Kapitel des Hebräerbriefes. Diese wenigen Worte bilden für sich selber einen schönen Zusammenhang, den wir ein wenig anschauen werden. Es liegen drei Gedanken vor, die uns viel Segen und Nutzen bringen.

1. Zunächst sind es die ersten beiden Worte, bei denen wir stehen bleiben. „Ihr seht." Um zu sehen, muss man gute Augen haben. Kranke, oder fast blinde Augen sehen nicht alles, oft sehen sie etwas, wo nichts ist. Paulus schreibt von erleuchteten Herzensaugen (Epheser 1,18). Solche hatten die Hebräer, denen der Apostel sagt: „Ihr seht." Siehst auch du?

2. Was sahen sie? Einen Tag. Jeder Sonnenaufgang zeigt uns einen Tag. Hier ist aber nicht die Rede von einem Tag, es heißt von ihm „der Tag". Die Hebräer sahen den Tag, den in dieser Welt noch niemand gesehen hatte. Die Bibel nennt das Erscheinen dieses Tages ein Geheimnis (1. Korinther 15,51).

3. Was sahen sie von diesem Tag? Sie sahen sein Herannahen. „Ihr seht, dass sich der Tag naht." Nicht alle Kinder Gottes sehen dies. Warum nicht? Weil sie nicht danach ausschauen. Hebt eure Augen auf und seht! Das werden wir in den folgenden Seiten tun. Was bringt dieser Tag? Daran sehen wir die Größe des Tages.

18. November

Der Tag nähert sich. Was bringt er?

Hebräer 10,25b

Und das um so viel mehr, als ihr seht, dass sich der Tag nähert.

Das größte, was er bringen kann, ist Jesus selbst. O großer seliger Tag auf Erden, der sich auf Jesus bezieht! Er ist aber nicht der einzige. Das Neue Testament zeigt uns sieben Tage, die sich in besonderer Weise auf Ihn beziehen. Wir werden sie bei dieser Gelegenheit kurz betrachten.

1. Der Tag Seiner Menschwerdung. Der musste kommen, das heißt, die Zeit musste erfüllt werden (Galater 4,4). Da kam Er.

2. Der Tag Seines Todes am Kreuz. Die Propheten haben darauf hingewiesen und er kam. Die Sonne weigerte sich ihn zu beleuchten.

3. Der siegreiche Tag Seiner Auferstehung, der auf der ganzen Erde gefeiert wird, und zwar aller Lüge zum Trotz.

4. Der Tag Seiner glorreichen Himmelfahrt, nach dem Er Tod und Satan und Hölle überwunden hatte. Er steht in der Mitte.

5. Der Tag Seiner Wiederkunft für die Gemeinde. Den Tag, den wir sich nahen sehen. O seliger Tag! Komme bald und bringe Deiner harrenden Braut ihren Bräutigam.

6. Der Tag Seiner Offenbarung. Seine Erscheinung mit Seinen Heiligen (2. Thessalonicher 1,10; Kolosser 3,4). O herrlicher Tag!

7. Der Tag des Gerichts über den Kreis der Erde durch einen Mann, den Gott dazu bestimmt hat (Apostelgeschichte 17,31).

Große Tage! Es lohnt sich, unsere Blicke abzuwenden von den vergänglichen Dingen dieser Zeit, um das Nahen des großen Tages zu sehen.

19. November

Der Tag nähert sich! Was bringt er?

Hebräer 10,25b

Und das um so viel mehr, als ihr seht, dass sich der Tag nähert.

Der herannahende Tag bringt der Gemeinde als Leib, die Begegnung mit dem Herrn als Haupt. Apostel Paulus hatte eine schöne und überaus große Aufgabe: Seelen zu gewinnen. „Um so viele wie möglich zu gewinnen" (1. Korinther 9,19), und die Gewonnenen als eine reine Jungfrau dem Herrn zu bringen, das heißt entgegen zu führen (2. Korinther 11,2). Auf diesen Augenblick, den er sich als Ziel gestellt hatte, richtete er seine ganze Wirksamkeit.

Von der Begegnung schreibt er in 1. Thessalonicher 4,17 und 2. Thessalonicher 2,1. Israel wurde im Alten Testament aufgefordert Gott zu begegnen (Amos 4,12): „Israel, bereite dich darauf vor, deinem Gott zu begegnen!" Es war eine Begegnung zum Gericht. Der sich nahende Tag bringt eine Begegnung mit Jesus, unserem Bruder und Bräutigam, der kommt uns zu sich zu holen. Ein kleines Vorbild darauf ist die Begegnung Isaaks mit Rebekka. Er kam aus seinem Hause und ging auf das Feld, um zu beten, und sie aus ihrem Land zu empfangen.

Jesus kommt von der Rechten der Majestät, und die Gemeinde kommt aus ihrer Heimat. Und zwischen beider Heimat, also in der Luft, werden sie sich begegnen. „O großer Tag der Wonne und der Freude! O Tag, der alles Sehnen zueinander stillt!" „Doch Heiland, ganz genügt's uns nicht, wir möchten schau'n Dein Angesicht, o, komme bald Herr Jesu!"

20. November

Der Tag nähert sich! Was bringt er?

Hebräer 10,25b

Und das um so viel mehr, als ihr seht, dass sich der Tag nähert.

Der Tag, der naht, bringt uns das Ende unserer Arbeitszeit, den Feierabend für die Arbeiter im Weinberg des Herrn. Noch ist es Arbeitszeit. Der Herr Jesus erzählte Seinen Zuhörern einst ein schönes Gleichnis von den Arbeitern im Weinberg (Matthäus 20,1-16). Zweierlei wird uns dort mitgeteilt.

1. Die Zeit der Arbeit. Sie begann von des Herrn Seite mit der Suche nach Arbeitern und von der Arbeiter Seite mit ihrer Bereitwilligkeit. Das mag zu ihrer beiderseitigen Freude geführt haben. Das ist heute nicht anders. Wie gerne sieht der Herr, wenn Seine Arbeiter Ihm willig dienen. Und wie selig sind hier schon alle, die im Dienst des Herrn stehen. Wie schnell vergeht die Zeit. Auch unsere Arbeitszeit läuft ab und der Tag naht sich, der…

2. … den Feierabend bringt. In Matthäus 20,8 lesen wir davon: „Als es nun Abend wurde.“ Des Tages Last und Hitze war überstanden. Nun sprach der Herr zu seinem Schaffner. Der Befehl wurde gegeben: „Rufe die Arbeiter!“ Welche Freude für die müden Arbeiter!

Hörst du es, der du des Tages Last und Hitze getragen hast? Oft schwanden die Kräfte unter solcher Last und es schien, als müsstest du zusammenbrechen. Raffe dich auf, siehe, der Tag naht, der deinen Feierabend bringt! Der Schaffner hat schon Befehl erhalten, dich zu rufen.

21. November

Der Tag nähert sich! Was bringt er?

Hebräer 10,25b

Und das um so viel mehr, als ihr seht, dass sich der Tag nähert.

Der Tag bringt den Lohn, den Anfang der Ernte.

Von einer leidenden Arbeiterin hörte ich, dass sie noch vier Monate bis zur Rente habe. Obgleich ihr die Arbeit schon sehr schwer fiel, wollte sie aber doch aushalten. Ihr 55. Geburtstag war der Schluss ihrer Arbeitszeit und zugleich der Anfang ihrer Belohnung durch die Rente.

Der Befehl des Herrn an Seinen Schaffner war damit nicht zu Ende, dass er die Arbeiter rufen sollte. Auch das wäre ja schon Grund zur Freude gewesen. Er ging weiter: „Gib ihnen den Lohn!" O dieser Lohn! In der Offenbarung wird uns ein zweifacher Lohn gezeigt:

1. Voran geht die Seligpreisung. Sie gilt allen, die in dem Herrn sterben (Offenbarung 14,13). Zunächst besteht sie darin, dass sie ruhen von ihrer Arbeit. Wer sehnt sich nicht nach Ruhe?

2. Aber das ist nicht alles, ihnen folgen auch ihre Werke nach. Das ist ihre Rente. Dabei geht es doch wohl auch nach der Schablone: Je höher der Verdienst, desto größer die Rente. Und dieses alles geht ohne Aufhören (Galater 6,9). O reicher Tag, wir schauen aus nach dir und sehen dein Nahen und freuen uns auf dein Erscheinen! Wir begrüßen dich mit Frohlocken!

22. November

Der Tag nähert sich! Was bringt er?

Hebräer 10,25b

Und das um so viel mehr, als ihr seht, dass sich der Tag nähert.

Der Tag bringt Erlösung vom Todesleib. „Ich elender Mensch! Wer wird mich von diesem Leib des Todes erlösen?" Römer 7,24. So seufzte einst Paulus, und viele seufzen es ihm nach. Es gab eine Zeit in der Menschengeschichte, in welcher solche Klagen unbekannt waren. Es gab damals noch keinen Tod, den brachte die Sünde. Sie brachte den Tod in die Welt.

Auch der Leib des Menschen, das herrliche Meisterwerk des Schöpfers, wurde zum Todesleib, der die Seele und den Geist, die in ihm wohnen, gequält hat. Der in diesem Todesleib wohnende inwendige Mensch des Herzens ist es, der sich nach Erlösung sehnt und mit Paulus ruft, klagt und seufzt: „Wer wird mich erlösen?" Gibt es denn keine Erlösung? Und wo ist sie?

Ja, es gibt eine Erlösung! Derselbe Paulus, der sie suchte, zeigt sie uns im folgenden Vers: „Gott aber sei Dank, Der uns den Sieg gibt durch unseren Herrn Jesus Christus!" (1. Korinther 15,57). Wenn er auch hier schon Sieg durch Jesus Christus hatte, so wartete er doch noch auf die Erlösung seines Leibes (Römer 8,23). Diese kam für ihn als der Tag, der diese Erlösung bringt. Es ist der Tag, der dem schweren Druck, unter dem die Seele seufzt und stöhnt, ein Ende macht.

O seliger Tag, komme bald, wir schauen aus nach dir!

23. November

Der Tag nähert sich! Was bringt er?

Hebräer 10,25b

Und das um so viel mehr, als ihr seht, dass sich der Tag nähert.

Der Tag bringt unserer Seele ein neues Haus, eine andere Wohnung. Es gibt dann noch einmal eine Übersiedlung. Es gab vor Jahren so genannte „Aussiedler". Das war eine große Sache, als Tausende Familien von einem Ende des Reiches ins andere übersiedelt wurden. Für die Gemeinde Gottes auf Erden naht sich ein Tag, der eine viel größere, wunderbare und weit bedeutungsvollere Übersiedlung mit sich bringt.

Wo werden wir denn wohnen? So fragen wir unwillkürlich mit dem Propheten Jeremia (8,14). Über dieses neue Haus schreibt Paulus in 2. Korinther 5,1-2. Es ist ein Haus von Gott gebaut. Das wird etwas außerordentliches sein. Als Er das erste Haus gemacht hatte, in welches Er den lebendigen Odem hinein blies, war Sein Urteil über dasselbe: „Es war sehr gut."

Wie viel besser wird erst das Haus sein, das aus dem Himmel kommt! Hier singen wir manchmal davon, „doch wie wird's der Seele dort sein?" Die Übersiedlung brachte damals viel Schmerz mit sich, hier wird es eitel Freude sein. Es ist ein Haus, das ewig ist. O, Freudentag, wir harren dein! Bis zu diesem Tage wollen wir ruhig im alten Hause leben.

24. November

Der Tag nähert sich! Was bringt er?

Hebräer 10,25b

Und das um so viel mehr, als ihr seht, dass sich der Tag nähert.

Der Tag bringt der Kreatur das Ende ihres ängstlichen Harrens (Römer 8,19-20). In diesen Versen zeigt uns der Apostel ein Bild. Die Schöpfung, so nennt er es. Diese Schöpfung, sowohl die Tier- als auch Pflanzenwelt, ist der Vergänglichkeit unterworfen. Das sehen wir unter den Tieren auf dem Feld, den Vögeln in der Luft und den Fischen im Wasser, die sich untereinander vernichten. Das zeigt sich auch in der Pflanzenwelt. Es gibt rankende Pflanzen, die durch ihre Ranken andere töten.

In Gagra, am Schwarzen Meer, sahen wir einen hohen vertrockneten Akazienbaum. Wir sahen auch seinen Mörder, eine armdicke Ranke, die sich von unten bis oben um den Stamm geschlungen und ihn getötet hat. Dieser Eitelkeit ist die auf Befreiung harrende Schöpfung nicht ihretwegen unterworfen, sondern um der Sünde willen.

Weil der Mensch, das heißt, die Krone der Schöpfung, gefallen war, musste auch die Kreatur gegen ihren Willen denselben Weg gehen. Gottes Urteil dabei lautete: „Verflucht sei der Erdboden um deinetwillen“ (1. Mose 3,17).

O großer Erlösungstag, der bei der Offenbarung der Kinder Gottes auch der ängstlich harrenden Schöpfung Freiheit bringen wird!

25. November

Der Tag nähert sich! Was bringt er?

Hebräer 10,25b

Und das um so viel mehr, als ihr seht, dass sich der Tag nähert.

Der Tag bringt der kämpfenden Gemeinde Frieden, das heißt: den Waffenstillstand. Heute singen wir immer noch den Liedvers: „Wir haben noch zu kämpfen, wie‘s uns verordnet ist." Das lesen wir auch in Hebräer 12,1-2. Paulus erinnert die Epheser daran, dass sie nicht mit Fleisch und Blut zu kämpfen haben, sondern mit unsichtbaren Geistern unter dem Himmel, die in der Luft herrschen. Dazu wollen wir die ganze Waffenrüstung gebrauchen (Epheser 6,10-18).

Ja, noch ist Krieg und der zieht sich in die Länge. David sagt im 13. Psalm: „Wie lange soll sich mein Feind über mich erheben?" Machen wir nicht dieselbe Erfahrung? Geht es nicht auch uns, wie es den Stämmen Israels erging, die gegen einen Stamm zogen? Nach einigen Niederlagen, die sie ganz entmutigt hatten, fragten sie den Herrn: „Sollen wir weiter ausziehen gegen Benjamin, oder sollen wir es lassen anstehen?"

Wie nun auch der Kampf gehen mag, noch gibt es für die Streiter des Christi keinen Frieden, aber er ist vielleicht nicht mehr ferne. „Doch werden wir auch siegen, wie sie durch Jesus Christ." Bald führt der Herr die Seinen zum letzten entscheidenden Kampf. Und dann bringt uns der sich nahende Tag den ewigen Frieden und Waffenstillstand.

26. November

Der Tag nähert sich! Was bringt er?

Hebräer 10,25b

Und das um so viel mehr, als ihr seht, dass sich der Tag nähert.

Der Tag bringt Kronen für alle Überwinder, ist also ein Krönungstag. Es ist das letzte und größte Krönungsfest, das je die Welt gesehen hat. Auf diesen Tag freute sich Paulus, der den guten Kampf gekämpft hat und nun auf die Krone wartete, die ihm der gerechte Richter geben wird (2. Timotheus 4,8). Auf diese Krone dürfen alle warten, die Christi Erscheinung lieb haben. Jakobus preist diejenigen selig, die die Anfechtung erduldet haben und sich bewähren, und stellt ihnen die Krone des Lebens in Aussicht (Jakobus 1,12), die der Herr verheißen hat allen, die Ihn lieben.

Welch ein Tausch! Für unsere Liebe zu Ihm, die oft so klein und gering ist, die Krone des Lebens zu bekommen (siehe Offenbarung 2,10). Petrus schreibt von einer unverwelklichen Krone der Ehren (1. Petrus 5,4). Diese Krone bringt der Erzhirte bei Seiner Erscheinung mit. Das ist der Tag, auf den wir sehen, der in Eile heran naht. Sie erhalten alle Kronen, die in völliger Hingabe an den Erzhirten Ihm als Unterhirten gedient haben.

Manche Krone hat das Haupt eines Herrschers geziert, musste aber verwelken. Die Kronen, die uns der nahende Tag bringt, verwelken nie. „Und wenn der Kampf vorüber, werden wir gekrönt, mit der goldenen Siegeskron."

27. November

Der Tag nähert sich! Was bringt er?

Hebräer 10,25b

Und das um so viel mehr, als ihr seht, dass sich der Tag nähert.

Der Tag bringt das Ende der zeitlichen und leichten Trübsal. Von Trübsal schreibt der Apostel Paulus viel. In 2. Korinther 4,17 nennt er sie eine zeitliche und leichte. Auf seiner Rückreise von der ersten Missionsreise besuchte er die jungen Gläubigen, ordnete ihre Gemeinschaft, setzte ihnen Älteste ein, über die er betete und ermahnte sie, dass wir durch viel Trübsal ins Reich Gottes eingehen müssen (Apostelgeschichte 14,22).

Diesen Weg ging uns der Herr Jesus voran, auch für Seine Nachfolger gibt es keinen anderen Weg. Alle Märtyrer der alten und neuen Zeit gingen ihn. Auch wir dürfen dem Heiland darauf folgen. Und wer diesem Weg aus dem Weg geht und eigene Wege erwählt, bereitet sich dadurch größere Trübsal.

Wenn Paulus die Trübsal als leicht hinstellt, so ist es deshalb, weil er alle Leiden aus Gottes Hand nahm. Er schickte ihm die Leiden und was Gott tut, das ist wohlgetan.

Unsere Trübsal ist auch „zeitlich", das heißt, sie hört auf. In Jesaja 60,20 tröstete der Herr Sein Volk: „Diese Tage deines Leidens sollen ein Ende haben" und Kapitel 35,10 sagt uns, wo sie geblieben sind. Und wo ist das Ende unserer Leiden? Der Tag, der sich naht, bringt es mit. Sei nur geduldig!

28. November

Der Tag nähert sich! Was bringt er?

Hebräer 10,25b

Und das um so viel mehr, als ihr seht, dass sich der Tag nähert.

Der Tag bringt den Anfang der ewigen und über die Maßen wichtigen Herrlichkeit (2. Korinther 4,17). Das ist das Gegenteil von dem in Vers 17 Gesagten. Aber nicht nur in diesen beiden Versen sehen wir diesen Gegensatz, er zieht sich in den Beschreibungen durch die ganze Bibel. Und wie wird er erst in der Wirklichkeit hervortreten!

Ein Tag wie alle anderen Tage wird es sein, der diese Wende für Gottes Volk bringen wird. Die Sonne wird am Morgen wie gewöhnlich aufgehen und ein großes Heer schwer leidender Männer und Frauen, Kinder und Greise bescheinen. Die Menschheit rennt mit Eile ihren Geschäften nach. Nur Wenige denken daran, dass dies der Tag sein kann, der für viele den Anfang der Herrlichkeit bringen könnte.

Doch siehe, ehe noch die Sonne untergeht, geschieht das große Ereignis. Ein bis in die tiefsten Gräber durchdringender Posaunenschall, die laute Stimme des Erzengels und das weithin deutlich zu hörende Feldgeschrei bringen die im Herrn Entschlafenen aus ihren Ruhestätten. In großen Schmerzen beendeten viele ihr Leben. Und viele noch Lebende gehen weinend ihre Leidenswege. Für sie alle hat der Tag den Anfang der Herrlichkeit gebracht. Sie kommen wieder nach Zion mit Jauchzen (Jesaja 35,10). Halleluja!

29. November

Der Tag nähert sich! Was bringt er?

Hebräer 10,25b

Und das um so viel mehr, als ihr seht, dass sich der Tag nähert.

Der Tag bringt die Vollendung der Gläubigen. „Wenn wir vollendet am Throne Gottes stehn, alle gewaschen in Jesu Blut uns sehn, alle gekleidet in Seide weiß und rein, o, wie wird's uns dort sein! Herrlich verklärt, Halleluja!"

Aus Hebräer 12,23 vernehmen wir, dass sich die vollendeten Gerechten schon sammeln. Der Tag, der immer näher rückt, bringt alle zur Vollendung. Das war es vielleicht auch, was Jesus vor Seinen Vater brachte, nicht als Bitte, sondern als Wunsch, den Er erfüllt haben wollte, als Er sagte: „Vater, Ich will, dass, wo Ich bin, auch die bei Mir sind, die Du Mir gegeben hast, damit sie Meine Herrlichkeit sehen, die Du Mir gegeben hast" (Johannes 17,24).

Welch ein Unterschied zwischen diesen Worten im hohepriesterlichen Gebet und den Gebeten in Gethsemane. Dort das dreifache: „Dein Wille geschehe" und hier ein kurzes „Ich will". Es ist vielleicht zu weit gegriffen, wenn wir hier Untersuchungen anstellen. Aber einige Gedanken anzusprechen, über die jeder weiter nachdenken darf, wird uns niemand verbieten. Dort handelte es sich um den Weg, den Jesus selbst zu gehen hatte, dabei entschied des Vaters Wille. Hier handelte es sich um den letzten Schritt der Jünger zur Vollendung. Jesus will unsere Vollendung.

30. November

Der Tag, den der Herr macht

Psalm 118,24

Dies ist der Tag, den der Herr macht; wir wollen uns freuen und fröhlich an ihm sein.

Wenn der Tag, den wir auf einigen Blättern betrachtet haben, mit dem Tag, den wir heute betrachten wollen, auch Hunderte von Jahren voneinander entfernt liegen, möchten wir sie doch in etwas verbinden. Oder ist der reich gesegnete kommende Tag nicht der Tag, den der Herr macht? Ja, und zwar ein besonderer Tag. Wir haben gesehen, was der Tag bringt. Heute sehen wir nur noch kurz, was es für ein Tag ist.

1. Es ist ein verborgener Tag. Die Jünger hätten gerne gewusst, wann dieser Tag sein wird. Der Herr sagte ihnen, dass das niemand weiß und deshalb alle wachen müssen.

2. Es ist ein fest bestimmter Tag, wie Paulus das auch vom Gerichtstag sagt (Apostelgeschichte 17,31). Sobald die Zeit erfüllt ist, bricht dieser Tag an, Zeichen künden ihn an.

3. Es ist ein sehr bekannt gemachter Tag. Der Herr Jesus selber und die Apostel beleuchten ihn von allen Seiten. Niemand wird sich damit entschuldigen können, er habe es „nicht gewusst."

4. Es ist ein Tag, der die Menschheit überraschen wird. Die einen werden freudig überrascht sein, wie die Hirten bei Christi Geburt, und andere werden erschrecken, wie Herodes und ganz Jerusalem. Wie wird er dich antreffen?

1. Dezember

Gelobt sei Gott

1. Petrus 1,3

Gelobt sei Gott, der Vater unseres Herrn Jesus Christus, der uns aufgrund Seiner großen Barmherzigkeit zu einer lebendigen Hoffnung wiedergeboren hat durch die Auferstehung Jesu Christi von den Toten.

Wenn ein Gefäß voll ist und noch mehr hinzugetan wird, läuft es über. So mag es bei Petrus gegangen sein. Sein Herz strömte über vom Lob Gottes. Das war auch kein Wunder, denn er hatte sein Herz aufgestellt, wo die ganze Gottesfülle durchzog (Epheser 3,19). Da nun das Herz voll ward, konnte der Mund nicht anders, als übergehen: „Gelobt sei Gott, der Vater!" Der Mund würde den Gläubigen sicher mehr übergehen, wenn das Herz voller wäre. „Für immer soll Sein Lob in meinem Munde sein", heißt es in Psalm 34,2.

Dann muss es auch immer einen neuen Zufluss geben.

Was war denn die Veranlassung, Gott zu loben? Hört nur, was er sagt: „Der uns zu einer lebendigen Hoffnung wiedergeboren hat." Wiedergeboren. Das war es auch, was Jesus dem Nikodemus sagte: „Ihr müsst". Wenn du das auch nicht verstehen und begreifen kannst, aber das geht nicht anders. Petrus hatte das schon erfahren. Gott hatte in ihm das Werk schon vollbracht und dafür lobte er Ihn.

Lobst du Ihn auch?

2. Dezember

Wiedergeburt

1. Petrus 1,3

Der uns aufgrund seiner großen Barmherzigkeit zu einer lebendigen Hoffnung wiedergeboren hat durch die Auferstehung Jesu Christi von den Toten.

Wiedergeburt. Die Bibel redet von einer zweifachen Geburt. Johannes nennt sie die Geburt aus Gott (Johannes 1,13). Paulus schreibt von einer neuen Kreatur, die wir dadurch erlangen (2. Korinther 5,17). Es ist ein einmaliger Akt, der an uns vollzogen wird, so geheimnisvoll, wie das Wehen des Windes (Johannes 3,8).

Unser Text redet von zwei Beweggründen dazu.

1. Seine große Barmherzigkeit. Die ganze unter die Mörder gefallene Menschheit lag halbtot am Wege. Wenn der Mensch nach dem Sündenfall auch äußerlich existierte, so war er innerlich doch gestorben, halbtot. Da erschien Gottes Barmherzigkeit und schaffte ein „Neues". Noch einmal wehte Gottes Geist und bringt neues Wesen hervor. O, diese Barmherzigkeit, die uns wiedergeboren hat!

2. Durch die Auferstehung Jesu Christi von den Toten. Das ist das Andere. Um uns aus der Sünde loszukaufen, musste Christi Blut als hoher Kaufpreis fließen, der vom Tod auferstandene Jesus gibt uns neues Leben in der Wiedergeburt. „Ich lebe und ihr sollt auch leben", sagte Jesus. Es gabe für uns kein Leben, wenn Jesus nicht auferstanden wäre, keine Wiedergeburt, wenn Jesus im Grabe geblieben wäre. Preise Ihn!

3. Dezember

Wiedergeburt und was sie bringt

1. Petrus 1,3-4

Der uns ... zu einer lebendigen Hoffnung wiedergeboren hat durch die Auferstehung Jesu Christi von den Toten, zu einem unvergänglichen und unbefleckten und unverwelklichen Erbe, das im Himmel für euch aufbewahrt wird.

Unberechenbare und unermessliche Schätze bringt uns die Wiedergeburt. Diese Schätze erfüllen die Zeit und Ewigkeit.

1. Zu einer lebendigen Hoffnung. Auch die Gottlosen haben eine Hoffnung, aber die wird zu Schanden werden. Durch die Wiedergeburt wird alles anders. Sie gibt Leben und dadurch wird auch die Hoffnung zu einer lebendigen. Diese ist es denn auch, die den Christen aufrechterhält. Sie ist es, die gleich wie der Anker im Meeresgrund das Schiff befestigt. Sie befestigt auch unser Herz (Hebräer 6,19).

2. Wiedergeboren zu einem unvergänglichen und unbefleckten und unverwelklichen Erbe. Ein herrliches Erbe! Zunächst nennt Petrus es unvergänglich, das heißt ein Erbe, das nicht vergeht. Manches irdische Erbe ist im Gewirr der Zeit vergangen. Weiter ist es unbefleckt, rein von allen Flecken. Am hiesigen Erbteil klebt oft Ungerechtigkeit. Zuletzt heißt es noch unverwelklich, es bleibt also ewig frisch. Wie fein passt dieses dreifache Erbe zu den Wiedergeborenen. Herrliches Erbe! Gelobt sei Gott, der Vater unsers Herrn Jesu Christi.

4. Dezember

Wo und wem das Erbe aufbewahrt wird

1. Petrus 1,4-5

… das im Himmel für euch aufbewahrt wird, die ihr aus Gottes Kraft durch den Glauben zum Heil bewahrt werdet, das bereit ist, um in der letzten Zeit offenbar zu werden.

„Sammelt euch nicht Schätze, wo die Motten fressen und Diebe nachgraben und stehlen." Das war einst die Ermahnung Jesu an Seine Jünger. Wie ruhig macht es einen Menschen, der für seine Güter einen sicheren Aufbewahrungsort hat! Unser Wort redet von einem solchen Ort. Ehe wir denselben etwas näher betrachten, sehen wir aus zwei Fällen, die sich auf der Landstraße des Lebens zugetragen haben, die Unsicherheit der Aufenthaltsorte auf Erden. Dann wird uns der Aufenthaltsort im Himmel teurer.

1. An einem Orte wohnte eine alleinstehende Frau. Ein kleines Hündchen und eine Katze waren alles, was sie hatte. In der Zeit, als bei den Bemittelten nach Wertsachen gesucht wurde, brachte man sie dorthin, um sie zu verstecken. Das erfuhren schlechte Menschen, überfielen die Frau, erschlugen sie und beraubten das Haus.

2. Ein Geizhals nahm sein Geld und vergrub es unter einem Baum. Bald danach kam einer mit einem Strick in der Hand, um sich an dem Baum zu erhängen: Da bemerkte er die aufgewühlte Erde, grub nach und fand das Geld. Er steckte es ein, ließ den Strick liegen und ging davon. Da kam der Geizhals, und als er sein Geld nicht fand, nahm er den Strick und erhängte sich.

5. Dezember

Wo und wem das Erbe bewahrt wird

1. Petrus 1,4

… das im Himmel für euch aufbewahrt wird.

Das herrliche Erbe der Gläubigen hat auch einen herrlichen und sicheren Ort zur Aufbewahrung. Das ist deshalb so, weil auch die Erben herrlich sein werden.

1. Der Aufbewahrungsort. Was können wir darüber erfahren? Zunächst wird uns hier der Name dieses Ortes genannt. Im Himmel, sagt Petrus. Woher wusste er das? Wenn die Schreiber der Heiligen Schriften durch den Heiligen Geist erleuchtet wurden, dann hat er Petrus auch dies offenbart. Paulus schreibt an die Epheser 1,3 von geistlichem Segen in himmlischen Gütern. Das heißt, dass sie dort oben aufbewahrt sind. Es ist ein sicherer Ort, wo keine böse Hand mehr hinlangt, um zu rauben und zu stehlen.

2. Wir sehen noch, wem dies Erbe bewahrt wird. Petrus sagt „euch". Gemeint sind alle Leser der Heiligen Schrift von damals bis heute. Auch wir gehören zu ihnen. Aber allein das Lesen genügt nicht. Dazu muss als Hauptbedingung kommen, was er im 2. Brief 1,2 schreibt, dass die Leser eben den teuren Glauben übernommen haben. Und Paulus schreibt in Römer 8,17, dass die Erben seien, die mit Christus leiden. Sei getrost, Kind Gottes, bist du ein Kind, dann bist du auch Erbe! Bist du Erbe, dann ist dein Erbteil in Sicherheit.

6. Dezember

Aus Gotteskraft – durch den Glauben

1. Petrus 1,5a

Euch, die ihr aus Gottes Kraft durch den Glauben zum Heil bewahrt werdet.

Nicht nur das Erbteil der Heiligen ist in Sicherheit und gut aufbewahrt. Unser heutiges Wort sagt uns, dass auch die Heiligen selbst bewahrt werden müssen. Auch hier haben wir wieder eine feste und zuverlässige doppelte Garantie zur Sicherheit.

1. Gottes Kraft. „Die ihr aus Gottes Kraft … zum Heil bewahrt werdet." Ja, das ist wirklich Sicherheit. Hieraus sehen wir, wie groß die Gefahr ist, in welcher Kinder Gottes schweben. Wie ein fraßhungriger Löwe (1. Petrus 5,8, Menge) geht der Teufel umher, um zu verschlingen. Wo ist die schützende Macht? Jesu Wort: „Niemand wird sie aus Meiner und aus Meines Vaters Hand reißen." Dreitausend Verheißungen der Bibel bürgen für unsere Bewahrung aus Gottes Kraft. Vertraue der Bibel!

2. Durch den Glauben. Die gehören zusammen. Der Glaube kann nichts ohne Gottes Kraft, und Gottes Kraft tut nichts ohne den Glauben. Alle, die den Glauben verleugnen und am Glauben Schiffbruch leiden, entziehen sich selbst ihrer Sicherheit, sie verlassen ihre Festung.

Aus Gottes Kraft durch den Glauben werden wir bewahrt.

7. Dezember

Keine Frucht

Johannes 15,2&6

Jede Rebe an mir, die keine Frucht bringt, nimmt Er weg. Wer nicht in mir bleibt, der wird weggeworfen wie die Rebe und verdorrt, man sammelt sie, wirft sie ins Feuer, und sie müssen brennen.

Ein trauriges Wort haben wir heute als Thema: „Keine Frucht". Der Herr Jesus erwählte Seine Jünger, damit sie Frucht bringen sollen (Vers 16). Hier redet er aber von Reben, die keine Frucht bringen. Wie kann so etwas geschehen, dass eine Rebe an Jesus, dem rechten Weinstock, keine Frucht bringen kann. Der Mund der Wahrheit sagt es hier. Reben ohne Frucht. Wir schauen sie uns an.

1. Wer sind solche Reben? Ob es nicht die sind, welche die Gnade Gottes vergeblich empfangen? (2. Korinther 6,1) Alle Gnade, alle Geduld und die Fülle der Liebe Gottes ist zwecklos. Es sind wohl die, die Paulus mit solchen vergleicht, die Schiffbruch erlitten haben (1. Timotheus 1,19), die die Welt wieder lieben (2. Timotheus 4,10), die den Schein eines gottseligen Wesens haben, aber die Kraft verleugnen sie (2. Timotheus 3,5).

2. Unser Wort zeigt uns das entsetzliche Los der unfruchtbaren Reben an Jesus: „Man wird sie wegnehmen, wegwerfen, ins Feuer werfen, verbrennen." Kann es noch etwas Schrecklicheres geben? Darum: „Denkt an Lots Frau!" (Lukas 17,32)

8. Dezember

Frucht

Johannes 15,2

Und jede, die Frucht bringt, reinigt Er, damit sie mehr Frucht bringt.

„Lass ihn noch dieses Jahr, bis Ich um ihn grabe" (Lukas 13,8), so lautet die Bitte des Gärtners an seinen Herrn, „ob er nicht Frucht bringe." Welche Freude mag es für so einen Gärtner sein, wenn er als Folge seiner Mühe und Arbeit, eine, wenn auch noch so kleine Frucht entdeckt. Unser Text redet von Frucht, ohne darauf hinzuweisen, ob dieselbe viel oder wenig, groß oder klein ist. Es ist Frucht. Aus dem folgenden Ausdruck „mehr Frucht" dürfte hervorgehen, dass der Herr in Seiner schönen Rede auf ein reicheres Fruchtleben hinweist. Doch darauf kommen wir später.

Heute ist es die Freude Jesu, die wir sehen und zwar über jede, wenn auch noch so geringe Frucht. War nicht die Freude über die zwei Scherflein der armen Witwe am Gotteskasten größer, als über die großen Gaben vieler Reichen? Gottlob, keine noch so kleine Frucht übersieht unser großer Herr. Alle Frucht, die wir bringen, wird nach dem himmlischen Stab gemessen und auf einer Himmelswaage gewogen.

Bist du eine fruchttragende Rebe? Wohl dir, Jesus sieht auch sie und sagt: „Eine jede Rebe an Mir, die Frucht bringt, wird Er reinigen."

9. Dezember

Mehr Frucht

Johannes 15,2

Und jede, die Frucht bringt, reinigt Er, damit sie mehr Frucht bringt.

In diesen Tagen hat ein Bruder in unserem Garten die Bäume ausgeästet und sagte, sie werden nach der Reinigung dreimal so viel Frucht tragen. Mehr Frucht, das ist auch die heutige Lektion, an der wir ein wenig stehen bleiben. Zwei Punkte sind es:

1. „Mehr Frucht bringen." Wir haben gesehen, dass unserem Weingärtner auch die geringste Frucht am Weinstock Freude bereitet. Aus unserem Wort ersehen wir aber, dass es Ihm darum zu tun ist, mehr Frucht zu erreichen. Dahin ging auch der Segenswunsch der Apostel, die den Gemeinden Gnade und Friede in vermehrter Weise wünschten (2. Petrus 1,2, Menge). Was die Freude als Frucht betrifft, heißt es: „Dass eure Freude immer völliger werde."

2. „Mehr Frucht". – Das wird die natürliche Folge der Reinigung des Baumes sein. Wie viel Strauch schnitt der Bruder aus unseren Bäumen! Und nun war er sich seines Erfolges sicher und sagte nicht „sie können", sondern „sie werden" dreimal mehr Äpfel tragen. Und was hätten sie gemacht, wenn sie Stimmen gehabt hätten? Geschrien? Aber darauf achtete der Gärtner nicht. Darum schweige auch du und bald ... bringst du mehr Frucht.

10. Dezember

Viel Frucht

Johannes 15,5

Wer in mir bleibt, und Ich in ihm, der bringt viel Frucht.

Ist denn mehr Frucht noch nicht genug? Warum soll es genug sein, wenn doch die Möglichkeit zum viel Frucht bringen vorhanden ist? Wer hat nicht gerne viel Frucht an seinen Bäumen und Weinranken? Unser Herr auch. Dazu gehört nicht viel, eigentlich nur eins. Der Herr Jesus sagt es uns in unserem Text in einem zweifachen Gedanken.

1. „Wer in Mir bleibet." Die Rede ist vom Bleiben in Jesus. In Ihm bleiben ist etwas, was von uns geschehen muss. Ich muss selber zu Ihm kommen und muss auch selber bei Ihm bleiben. Auch hält mich niemand mit Gewalt in Ihm: Herrliche Freiheit.

2. Und „Ich in ihm bleibe", das ist die andere Seite. Er in uns. Damit Er in uns bleibe, ist notwendig, dass wir alles verbannen, das heißt, von allem lassen, was Ihm nicht gefällt. So liegt es an uns, ob Jesus bleibt.

3. Der bringt viel Frucht. Ganz ohne Anstrengung. Wenn das gegenseitige Bleiben normal und in Ordnung ist, geht es ohne viel Frucht nicht ab, sie kommt von selber. Ohne Mich könnt ihr nichts tun.

Keine Frucht. Frucht, mehr Frucht, viel Frucht. Und wie ist es bei dir?

11. Dezember

Sagt an. Hört zu!

Apostelgeschichte 13,15a-16

„Ihr Männer und Brüder, wollt ihr etwas reden und das Volk ermahnen, dann sagt es." Da stand Paulus auf und winkte mit der Hand und sagte: „Ihr Männer von Israel und die ihr Gott fürchtet, hört zu!"

Das ist wieder etwas, das zusammengehört: das Ansagen und das Zuhören. Wohl einem Ort, einem Hause, wo solche sind, die etwas zu sagen haben und solche, die gerne zuhören! In Antiochien waren sie beide vertreten.

1. Wir richten unsere Blicke zunächst auf solche, die etwas zu sagen haben. Auf geistlichem Gebiet sind es die verschiedenen Redner in den Gemeinden. In den Häusern sind es die Eltern. Sie alle sind vom Herrn beauftragt zu reden. Ihnen gilt die Aufforderung: „Sagt es!" Paulus und Barnabas erhielten diese Aufforderung vom Herrn durch die Obersten der Schule. Auch heute empfangen wir unsere Aufträge verschieden: durch Menschen, den Heiligen Geist, Umstände, Verhältnisse. Wer ein Verständnis hat vernimmt überall: „Sag es!"

2. „Hört zu!" Haben wir eben eine Aufgabe betrachtet, so handelt es sich hier um einen Aufruf zum Hören. O, wie wichtig und wertvoll ist das Gehör beim Menschen! Sind doch die armen Tauben fast isoliert von der Menschengesellschaft. Viel schlimmer ist die Lage derer, die mit hörenden Ohren nicht hören. Sie laden eine große Verantwortung auf sich. Wer Ohren hat, der höre!

12. Dezember

Gottesfürchtige Männer

Apostelgeschichte 13,16

Da stand Paulus auf und winkte mit der Hand und sagte: „Ihr Männer von Israel und die ihr Gott fürchtet, hört zu!"

Da stand Paulus auf. Bis jetzt hatte er ruhig gesessen und den Vorlesungen des Gesetzes zugehört. Nun steht er da. Wie mag es ihm wohl zu Mute gewesen sein? Was mag in seinem Herzen vorgegangen sein? Ob nicht seine Anrede an die Versammelten davon etwas zeigt? Vor ihm befanden sich, „Männer von Israel" und zwar „Gottesfürchtige".

Ja, so war die Anrede und nun wussten die vor ihm sitzenden Männer seine Gesinnung ihnen gegenüber. Und doch blieb ihnen etwas verborgen. In seinem Herzen trug er einen Wunsch. Er nennt ihn „meines Herzens Wunsch". Und der bestand darin, dass seine Brüder nach dem Fleisch, vor denen er stand, gerettet werden möchten. Dieser Wunsch war so heiß und mächtig, dass er bereit war von Christus entfernt und verbannt zu werden, wenn dadurch sein Wunsch und Gebet erfüllt würde (Römer 9,1-3; 10,1 usw.).

Aus diesem vollen Herzen kommt es nun: „Ihr Männer von Israel und die ihr Gott fürchtet!" Das reichte aber nicht aus. Er war nun aufgestanden, um den Zuhörern weiteres anzusagen. Sie mussten für Jesus gerettet werden. Ist das auch deines Herzens Wunsch? Wie führst du ihn aus?

13. Dezember

Die Erwählung des Volkes Gottes

Apostelgeschichte 13,17a

„Der Gott dieses Volkes Israel hat unsere Väter erwählt."

Das ist ein wunderbar schönes Wort, das der Apostel auf Aufforderung der Obersten der Schule ansagt: „Unsere Väter sind erwählt!" Wie diese Erwählung durch Abraham einst geschah, wussten diese Männer. Paulus sagte ihnen nur noch, wer diese Wahl getroffen hat. Es war der Gott dieses Volkes. Was gab dem Apostel das Recht, Ihn so zu nennen?

Das Wort eben dieses Gottes in Jesaja 43,3, wo Er selbst sagt: „Ich bin der Herr, dein Gott." So ist es also wirklich der Gott dieses Volkes. Doch nicht nur dieses Volkes. Gottlob, Er ist der Gott aller Völker, der sich die ganze Menschheit durch Jesus Christus zum Eigentum erwählt hat. Nun sagen aber viele, dass sie nicht erwählt sind. Die Bibel lehrt aber, dass Gott nicht den Tod des Sünders will, sondern, dass sich alle bekehren und leben. Demnach müssen sie alle erwählt sein.

Wir müssen nur noch unseren Beruf und Erwählung fest machen durch gläubiges Ergreifen und Ausleben (2. Petrus 1,10). Paulus zeigt uns das deutlichste Kennzeichen für die Erwählung der Thessalonicher. Sie sind in die Nachfolge der Apostel und des Herrn Jesus eingetreten (1. Thessalonicher 1,46).

Tue das auch und freue dich und danke Gott für die Erwählung!

14. Dezember

Die Erhöhung – Vermehrung

Apostelgeschichte 13,17b

„… und das Volk erhöht, als sie Fremde waren im Land Ägypten …"

Erhöht kann nur werden, was niedrig ist. Ob es wohl je ein Volk gegeben hat, das durch ein anderes so erniedrigt wurde, wie Israel durch Ägypten? Aber der Herr wusste es zu erhöhen. Alles hat seine Zeit, erniedrigt, aber auch erhöht zu werden. Die wahre Höhe erreicht ein Volk, wie auch jeder einzelne Mensch, in Erniedrigung (Philipper 2,6-9). Der Sohn des ewigen Gottes ging diesen Weg, und für Sein Volk gibt es keinen anderen. Auch du musst ihn gehen.

In der Menge Übersetzung steht statt erhöht „vermehrt" – „und hat vermehrt sein Volk in Ägypten." Die Ägypter hatten vor, das Volk zu vernichten. Dazu wurde der Befehl gegeben, die Knäblein gleich bei der Geburt zu töten.

Je mehr aber das Volk unterdrückt wurde, desto mehr vergrößerte es sich. Ungefähr 70 Seelen kamen einst nach Ägypten, die sich aber in 430 Jahren auf 600000 Männer (dazu die Frauen) vermehrten. So geht es auch bis heute. In Zeiten der Christenverfolgung wurden die Gläubigen nur zahlreicher. Das Blut der Märtyrer ist noch immer der Same der Gemeinde gewesen. Gott erhöht und vermehrt Sein Volk.

15. Dezember

Ein noch erhöhter Arm

Apostelgeschichte 13,17c

„… und mit erhobenem Arm führte Er sie von dort heraus."

Zur Freiheit hatte Gott Sein Volk berufen, das zu elenden Sklaven geworden war. In dieser geknechteten Stellung schrien sie zu Gott, Der herab fuhr, um es mit hocherhobenem Arm von dort auszuführen. Wir schauen auf diesen erhobenen Arm und sehen:

1. Der erhobene Arm errettete Sein Volk. Was tat Er dabei? Zunächst bereitete Er sich einen Mann dazu, Mose. Sein erhobener Arm war es, der zehn gewaltige Plagen über das Land der Ägypter führte, dass sie das Volk heraus trieben. Und wieder war es Sein Arm, der den Auszug von ungefähr einer Million Menschen (einschließlich Frauen und Kinder) mit allem was sie hatten, in einer Nacht vollzog. Und wessen Arm hielt am Tag die Wolken- und des Nachts die Feuersäule, dass Israel sicher zog? Der hocherhobene Arm war es schließlich, der das Meer teilte, so dass das ganze Volk trockenen Fußes durchzog. Derselbe Arm war es, der …

2. … seine Feinde vertilgte. Es war der Arm des Herrn, der mit dem sich verstockenden und Ihm widersetzenden Pharao Geduld hatte (Römer 2,4-7). Er war es auch, der ihn gehen ließ, als er sich aufmachte, um das Volk dem Arm des Herrn zu entreißen und wieder in seine Gewalt zu bringen. Der hocherhobene Arm war es, der die Wasser über die Ägypter stürzte, dass alle ertranken.

16. Dezember

Vierzig Jahre lang Geduld

Apostelgeschichte 13,18

„Vierzig Jahre lang ertrug Er ihre Art in der Wüste."

„Darf ich wiederkommen mit derselben Schuld? Hast du nicht verloren endlich die Geduld?" So kommt es aus einem bedrückten Herzen, das von der Last seiner vielen Gebrechen und Mängel gebeugt einhergeht. Israel hatte das Land der Knechtschaft verlassen und befand sich auf dem Weg in ein neues Land. Wir schauen auf dieses und sehen zweierlei:

1. Unser Text zeigt uns ein Volk mit besonderen Weisen, Sitten und Gebräuchen. Wo hatten sie dieselben her? Von dort, wo sie selber herkamen, das heißt, aus dem Ägyptenland. Es waren also die Ägypterweisen. Viele Christen gibt es auch heute, die haben die Weise des Landes mitgebracht, das sie verlassen haben, des Landes der Sünde. Mit diesen Weisen schleppen sie sich weiter herum. Wie viel leichter hätte Israel ziehen können, aber ihre Weisen hielten sie auf! Der Herr stand kurz davor, sie ihrer Weisen wegen auszurotten. Was tat Er?

2. Er erduldete ihre Weisen. O Volk Gottes, Er duldet auch heute noch. Israels Weisen erduldete er vierzig Jahre. Wie viele Jahre duldet Er deine Weise schon? Nur Seine Geduld war es, dass von 600000 Mann wenigsten zwei in Kanaan einzogen, die andern kamen in der Wüste um (1. Korinther 10,5).

Eine ernste Warnung!

17. Dezember

Platz gemacht

Apostelgeschichte 13,19a

„… und vernichtete sieben Völker im Land Kanaan."

Der Herr hatte Seinem Volk ein schönes Land zum Eigentum versprochen, aber als sie in dasselbe einzogen, war es eingenommen, und für das Volk war kein Platz. Sieben starke Völker hatten es inne, die fest darin saßen. Wie nun? Ja, so fragen auch wir oft, denn es gibt auch für uns solche Hindernisse bei der Einnahme des Landes.

Dem Volk standen sieben Völker entgegen. In 5. Mose 7,1-3 stehen ihre Namen. Und wie sind die Namen der Völker, die dir entgegenstehen? Hier sind einige: Augenlust, Neid, Zank, Streit, Afterreden, Fleischeslust, Verleumdung, Richten. Das sind schon mehr als sieben, aber es sind noch lange nicht alle. Wie wird's dem verwegenen Häuflein gehen, fürchtet es nicht die ungleiche Schlacht? Es wird gut gehen, wenn wir vor allem damit rechnen, dass der Herr selbst die Völker vertilgt. „Er wird selber vor euch hergehen" (5. Mose 31,3).

Wie Gott die sieben Völker vertilgte, so vertilgt Er auch die siebzig und noch mehr. Alle müssen und werden vor Ihm weichen. Aber ob diese Völker auch wirklich vertilgt werden, hängt davon ab, wie wir uns zu ihnen stellen. In 5. Mose 7,2 sagt der Herr dem Volk, dass sie mit den Völkern keinen Bund schließen dürfen. Wer nicht allem absagt, kann nicht der Jünger Jesu sein. Wer mit der Sünde spielt, muss umkommen.

18. Dezember

Das Einteilen des Landes

Apostelgeschichte 13,19b

„… und gab ihnen deren Land zum Erbe."

In kurzen Zügen haben wir die lange Geschichte des Volkes Israels betrachtet, das heißt, von der Erwählung bis zur Einteilung des Landes. Ein Zeitraum von ungefähr 700 Jahren. Wenn der 16. Psalm damals schon gewesen wäre, wo es heißt: „Das Los ist mir auf liebliches Land gefallen, mir ist ein schönes Erbe zuteilgeworden", sie hätten ihn unbedingt gesungen. Wir aber singen es dafür, das schöne Losliedchen: „O welch ein lieblich Los, findet man in Jesus Schoß."

Unser Thema lenkt unsre Gedanken auf den großen Ruhetag, an dem die Streiter des Christus ihr durch ernsten Kampf und Streit errungenes Los zugeteilt erhalten. Wann geschieht dies für uns? Zunächst bei der Einteilung der Wohnungen im Hause des Vaters (Johannes 14,1-3). Wie der Lohn verschieden sein wird, so werden auch die Wohnungen sein. Jedem wird sein Erbe zugeteilt, wie die Treue im Werk gewesen ist. In die Einteilung des Landes für uns fällt, was Paulus in 2. Korinther 5,10 erwähnt. Jeder empfängt etwas, und zwar nach dem, wie er im irdischen Leben gehandelt hat.

Und wenn jemandes Werk verbrennen wird und er dadurch Schaden leiden wird, so wird das sein Erbe sein, eine Seligkeit wie durchs Feuer. Jeder bekommt sein Erbe, wenn ihm seine Werke nachfolgen (Offenbarung 14,13).

Ein allgemeines Erbe wird es sein, was in 1. Thessalonicher 4,17 steht: Bei dem Herrn sein!

19. Dezember

Die Heil bringende Gnade

Titus 2,11

Denn die Heil bringende Gnade Gottes ist für alle Menschen erschienen.

Ein Verslein sagt uns: „Wenn Gnade nicht wär, dann lebte man nicht mehr.“ Ja, so ist es. Unser Wort zeigt uns:

1. Es ist eine erschienene Gnade. Dabei steigen in uns einige Fragen auf, zum Beispiel: Wo war sie bis zu ihrer Erscheinung? Antwort: In Gottes „Vorratskammer“ (siehe Epheser 3,11). Ehe die Gnade erschien, herrschte das Gesetz. Sie befand sich bei dem Gott aller Gnade (1. Petrus 5,10), der auf dem Thron der Gnade thront (Hebräer 4,16). Diese Gnade erschien, als die Zeit erfüllt war (Galater 4,4), gerade zur richtigen Zeit. Sie erschien, weil der Mensch zu ihr nicht konnte, er hatte sie verlassen. Sie ist nun da.

2. Es ist eine heilsame Gnade, das heißt, eine Gnade, die Heil oder Errettung bringt, eine heilende Gnade. O, wie reich an Inhalt ist doch diese Gnade! Sie ist für Kranke und Leidende, für Gefangene und zum Tod verurteilte. Sie ist deshalb in jedem Fall anzuwenden, weil sie die heilsame Gnade Gottes ist.

3. Es ist eine Gnade für jedermann. Unser Wort sagt uns: „allen Menschen“. Es gibt solche, die sagen, für sie gäbe es keine Gnade. Die Bibel sagt: „für alle“. Für David in seiner Sünde, für Saul als Schmäher, Lästerer und Verfolger, für den Zöllner im Tempel, für den Schächer am Kreuz, und auch für dich und mich – die Gnade ist für alle Menschen da.

20. Dezember

Die erziehende Gnade

Titus 2,12

… und nimmt uns in Zucht, damit wir dem ungöttlichen Wesen und den weltlichen Leidenschaften absagen, und besonnen, gerecht und gottesfürchtig in dieser Welt leben.

Nicht nur vom Gesetz sagt Paulus, dass es ein Zuchtmeister ist, das sagt er auch von der Gnade. Die Zucht wird hier eine zweifache genannt. Wir sehen:

1. Wir sollen absagen, etwas nicht tun, und zwar dem ungöttlichen Wesen und den weltlichen Leidenschaften. Zweierlei wird uns hier gesagt. Das ungöttliche Wesen ist alles, was nicht göttlich ist. Manches hat auch noch einen göttlichen Schein, wie bei Petrus, der mit dem Herrn Mitleid hatte, als Er ihnen seine Leiden verkündete (Matthäus 16,22). „Du meinst nicht, was göttlich ist," war Jesu Zurechtweisung. Weltliche Leidenschaften sind anders. Das sind weltliche, unschuldige wie man sagt, Vergnügungen, Weltsitten, Weltmoden usw. Dem allen sollen wir absagen.

2. Nicht nur etwas nicht zu tun, ist das Werk der Gnadenzucht, sondern auch etwas anderes zu tun. Paulus schreibt von dreierlei: besonnen, gerecht und gottesfürchtig zu leben in dieser Welt. Besonnen in Bezug auf uns selber, also in Selbstzucht leben. Durch Gnadenzucht gerecht in Bezug auf den Nächsten heißt sein Wohl im Auge haben. Auch nur durch Gnade gottesfürchtig in Bezug auf Gott. Gemeint ist ein Leben in Seligkeit, Glück und Zufriedenheit mit Gott. Alles nur durch die Zucht der heilsamen Gnade.

21. Dezember

Die Erscheinung der Herrlichkeit unseres Gottes

Titus 2,13

… indem wir auf die glückselige Hoffnung und Erscheinung der Herrlichkeit unseres großen Gottes und Heilandes, Jesus Christus, warten.

Die Verse 11-13 reden von einer zweifachen Erscheinung: Die heilsame Gnade ist erschienen, und auf die Erscheinung der Herrlichkeit warten wir. Unser Text zeigt uns einen doppelten Gegenstand unserer Erscheinung: „Hoffnung" und „Herrlichkeit".

1. Wir warten auf die selige Hoffnung. Menge übersetzt: „Dabei sollen wir auf unsere selige Hoffnung warten." Das stimmt. Petrus schreibt von einer lebendigen Hoffnung auf ein Erbteil (1. Petrus 1,3-4). Paulus nennt sie selige Hoffnung. Diese Hoffnung macht hier schon selig, was bringt sie dort?

2. Wir warten auf die Herrlichkeit des großen Gottes und unseres Heilandes Jesu Christi.

Er kommt nicht allein. Als unser Heiland in heilsame Gnade gehüllt erschien, kam Er allein. Allein und einsam ging Er hier seinen Weg. Sogar der Vater, der immer bei Ihm war, verließ Ihn am Kreuz. Wenn aber die Herrlichkeit erscheinen wird, dann kommt er nicht mehr allein. Alle heiligen Engel (Matthäus 25,31), die Stimme des Erzengels, Feldgeschrei und Posaune Gottes (1. Thessalonicher 4,16) mit den Heiligen (2. Thessalonicher 1,10) werden Seine Begleiter bei Seinem zweiten Kommen sein.

Wartest du darauf?

22. Dezember

Der sich selbst für uns gegeben

Titus 2,14

Er hat sich selbst für uns gegeben, um uns von aller Ungerechtigkeit zu erlösen und sich selbst ein Volk als Eigentum zu reinigen, das eifrig auf gute Werke bedacht ist.

Der Herr Jesus kam auf diese Erde und gab Sich Selbst der Menschheit. Er schenkte Sich ihr. Er ist die größte Weihnachtsgabe, unser Weihnachtsgeschenk. Wir besehen es.

1. „Erlösung von aller Ungerechtigkeit." Erlöst muss werden, was gefangen, gebunden und geknechtet ist. Wir brauchen einen Erlöser. Unser Wort sagt auch, wovon wir erlöst werden müssen: Von aller Ungerechtigkeit, Untugend und Sünde. Es ist ein großes Netz, das die Menschen gefesselt hält. Alle mussten umkommen, da gab sich Jesus hin und erlöste uns von aller Ungerechtigkeit, der großen und der kleinen.

2. „Reinigte Sich selbst ein Volk zum Eigentum." Wer frei geworden ist, muss auch gereinigt werden. Weil Er rein ist, muss auch Sein Eigentum rein sein. Das ist notwendig, auch deshalb, weil der Herr Sein Eigentum zu guten Werken bestimmt hat.

Da steht noch, dass wir eifrig auf gute Werke bedacht sein sollen. Das Gegenteil davon ist Trägheit, davon reinigt Jesus uns.

23. Dezember

Eine große Gabe für die Welt

Johannes 3,16

Denn so sehr hat Gott die Welt geliebt, dass Er seinen einziggeborenen Sohn gab, damit alle, die an ihn glauben, nicht verloren gehen, sondern das ewige Leben haben.

Auch der Vater gab Seinen Sohn, so ist es also eine zweifache Gabe, die so groß macht. Fünf große Dinge sehen wir uns im Folgenden an, die eng zusammenhängen.

1. Vor allem ist es der Geber der Gabe. Gott ist es. Es ist Der, Welcher mit einem sechsmaligen kräftigen „Es werde“ alles Bestehende gemacht hat. Der ist es, von Dem sich die Menschheit abgesagt hat.

2. Das nächste ist die Gabe. Jesus ist es, der ewige und einzige Sohn Gottes, durch, für und zu Dem alles ist, was da ist, der einzige Erretter alles noch so tief gefallenen.

3. Der Trieb, der den Geber bewegte, der Welt diese Gabe zu geben. Unser Wort nennt sie Liebe. Unbegreiflich! Die Welt, die diese Gabe getötet hat, empfing sie. Das war Liebe.

4. Weiter ist das Mittel zum Empfang dieser Gabe: „Glaube“. Wer zu Gott kommen will, muss glauben, dass Er ist (Hebräer 11,6). Alle Dinge sind möglich dem, der da glaubt (Markus 9,23).

5. Die Folge dieser großen Gabe ist ewiges Leben: Was könnte es Größeres geben? Ewige Freude, ewiger Friede, ewiges Glück und Seligkeit erhält den Wert nur durch ewiges Leben.

24. Dezember

Große Freude

Lukas 2,10

Da sagte der Engel zu ihnen: „Fürchtet euch nicht! Seht, ich verkünde euch große Freude, die dem ganzen Volk widerfahren wird!"

Freude, das ist es, wonach sich das Herz am meisten sehnt, und Freude ist es, die wir gerne einer dem anderen mitteilen. Unser heutiges Wort redet von Freude, über deren Inhalt wir morgen weiter reden. Unser heutiger Text enthält zweierlei: „Freude verkündigen", was der Engel tat, und „Freude widerfahren lassen", was kein Engel zu tun im Stande ist, auch der mächtigste.

Wir bleiben zunächst bei der Verkündigung dieser Freude ein wenig stehen. Mit diesem Auftrag wurde der Engel zu den Hirten gesandt. Wenn auch die Engel tiefer in das Werk der Erlösung schauen würden (1. Petrus 1,12), so verkündigte er doch das, was er wusste und sein Auftrag war. Mehr erwartet der Herr auch von uns nicht, aber es ist unsere Aufgabe. Tue sie und verkündige diese Freude durch Wort und Wandel im Haus und auf der Straße, auf Arbeit und im Gotteshaus.

Die Hirten sollten diese Freude nicht nur hören, sie sollte ihnen widerfahren, so hatte der Engel gesagt. Aber dazu mussten sie sich selber aufmachen. Das taten sie auch und sahen und erlebten, was kein Engel ihnen geben konnte. Das kann nur Gott allein.

25. Dezember

Der Inhalt der Freudenbotschaft

Lukas 2,11

„... denn euch ist heute in der Stadt Davids der Heiland geboren, der Christus der Herr ist."

Hier haben wir den Inhalt der großen Freudenbotschaft des Engels. Wie sie wohl getönt haben mag? Wenn die Hirten auch erschraken und sich fürchteten, so war das vielleicht mehr das helle Licht, das in dunkler Nacht so unerwartet aufblitzte. So war es denn Tatsache geworden, worauf viele schon einige tausend Jahre gewartet haben.

Die Hirten, denen diese Botschaft zuerst verkündigt wurde, glaubten ihr, weil sie direkt aus dem Himmel kam. Selige bevorzugte Hirten! Und nun der Inhalt der Botschaft: Eine Geburt wird angekündigt. Es muss kein so unbedeutendes Kind sein, das geboren wurde. Allerdings war es das nicht. Der Engel sagt es: „Euch ist heute der Heiland geboren", nicht „ein" Heiland.

Auch im Alten Bund sandte Gott Seine Heilande, da waren es aber viele. Hier war es nur einer. Von Ihm sagte der Engel weiter, dass Er Christus sei, der Gesalbte, der Messias. Ob die Hirten die Botschaft verstanden haben? Und noch mehr meldete der Engel und sagte, dass Er der Herr in der Stadt Davids sei. Wieder nicht „ein" Herr, sondern „der" Herr. Großes Kind, sei von uns gegrüßt!

26. Dezember

Himmelsgesänge auf Erden

Lukas 2,13-14

Und auf einmal war da bei dem Engel die Menge der himmlischen Heerscharen, die Gott lobten: „Ehre sei Gott in der Höhe und Friede auf Erden und den Menschen ein Wohlgefallen!"

Das war noch nie da gewesen, dass ein Sängerchor aus dem Himmel die Bewohner der Erde besucht hätte. Die Erdenbewohner hatten ja in Adam den Himmel (das Paradies) verlassen. Gott der Herr selbst hatte sie hinaus geführt, die Pforte verschlossen und einen heiligen Wächter davor gestellt. So blieb es vier Jahrtausende lang.

Wenn der Verkehr zwischen Himmel und Erde auch nicht ganz aufgehoben war, so war er doch so, dass die Erdenbewohner vor den Himmelsstimmen zitterten und Mose baten, in den Riss zu treten. Nun war die Zeit dieser Schrecknisse vorbei (Galater 4,4).

Zuerst kam der Friedensfürst selber, dann erschien die Menge der himmlischen Sänger. Heerscharen waren es, weil Der, Dem der Gesang galt, der König des Himmels und der Erde war.

Wenn Er auch nicht gekommen war, das Reich aufzurichten, so war Er doch erschienen, es zu überwinden, einzunehmen und Frieden zu machen. Das ist der Inhalt des ersten Weihnachtsliedes auf Erden.

27. Dezember

Ein neues Lied

Offenbarung 5,9-10

Und sie sangen ein neues Lied: „Du bist würdig, das Buch zu nehmen und seine Siegel zu öffnen; denn Du bist geschlachtet und hast uns für Gott mit deinem Blut erkauft aus allen Stämmen und Sprachen und Völkern und Nationen und hast uns für unseren Gott zu Königen und Priestern gemacht, und wir werden herrschen auf der Erde."

Nun ist die Reihe der Erdensänger, im Himmel zu singen. Ein schönes Lied ist es, was diese Sänger dort singen. Den Himmelsbewohnern wird es unbekannt sein, dass Lieder, die auf Erden gesungen wurden, im Himmel gesungen werden. Es sind Himmelslieder, welche die Erdenbewohner auf Erden gesungen haben und einst im Himmel singen werden. Unser Wort sagt uns von dem Lied, das der Chor von unten dort oben singen wird, dass es ein „neues" ist. Neu am Inhalt, vielleicht auch an Melodie. Neu wird es den Zuhörern sein. Die Sänger besingen:

1. Die Würdigkeit des Lammes, das Buch aufzutun.

2. Dass es sie durch Sein Blut aus allen Völkern für Gott erkauft hat.

3. Dass sie Könige und Priester auf Erden sein werden (1. Petrus 1,12). Die Engel hören es, aber verstehen können sie es nicht, weil sie es nicht erfahren haben. Ein „neues Lied". Nur ein Gotteskind kann so von Gnade singen!

28. Dezember

Himmels- und Erdensänger vor dem Thron

Offenbarung 7,10-12

Und sie riefen mit lauter Stimme: „Das Heil gebührt dem, der auf dem Thron sitzt, unserem Gott, und dem Lamm!" Und alle Engel standen rings um den Thron und um die Ältesten und um die vier Tiere und fielen vor dem Thron auf ihr Angesicht und beteten Gott an und sagten: „Amen, Anbetung und Herrlichkeit und Weisheit und Dank und Ehre und Macht und Stärke sei unserem Gott von Ewigkeit zu Ewigkeit! Amen."

Zuerst besuchten die Himmelssänger die Erde, dann die Erdensänger den Himmel und zuletzt versammelten sich alle vor dem Thron. Sie sind am Ziel. Dort entsteht ein Wechselgesang.

1. Zuerst singt der Chor, der von der Erde kam. Vor allem wird uns seine Größe gezeigt. Unzählbar ist seine Zahl. Dann sehen wir die Kleider. Sie sind alle gleich rein gewaschen und hell gemacht im Blut des Lammes. Von Erdenstaub ist nichts mehr zu sehen. Der Inhalt des Liedes ist Heil, das heißt Rettung. Das Lied singen sie ihrem Gott und dem Lamm. Die Himmelssänger schweigen.

2. Jetzt singt auch der Himmelchor. Dazu gehören alle Engel. Welcher von den Chören wird wohl größer sein? Durch ihre Stellung bezeugen sie Ehre: „Sie fielen auf ihre Angesichter." Der Inhalt ihres Liedes enthält nichts von Heil. Zwischen zwei „Amen" strömt ein mächtiger Strom siebenfacher Gottesanbetung.

29. Dezember

Vergeben und vergessen

Psalm 130,4

Denn bei dir ist die Vergebung, damit man dich fürchtet.

Jesaja 43,25

Ich, Ich tilge deine Übertretungen um meinetwillen und denke nicht mehr an deine Sünden.

Zweierlei enthalten unsere Worte, die so im Zusammenhang stehen, dass eins ohne das andere undenkbar, ja geradezu unmöglich ist.

1. Vergebung. Sie ist notwendig, wo man sich jemandem gegenüber verschuldet hat. Der Psalmist spricht in unserm Psalm den Herrn an und sagt: „Bei Dir ist die Vergebung." In Jesaja Kapitel 55,7 heißt es: „viel Vergebung." Die brauchen wir immer, aber bei der Jahreswende suchen wir sie besonders. Wir haben uns verschuldet. Worin? Wir haben Zeit verloren. Wer jeden Tag fünf Minuten verloren hat, hat im vergangenen Jahr dreißig Stunden verloren. Das sind, wenn man je acht Stunden rechnet, beinahe vier Tage. Womit haben wir sie ausgenützt, oder richtiger gesagt zugebracht? Dazu kommen die Schulden im Bereich des Gutestuns, das sind Unterlassungssünden. Dann die vielen Begehungssünden im Wandel, in Worten und Gedanken. O, o, wie viele Schulden!

2. Auf ein reumütiges Bekenntnis der Schuld vergibt und vergisst Gott dieselbe. Er sagt: „Ich denke nicht mehr an deine Sünden." Wie weit geht das? So weit, dass Er die oft bösen Folgen wieder gut macht. Komm mit aller Schuld zu Ihm!

30. Dezember

Vergessen und ausstrecken

Philipper 3,13

Brüder, ich schätze mich selbst nicht so ein, dass ich es ergriffen habe. Eines aber sage ich: Ich vergesse, was hinter mir liegt, und strecke mich aus nach dem, was vorn ist.

Ganz nahe stehen wir an der Grenze, die wir aus dem alten Jahr ins neue überschreiten werden. Wie wird dieser Schritt sein? Manche werden es vielleicht jubelnd und mit ruhigem Gewissen überschreiten, aber lange nicht alle. Einige werden über die Schwelle des alten Jahres mit einem Schuldgefühl gehen, das sie traurig macht. Unser obiges Wort soll uns zeigen, wie der Übergang ein glücklicher und seliger sein kann.

1. Paulus sagt: „Ich vergesse, was dahinten ist.“ Wie ist das möglich, sagt mancher, wenn dahinter so viel liegt, was das Herz beschwert? Und daran muss ich immer wieder denken. Vergessen wir es, weil Jesus nicht nur vergeben, sondern auch vergessen hat. Warum willst du es nicht vergessen? Nimm die Vergebung durch den Glauben an und vergiss alles.

2. „Und strecke mich aus nach dem, was vorne ist.“ Vorne liegen große Herrlichkeiten, die wir nur dann erlangen, wenn wir uns danach ausstrecken. Aber das geht nur, wenn wir alles vergessen. Und nun wenden wir unsere Glaubensaugen von hinten nach vorne. Wie sich unser Körper oft dorthin wendet, wohin unser Auge schaut, so wird die Seele dem folgen, wohin der Glaube schaut.

31. Dezember

Lobet den Herrn!

Psalm 150,6

Alles, was Odem hat, lobe den Herrn! Halleluja!

Mit einer Aufforderung an alles, was Odem hat, den Herrn zu loben, schließt dieser Psalm. Ihr gehen zehn Aufforderungen zum Lobe des Herrn voran. Damit schließt das Psalmbuch. Und wir wollen mit nichts anderem dies Jahr schließen, als mit dem Zuruf an uns selber: „Lobe den Herrn meine Seele, und was in mir ist Seinen heiligen Namen!"

1. Wir loben Ihn in Seinem Heiligtum, wo nichts Unreines Zutritt hat, und in Seiner festen Macht, wo die Feinde nicht hingelangen, aber unser Glaube eindringt (Vers 1).

2. Wir loben Ihn in Seinen Taten (Vers 2). Wir selber und alles, was uns umgibt, reden von diesen lobenswürdigen Taten.

3. Wir loben Ihn in Seiner großen Herrlichkeit (Vers 2). Es ist die Herrlichkeit, von welcher Jesaja (Kapitel 6,1-6), die Jünger (Matthäus 17,1-8), Paulus (2. Korinther 12,1-4) und Johannes (Offenbarung 4-5) etwas erblickten und wo alle Überwinder einst sein werden.

4. Wir wollen Ihn loben mit Posaunenschall und Saitenspiel unseres Herzens, dass es Ihm wohlgefalle.

Möchte unser Herz durch den Mund überfließen von Lob, es „soll immerdar in meinem Mund sein." Er hat uns den Odem des Leibes und der Seele gegeben und bis hierher erhalten, dafür wollen wir Ihn loben.

Lobet Gott

Psalm 150,6

Alles, was Odem hat, lobe den Herrn! Halleluja!

In großen Buchstaben standen diese Worte am Eingang des Brüderhauses der Pilgermission Sankt Chrischona bei Basel in der Schweiz. Aus weiter Ferne schon konnte der Besucher, der den kleinen Chrischonaberg hinaufstieg, daran sehen, dass dort oben Leute wohnen, die den Herrn loben. Ob man das auch an unserem Hausgiebel des täglichen Lebens sieht? Möge der Herr selber mit dem Griffel des Heiligen Geistes diese Schrift anfertigen.

Gott zu loben ist eine Aufforderung, die uns daran erinnert, dass es unsere Aufgabe ist. Jesus sagt, „wenn diese schweigen, werden die Steine schreien." Es ist aber auch ein Befehl, dem wir zu gehorchen haben. Und jeder Gehorsam belohnt sich selber. Es ist auch ein großes Vorrecht, den großen Gott loben zu dürfen. Wir haben viel Grund dazu.

Wenden wir unsere Augen auf das zurückgelegte Jahr zurück, dann sehen wir, wie uns jeder Tag neuen Grund brachte, Gott zu loben. Viele Gebete und Seufzer hat Gott erhört. Nicht am wenigsten in Bezug auf diese Blättchen. Viele Gebete hat Er auch nicht erhört, und alles ist Grund Ihn zu loben.

Wahrlich, wir haben viel mit Ihm erfahren, das uns Stoff gibt Ihn zu loben! Alles, was Odem hat, lobe den Herrn! Halleluja!

Anhang

Bibelstellen zu den Andachten (alphabetisch geordnet)